住建部高等学校土木工程学科专业指导委员会卓越专项教改成果

高等学校土木工程专业卓越工程师教育培养计划系列规划教材

路基路面实验

主　编　刘小明　吴　昊

主　审　周建普

企业支持　江苏宝利沥青股份有限公司

WUHAN UNIVERSITY PRESS

武汉大学出版社

图书在版编目(CIP)数据

路基路面实验/刘小明,吴昊主编. —武汉:武汉大学出版社,2014.3
高等学校土木工程专业卓越工程师教育培养计划系列规划教材
ISBN 978-7-307-12341-0

Ⅰ.路…　Ⅱ.①刘…　②吴…　Ⅲ.①路基工程—实验—高等学校—教材　②路面—道路工程—实验—高等学校—教材　Ⅳ.U416-33

中国版本图书馆 CIP 数据核字(2013)第 307005 号

责任编辑:邓　瑶　　　责任校对:路亚妮　　　装帧设计:吴　极

出版发行:**武汉大学出版社**　　(430072　武昌　珞珈山)
　　　　(电子邮件:whu_publish@163.com 网址:www.stmpress.cn)
印刷:荆州市鸿盛印务有限公司
开本:880×1230　1/16　　印张:11　　字数:356 千字
版次:2014 年 3 月第 1 版　　2014 年 3 月第 1 次印刷
ISBN 978-7-307-12341-0　　　定价:23.00 元

高等学校土木工程专业卓越工程师教育培养计划系列规划教材

学术委员会名单
（按姓氏笔画排名）

主 任 委 员: 周创兵

副主任委员: 方　志　　叶列平　　何若全　　沙爱民　　范　峰　　周铁军　　魏庆朝

委　　　员: 王　辉　　叶燎原　　朱大勇　　朱宏平　　刘泉声　　孙伟民　　易思蓉
　　　　　　　周　云　　赵宪忠　　赵艳林　　姜忻良　　彭立敏　　程　桦　　靖洪文

编审委员会名单
（按姓氏笔画排名）

主 任 委 员: 李国强

副主任委员: 白国良　　刘伯权　　李正良　　余志武　　邹超英　　徐礼华　　高　波

委　　　员: 丁克伟　　丁建国　　马昆林　　王　成　　王　湛　　王　媛　　王　薇
　　　　　　　王广俊　　王天稳　　王曰国　　王月明　　王文顺　　王代玉　　王汝恒
　　　　　　　王孟钧　　王起才　　王晓光　　王清标　　王震宇　　牛荻涛　　方　俊
　　　　　　　龙广成　　申爱国　　付　钢　　付厚利　　冯　鹏　　曲成平　　吕　平
　　　　　　　朱彦鹏　　任伟新　　华建民　　刘小明　　刘庆潭　　刘素梅　　刘新荣
　　　　　　　刘殿忠　　闫小青　　祁　皑　　许　伟　　许程洁　　许婷华　　阮　波
　　　　　　　杜　咏　　李　波　　李　斌　　李东平　　李远富　　李炎锋　　李耀庄
　　　　　　　杨　杨　　杨志勇　　杨淑娟　　吴　昊　　吴　明　　吴　轶　　吴　涛
　　　　　　　何亚伯　　何旭辉　　余　锋　　冷伍明　　汪梦甫　　宋固全　　张　红
　　　　　　　张　纯　　张飞涟　　张向京　　张运良　　张学富　　张晋元　　张望喜
　　　　　　　陈辉华　　邵永松　　岳健广　　周天华　　郑史雄　　郑俊杰　　胡世阳
　　　　　　　侯建国　　姜清辉　　娄　平　　袁广林　　桂国庆　　贾连光　　夏元友
　　　　　　　夏军武　　钱晓倩　　高　飞　　高　玮　　郭东军　　唐柏鉴　　黄　华
　　　　　　　黄声享　　曹平周　　康　明　　阎奇武　　董　军　　蒋　刚　　韩　峰
　　　　　　　韩庆华　　舒兴平　　童小东　　童华炜　　曾　珂　　雷宏刚　　廖　莎
　　　　　　　廖海黎　　缪宇宁　　黎　冰　　戴公连　　戴国亮　　魏丽敏

出版技术支持
（按姓氏笔画排名）

项 目 团 队: 王　睿　　白立华　　曲生伟　　蔡　巍

特别提示

教学实践表明,有效地利用数字化教学资源,对于学生学习能力以及问题意识的培养乃至怀疑精神的塑造具有重要意义。

通过对数字化教学资源的选取与利用,学生的学习从以教师主讲的单向指导的模式而成为一次建设性、发现性的学习,从被动学习而成为主动学习,由教师传播知识而到学生自己重新创造知识。这无疑是锻炼和提高学生的信息素养的大好机会,也是检验其学习能力、学习收获的最佳方式和途径之一。

本系列教材在相关编写人员的配合下,将逐步配备基本数字教学资源,其主要内容包括:

课程教学指导文件

(1)课程教学大纲;

(2)课程理论与实践教学时数;

(3)课程教学日历:授课内容、授课时间、作业布置;

(4)课程教学讲义、PowerPoint 电子教案。

课程教学延伸学习资源

(1)课程教学参考案例集:计算例题、设计例题、工程实例等;

(2)课程教学参考图片集:原理图、外观图、设计图等;

(3)课程教学试题库:思考题、练习题、模拟试卷及参考解答;

(4)课程实践教学(实习、实验、试验)指导文件;

(5)课程设计(大作业)教学指导文件,以及典型设计范例;

(6)专业培养方向毕业设计教学指导文件,以及典型设计范例;

(7)相关参考文献:产业政策、技术标准、专利文献、学术论文、研究报告等。

🔍 **本书基本数字教学资源及读者信息反馈表请登录www. stmpress. cn下载,欢迎您对本书提出宝贵意见。**

前　言

　　"卓越工程师教育培养计划"是贯彻落实《国家中长期教育改革和发展规划纲要(2010—2020年)》和《国家中长期人才发展规划纲要(2010—2020年)》的重大改革项目,也是促进我国由工程教育大国迈向工程教育强国的重大举措。

　　路基路面实验主要包括路基路面结构材料的基本性能实验、路基路面现场实验以及矿料与混凝土配合比设计、新技术和新方法的发展和应用。

　　按照 21 世纪土木工程专业人才培养方案和教学要求并基于"卓越工程师教育培养计划"的培养理念,工程建设愈来愈需要宽口径、厚基础的专业人才,而传统的土木工程施工课程的教学内容、方法和考核等都存在一些问题。作为专业必修课程的路基路面实验急需新的课程教材,以配合"卓越工程师教育培养计划"。

　　针对目前国内教材存在的不足,本书在编写内容上重点对综合实验、创新性试验、数值试验进行了补充和完善,同时在实验室实践教学内容中,补充了工程实例,以提高学生解决工程实际问题的能力。

　　同时本教材的内容做了适当的延伸,在项目涉及的各个知识点上融合了相关的理论知识,达到使学生触类旁通、举一反三的效果,使学生的知识更加全面、丰富。

　　本书是中南大学土木工程学院道路工程教研组结合多年教学经验组织编写的。本书由中南大学刘小明、吴昊担任主编。

　　具体编写分工如下:刘小明(前言、第 1 章、第 2 章、第 3 章、第 6 章、第 7 章);吴昊(第 4 章、第 5 章)。

　　中南大学周建普担任本书主审,详细审阅了编写大纲和全部书稿,并提出了宝贵的修改意见,特此感谢。

　　本书可作为高等学校交通、土木工程专业的教学用书,也可供从事土木工程研究、生产的工程技术人员参考。由于编者水平有限,书中难免有不足之处,恳请读者和专家批评指正。

　　本教材的出版得到了江苏宝利沥青股份有限公司的指导与支持。

编　者

2013 年 11 月

目　　录

1

绪 论

课前导读

▽ 内容提要

本章主要内容为公路工程试验检测的目的和意义、当前使用的试验规程和规范、目前我国公路工程试验教学现状。本章的重难点为试验检测的目的和意义。

▽ 能力要求

通过本章的学习,学生应该掌握公路工程试验检测的目的和意义,了解目前正在使用的试验规程和规范。

1.1　试验检测的目的和意义　　>>>

1.1.1　试验检测的目的和意义

试验检测是公路工程质量管理的一个重要组成部分,是工程质量科学管理的重要手段。客观、准确、及时的试验检测数据是公路工程实践的真实记录,是指导、控制和评定工程质量的科学依据。公路工程试验检测的目的和意义如下。

(1)用定量的方法,对用于公路工程的各种原材料、成品或半成品,科学地鉴定其质量是否符合国家质量标准和设计文件的要求,并做好接收或拒收的决定,以保证用于工程的原材料都是合格产品,是控制施工质量的主要手段。

(2)对公路工程施工的全过程,进行质量控制和检测试验,保证施工过程中的每个部位、每道工序的工程质量均满足有关标准和设计文件的要求,是提高工程质量、创造优质工程的重要保证。

(3)通过各种试验试配,经济合理地选用原材料,为企业创造良好的经济效益打下坚实的基础。

(4)对于新材料、新技术、新工艺,通过试验检测和研究,鉴定其是否符合国家标准和设计要求,为完善设计理论和施工工艺积累实践资料,为推广和发展新材料、新技术、新工艺作贡献。

(5)试验检测是评价工程质量缺陷、鉴定和预防工程质量事故的手段。试验检测为质量缺陷或事故判定提供实测数据,以便准确判定其性质、范围和程序,合理评价事故损失,明确责任,从中总结经验教训。

(6)分项工程、分部工程、单位工程完成后,均要对其进行适当的抽验,以便进行质量等级的评定。

(7)为工程竣工验收提供完整的试验检测证据,保证向业主交付合格的工程。

(8)试验检测工作集试验检测基本理论、测试操作技能和公路工程相关学科的基础知识于一体,是工程设计参数、施工质量控制、工程验收评定、养护管理决策的主要依据。

1.1.2　试验检测工作的任务

(1)在选择料场和确定料源时,对未进场的原材料进行质量鉴定,根据原材料质量和经济合理的原则,选定料源。

(2)对运往施工现场的原材料,按有关规定的频率进行质量鉴定。

(3)对外单位供应的构件、制品,在查验其出厂质检资料后,做适量的抽检验证。

(4)做各种混合料的配合比试配,在确保工程质量的前提下,经济合理地选用配合比。

(5)负责施工过程中的施工质量控制。

(6)负责推广、研究、应用新材料、新技术、新工艺,并用试验数据论证其可靠性。

(7)负责试验样品的有效期保存,以备必要时复查。

(8)负责项目所有的试验资料的整理、报验、保管,以利于竣工资料的编制、归档。

(9)参加各级组织的质量检查,并提供相应的资料;参与工程质量事故的调查分析,配合做各种试验检测工作。

(10)对一些项目试验室无法检测的项目,负责联系、委托具有公路试验检测资质的机构进行检测试验。

(11)协助、配合监理工程师、业主和当地质量监督部门的抽检工作。

(12)做好分包工程的试验检测和质量管理工作。

1.1.3　施工过程中的质量控制与试验管理

施工过程中的试验管理是试验管理工作的重点。只有控制好施工过程中每个环节的质量,才能保证整个工程的质量。工程的最后质量是过程质量的总体体现。施工过程的控制,是试验人员的重要职责。因此,试验人员应有强烈的职业责任感,敢于坚持原则,为保证工程质量尽心尽职。

1.2　试验检测规程和细则　>>>

现行的主要公路工程试验检测规程和相关规范有:
(1)《公路土工试验规程》(JTG E40—2007),人民交通出版社,2007 年;
(2)《公路工程沥青及沥青混合料试验规程》(JTG E20—2011),人民交通出版社,2011 年;
(3)《公路工程水泥及水泥混凝土试验规程》(JTG E30—2005),人民交通出版社,2005 年;
(4)《公路工程质量检验评定标准:土建工程》(JTG F80/1—2004),人民交通出版社,2004 年;
(5)《公路工程土工合成材料试验规程》(JTG E50—2006),人民交通出版社,2006 年;
(6)《公路路基路面现场测试规程》(JTG E60—2008),人民交通出版社,2008 年;
(7)《公路工程无机结合料稳定材料试验规程》(JTG E51—2009),人民交通出版社,2009 年;
(8)《公路工程集料试验规程》(JTG E42—2005),人民交通出版社,2005 年;
(9)《公路水泥混凝土路面施工技术规范》(JTG F30—2003),人民交通出版社,2003 年;
(10)《公路路基施工技术规范》(JTG F10—2006),人民交通出版社,2006 年;
(11)《公路沥青路面施工技术规范 》(JTG F40—2004),人民交通出版社,2004 年;
(12)《公路工程岩石试验规程》(JTG E41—2005),人民交通出版社,2005 年;
(13)《公路路面基层施工技术规范》(JTJ 034—2000),人民交通出版社,2000 年;
(14)《公路工程技术标准》(JTG B01—2003),人民交通出版社,2004 年;
(15)《公路路基设计规范》(JTG D30—2004),人民交通出版社,2004 年;
(16)《公路水泥混凝土路面设计规范》(JTG D40—2011),人民交通出版社,2011 年;
(17)《公路沥青路面设计规范》(JTG D50—2006),人民交通出版社,2006 年;
(18)《普通混凝土配合比设计规程》(JGJ 55—2011),人民交通出版社,2011 年;
(19)《公路桥涵施工技术规范》(JTG/T F50—2011),人民交通出版社,2011 年。

1.3　路基路面实验教学发展现状　>>>

"卓越工程师教育培养计划"旨在培养造就一大批创新能力强、适应经济社会发展需要的各类型高质量工程技术人才,为国家走新型工业化发展道路、建设创新型国家和人才强国战略服务。"卓越工程师教育培养计划"具有三个特点:一是行业企业深度参与培养过程,二是学校按通用标准和行业标准培养工程人才,三是强化培养学生的工程能力和创新能力。

路基路面实验是道路与铁道工程专业方向的一门必修课程。作为一门实践课,培养学生的综合能力与创新能力一直以来都受到高度的重视。除了基本实验和现场实验外,课程还包括 13 个课时的综合实验、创新性试验和数值试验等,并介绍当前路基路面检测领域的新技术、新方法,旨在培养学生的综合能力。

经过多年的历史积淀,目前,路基路面实验课程已成为道路与铁道工程专业和交通工程等专业的重要必修课。该课程从最初单一的常规实验,到组织学生现场实验,再到后来的配合比设计、创新性试验、数值试验等实践教学环节的进一步完善,现已形成完整的教学体系,成为一门深受学生喜爱和社会反响良好的经典课程。

目前,国内尚无专门针对卓越工程师教育培养计划编写的《路基路面实验》教材。我们可以从以下几个方面对国内现有的《路基路面实验》教材与国外同类教材进行比较。

在内容安排上,国内教材大多是现有规范的摘录,跟不上最新技术的发展;国外教材则内容浅显,更新及时。

在写作风格上,国内教材从定理入手,推导严谨,没有跳跃,举例较少,结合实际问题较少;国外教材则从现实出发,从例题入手,跳跃性强,举例丰富,结合实际问题多。

在结构层次上,国内教材比较固定,局限于常规实验;国外教材则多样化,以提高学生的综合素质和创新能力为目的来安排各种类型的实验。

从教学效果上来看,国内教材适合东方人思维模式,条理性强,但不利于创新;国外教材则能解决实际问题,理论结合实际好,能引起学生兴趣。

除了上述的一些区别之外,国外教材还有一个共性,即注重应用,具有丰富的有工程背景的事例,理论紧密结合实际,从而激发学生的兴趣,使抽象的理论易于理解,方便学生自学。

国外教材的另一大特色是教辅材料十分丰富。从内容来看,有教师用书、学生用书、测验手册、习题集及解答等;从载体来看,有图书、光盘、电子书、多媒体、幻灯片、电脑软件、网络等,是一种立体的、全方位的配套组合。

相对于国外的教材,国内编写的土木工程教材更侧重于理论和方法,缺乏工程实例,学生动手解决实际问题的能力较弱,因而不利于激发学生的学习兴趣和创新能力的培养。

知识归纳

(1)试验检测的目的和意义、试验检测工作的任务。
(2)现行的主要公路工程试验检测规程和相关规范。

独立思考

公路工程试验检测有哪些意义?

参考文献

[1] 中华人民共和国交通部. JTG F80/1—2004 公路工程质量检验评定标准:土建工程. 北京:人民交通出版社,2004.

[2] 中华人民共和国交通运输部. JTG E60—2008 公路路基路面现场测试规程. 北京:人民交通出版社,2008.

2

公路工程质量评定
方法与实验数据处理

课前导读

▽ 内容提要

本章主要内容为公路工程质量检验评定方法、路基路面工程主要检查项目及抽样的方法和数据处理。本章的重点为路基路面主要检查项目；难点为数据处理的方法。

▽ 能力要求

通过本章的学习，学生应加深理论知识的理解，训练动手能力，了解当前公路工程质量检验评定方法以及各个项目的实验数据处理方法。

2.1   公路工程质量检验评定方法   >>>

2.1.1   概述

为了加强公路工程质量管理,统一公路工程质量检验标准和评定标准,保证工程质量,交通部制定了《公路工程质量检验评定标准:土建工程》(JTG F80/1—2004)。该标准适用于四级及四级以上公路新建、改建工程的质量检验评定,以及公路工程施工单位、工程监理单位、建设单位、质量检测机构和质量监督部门对公路工程质量的管理、监控和检验评定。

根据建设任务、施工管理和质量检验评定的需要,应在施工准备阶段将建设项目划分为单位工程、分部工程和分项工程。施工单位、工程监理单位和建设单位应按相同的工程项目划分进行工程质量的监控和管理。

(1)单位工程。

单位工程是指在建设项目中,根据签订的合同,具有独立施工条件的工程。

(2)分部工程。

单位工程按结构部位、路段长度及施工特点或施工任务划分为若干个分部工程。

(3)分项工程。

分部工程按不同的施工方法、材料、工序及路段长度等划分为若干个分项工程。

2.1.2   工程质量评分

工程质量检验评分以分项工程为单元,采用100分制进行。在分项工程评分的基础上,逐级计算各相应分部工程、单位工程、合同段和建设项目评分值。工程质量评定等级分为合格与不合格,应按分项工程、分部工程、单位工程、合同段和建设项目逐级评定。施工单位应对各分项工程按《公路工程质量检验评定标准:土建工程》(JTG F80/1—2004)所列基本要求、实测项目和外观鉴定进行自检,按"分项工程质量检验评定表"及相关施工技术规范提交真实、完整的自检资料,对工程质量进行自我评定。工程监理单位应按规定要求对工程质量进行独立抽检,对施工单位检评资料进行签认,对工程质量进行评定。建设单位根据对工程质量的检查及平时掌握的情况,对工程监理单位所做的工程质量评分及等级进行审定。质量监督部门、质量检测机构可依据《公路工程质量检验评定标准:土建工程》(JTG F80/1—2004)对公路工程质量进行检测评定。

(1)分项工程的评分方法。

分项工程质量检验内容包括基本要求、实测项目、外观鉴定和质量保证资料四个部分。只有在其使用的原材料、半成品、成品及施工工艺符合基本要求的规定,无严重外观缺陷且质量保证资料真实并基本齐全时,才能对分项工程质量进行检验评定。涉及结构安全和使用功能的重要实测项目为关键项目(在文中以"△"标识),其合格率不得低于90%(属于工厂加工制造的交通工程安全设施及桥梁金属构件不低于95%,机电工程为100%),且检测值不得超过规定极值,否则必须进行返工处理。实测项目的规定极值是指任一单个检测值都不能突破的极限值,不符合要求时该实测项目为不合格。

分项工程的评分值满分为100分,按实测项目采用加权平均法计算。存在外观缺陷或资料不全时,须予以减分。一般建设项目的工程划分见表2-1。

表 2-1 一般建设项目的工程划分

单位工程	分部工程	分项工程
路基工程(每 10 km 或每标段)	路基土石方工程*(1～3 km 路段)	土方路基*,石方路基*,软土地基*,土工合成材料处治层*等
	排水工程(1～3 km 路段)	管节预制,管道基础及管节安装*,检查(雨水)井砌筑*,土沟,浆砌排水沟*,盲沟,跌水,急流槽*,水簸箕,捧水泵站等
	小桥及符合小桥标准的通道*,人行天桥,渡槽(每座)	基础及下部构造*,上部构造预制、安装或浇筑*,桥面*,栏杆,人行道等
	涵洞、通道(1～3 km 路段)	基础及下部构造*,主要构件预制、安装或浇筑*,填土,总体等
	砌筑防护工程(1～3 km 路段)	挡土墙*,墙背填土,抗滑桩*,锚喷防护*,锥坡、护坡,导流工程,石笼防护等
	大型挡土墙*,组合式挡土墙*(每处)	基础*,墙身*,墙背填土,构件预制*,构件安装*,筋带,锚杆、拉杆,总体*等
路面工程(每 10 km 或每标段)	路面工程(1～3 km 路段)*	底基层,基层*,面层*,垫层,联结层,路缘石,人行道,路肩,路面边缘捧水系统等

注:1. 表内注"*"号的为主要工程,评分时权值为 2;不带"*"号的为一般工程,权值为 1。

2. 按路段长度划分的分部工程,高速公路、一级公路宜取低值,二级及二级以下公路可取高值。

$$分项工程得分 = \frac{\sum(检查项目得分 \times 权值)}{\sum 检查项目权值} \tag{2-1}$$

$$分项工程评分 = 分项工程得分 - 外观缺陷扣分 - 资料不全扣分 \tag{2-2}$$

① 基本要求检查。

分项工程所列基本要求,对施工质量优劣具有关键作用,应按基本要求对工程进行认真检查。经检查不符合基本要求规定时,不得进行工程质量的检验和评定。

② 实测项目计分。

对规定检查项目采用现场抽样方法,按照规定频率和相应的计分方法对分项工程的施工质量直接进行检测计分。检查项目除按数理统计方法评定的项目以外,均应按单点(组)测定值是否符合标准要求进行评定,并按合格率计分。

③ 外观缺陷减分。

对工程外表状况应逐项进行全面检查,如发现外观缺陷,应进行减分。对于较严重的外观缺陷,施工单位须采取措施进行整修处理。

④ 资料不全减分。

分项工程的施工资料和图表残缺,缺乏最基本的数据,或有伪造涂改者,不予检验和评定。资料不全者应予减分,减分幅度可按《公路工程质量检验评定标准:土建工程》(JTG F80/1—2004)所列各款逐款检查,视资料不全情况,每款减 1～3 分。

(2)分部工程和单位工程评分方法。

表 2-1 所列分项工程和分部工程区分为一般工程和主要(主体)工程,分别给以 1 和 2 的权值。进行分部工程和单位工程评分时,采用加权平均值计算法确定相应的评分值。

$$分部(单位)工程评分 = \frac{\sum[分项(分部)工程评分 \times 相应权值]}{\sum 分项(分部)工程权值} \tag{2-3}$$

(3)建设项目工程质量评分方法。

合同段和工程项目质量评分值按《公路工程竣（交）工验收办法》计算。

$$合同段工程质量得分 = \frac{\sum(单位工程得分 \times 单位工程投资额)}{\sum 单位工程投资额} \tag{2-4}$$

$$合同段工程质量鉴定得分 = 合同段工程质量得分 - 内业扣分 \tag{2-5}$$

$$建设项目工程质量评分值 = \frac{\sum(合同段工程质量得分 \times 合同段工程投资额)}{\sum 合同段工程投资额} \tag{2-6}$$

（4）施工单位应提交的质量保证资料。

质量保证资料包括以下 6 个方面：

① 所用原材料、半成品和成品材料质量检验结果；

② 材料配比、拌和加工控制检验和试验数据；

③ 地基处理和隐蔽工程施工记录；

④ 各项质量控制指标的试验记录和质量检验汇总图表；

⑤ 施工过程中遇到的非正常情况记录及其对工程质量的影响分析；

⑥ 施工中如发生质量事故，经处理补救后，达到设计要求的认可证明文件等。

2.1.3　工程质量等级评定

（1）分项工程质量等级评定。

分项工程评分值不小于 75 分者为合格，小于 75 分者为不合格；机电工程、属于工厂加工制造的桥梁金属构件不小于 90 分者为合格，小于 90 分者为不合格。评定为不合格的分项工程，经加固、补强或返工、调测，满足设计要求后，可以重新评定其质量等级，但计算分部工程评分值时按其复评分值的 90% 计算。

（2）分部工程质量等级评定。

所属各分项工程全部合格，则该分部工程评为合格；所属任一分项工程不合格，则该分部工程为不合格。

（3）单位工程质量等级评定。

所属各分部工程全部合格，则该单位工程评为合格；所属任一分部工程不合格，则该单位工程为不合格。

（4）合同段和建设项目质量等级评定。

合同段和建设项目所含单位工程全部合格，其工程质量等级为合格；所属任一单位工程不合格，则合同段和建设项目为不合格。

2.2　路基路面工程质量检查项目　>>>

2.2.1　路基一般规定

（1）土方路基和石方路基的实测项目技术指标的规定值或允许偏差按高速公路、一级公路和其他公路（二级及二级以下公路）两档设定，其中土方路基压实度按高速公路、一级公路，二级公路，三、四级公路三档设定。

（2）规定实测项目的检查频率，如果检查路段以延米计，则为双车道公路每一检查段内的最低检查频率，多车道公路必须按车道数与双车道之比，相应增加检查数量。

（3）路基压实度须分层检测，并符合《公路工程质量检验评定标准：土建工程》(JTG F80/1—2004)附录 B 的规定。路基其他检查项目均在路基顶面进行检查测定。

（4）路基工程可作为路面工程的一个分项工程进行检查评定。

（5）服务区停车场、收费广场的土方工程压实标准可按土方路基要求进行监控。

2.2.2　土方路基

（1）基本要求。

① 在路基用地和取土坑范围内，应清除地表植被、杂物、积水、淤泥和表土，处理坑塘，并按规范和设计要求对基底进行压实。

② 路基填料应符合规范和设计的规定，经过认真调查、试验后合理选用。

③ 填方路基须分层填筑压实，每层表面平整，路拱合适，排水良好。

④ 施工临时排水系统应与设计排水系统结合，避免冲刷边坡，勿使路基附近积水。

⑤ 在设定取土区内合理取土，不得滥开滥挖。完工后应按要求对取土坑和弃土场进行修整，保持合理的几何外形。

（2）实测项目。

见表 2-2 相关项目。

表 2-2　　　　　　　　　　　　　　　　土方路基实测项目

项次	检查项目			规定值或允许偏差			检查方法和频率	权值
				高速公路 一级公路	其他公路			
					二级公路	三级、四级公路		
1	压实度/%	零填及挖方/m	0～0.30	—	—	94	按有关方法检查 密度法：每 200 m 每 压实层测 4 处	3
			0～0.80	≥96	≥95	—		
		填方/m	0～0.80	≥96	≥95	≥94		
			0.80～1.50	≥94	≥94	≥93		
			＞1.50	≥93	≥92	≥90		
2	弯沉/0.01 mm			不大于设计要求值			按标准检查	3
3	纵断高程/mm			＋10，－15	＋10，－20		水准仪：每 200 m 测 4 断面	2
4	中线偏位/mm			50	100		经纬仪：每 200 m 测 4 点，弯道加 HY、 YH 两点	2
5	宽度/mm			不小于设计值			米尺：每 200 m 测 4 处	2
6	平整度/mm			15	20		3m 直尺：每 200 m 测 2 处×10 尺	2
7	横坡/%			±0.3	±0.5		水准仪：每 200m 测 4 个断面	1
8	边坡			不陡于设计值			尺量：每 200 m 测 4 处	1

注：1. 表中所列压实度以重型击实试验法为准，评定路段内的压实度平均值下置信界限不得小于规定标准，单个测定值不得小于极值（表列规定值减 5%）。小于表中所列规定值 2% 的测点，按其数量占总检查点的百分率计算减分值。

　　2. 采用核子仪检验压实度时应进行标定试验，确认其可靠性。

　　3. 特殊干旱、特殊潮湿地区或过湿土路基，可按交通部颁发的路基设计、施工规范所规定的压实度标准进行评定。

　　4. 三级公路修筑沥青混凝土或水泥混凝土路面时，其路基压实度应采用二级公路标准。

(3)外观鉴定。

① 路基表面平整,边线直顺,曲线圆滑。不符合要求时,单向累计长度每 50 m 减 1~2 分。

② 路基边坡坡面平顺,稳定,不得亏坡,曲线圆滑。不符合要求时,单向累计长度每 50 m 减 1~2 分。

③ 取土坑、弃土堆、护坡道飞碎落台的位置适当、外形整齐、美观,防止水土流失。不符合要求时,每处减 1~2 分。

2.2.3 石方路基

(1)基本要求。

① 石方路堑的开挖宜采用光面爆破法。爆破后应及时清理险石、松石,确保边坡安全、稳定。

② 修筑填石路堤时应进行地表清理,逐层水平填筑石块,摆放平稳,码砌边部。填筑层厚度及石块尺寸应符合设计和施工规范规定,填石空隙用石碴、石屑嵌压稳定。上、下路床填料和石料最大尺寸应符合相关规范规定。采用振动压路机分层碾压,压至填筑层顶面石块稳定,18 t 以上压路机振压两遍无明显标高差异。

③ 路基表面应整修平整。

(2)实测项目。

见表 2-3 相关项目。

表 2-3   石方路基实测项目

项次	检查项目		规定值或允许偏差		检查方法和频率	权值
			高速公路、一级公路	其他公路		
1	压实		层厚和碾压遍数符合要求		查施工记录	3
2	纵断高程/mm		10,−20	10,−30	水准仪:每 200 m 测 4 断面	2
3	中线偏位/mm		50	100	经纬仪:每 200 m 测 4 点,弯道加 HY、YH 两点	2
4	宽度/mm		不小于设计值		米尺:每 200 m 测 4 处	2
5	平整度/mm		20	30	3 m 直尺:每 200 m 测 2 处×10 尺	2
6	横坡/%		±0.3	±0.5	水准仪:每 200 m 测 4 断面	1
7	边坡	坡度	不陡于设计值		每 200 m 抽查 4 处	1
		平顺度	符合设计要求			

注:土石混填路基压实度或固体体积率可根据实际可能进行检验,其他检测项目与石方路基相同。

(3)外观鉴定。

① 上边坡不得有松石。不符合要求时,每处减 1~2 分。

② 路基边线直顺,曲线圆滑。不符合要求时,单向累计长度每 50 m 减重 1~2 分。

2.2.4 土工合成材料

(1)基本要求。

① 土工合成材料质量应符合设计要求,外观无破损,无老化,无污染。

② 土工合成材料应紧贴下承层,按设计和施工要求铺设、张拉、固定。

③ 土工合成材料的接缝搭接、黏结强度和长度应符合设计要求,上、下层土工合成材料搭接缝应交替错开。

(2)实测项目。

见表 2-4~表 2-7 相关项目。

表 2-4　　　　　　　　　　　　加筋工程土工合成材料实测项目

项次	检查项目	规定值或允许偏差	检查方法和频率	权值
1	下承层平整度、拱度	符合设计施工要求	每 200 m 检查 4 处	1
2	搭接宽度/mm	+50,0	抽查 2%	2
3	搭接缝错开距离/mm	符合设计施工要求	抽查 2%	2
4	锚固长度/mm	符合设计施工要求	抽查 2%	3

表 2-5　　　　　　　　　　　　隔离工程土工合成材料实测项目

项次	检查项目	规定值或允许偏差	检查方法和频率	权值
1	下承层平整度、拱度	符合设计施工要求	每 200 m 检查 4 处	1
2	搭接宽度/mm	+50,0	抽查 2%	2
3	搭接缝错开距离/mm	符合设计施工要求	抽查 2%	2
4	搭接处透水点	不多于 1 个点	每缝	3

表 2-6　　　　　　　　　　　　过滤排水工程土工合成材料实测项目

项次	检查项目	规定值或允许偏差	检查方法和频率	权值
1	下承层平整度、拱度	符合设计施工要求	每 200 m 检查 4 处	1
2	搭接宽度/mm	+50,0	抽查 2%	3
3	搭接缝错开距离/mm	符合设计施工要求	抽查 2%	3

表 2-7　　　　　　　　　　　　防裂工程土工合成材料实测项目

项次	检查项目	规定值或允许偏差	检查方法和频率	权值
1	下承层平整度、拱度	符合设计施工要求	每 200 m 检查 4 处	1
2	搭接宽度/mm	≥50（横向） ≥150（纵向）	抽查 2%	3
3	黏结力/N	≥20	抽查 2%	3

（3）外观鉴定。

① 土工合成材料重叠、皱折不平顺，每处减 1～2 分。

② 土工合成材料固定处松动，每处减 1～2 分。

2.2.5　路面工程一般规定

路面工程一般规定如下。

① 路面工程的实测项目规定值或允许偏差按高速公路、一级公路和其他公路（二级及二级以下公路）两档设定。对于在设计和合同文件中提高了技术要求的二级公路，其工程质量检验评定按设计和合同文件的要求进行，但不应高于高速公路、一级公路的检验评定标准。

② 路面工程实测项目规定的检查频率为双车道公路每一检查段内的检查频率（按 m² 或 m³ 或工作班设定的检查频率除外），多车道公路的路面各结构层均须按其车道数与双车道之比，相应地增加检查数量。

③ 各类基层和底基层压实度代表值（平均值的下置信界限）不得小于规定代表值，单点不得小于规定极值。小于规定代表值 2% 的测点，应按其占总检查点数的百分率计算合格率。

④ 垫层的质量要求同相同材料的其他公路的底基层，联结层的质量要求同相应的基层或面层，中级路面的质量要求同相同材料的其他公路的基层。

⑤ 路面表层平整度规定值是指交工验收时应达到的平整度要求,其检查测定以自动或半自动的平整度仪为主,全线每车道连续测定按每100 m输出结果计算合格率。采用3 m直尺测定路面各结构层平整度时,以最大间隙作为指标,按每尺结果计算合格率。

⑥ 路面表层渗水系数宜在路面成型后立即测定。

⑦ 路面各结构层厚度按代表值和单点合格值设定允许偏差。当代表值偏差超过规定值时,该分项工程评为不合格;当代表值偏差满足要求时,按单个检查值的偏差不超过单点合格值的测点数计算合格率。

⑧ 材料要求和配比控制列入各分项工程基本要求,可通过检查施工单位、工程监理单位的资料进行评定。

⑨ 水泥混凝土上加铺沥青面层的复合式路面,两种结构均需进行检查评定。其中,水泥混凝土路面结构不检查抗滑构造,平整度可按相应等级公路的标准;沥青面层不检查弯沉。

⑩ 路面基层完工后应及时浇洒透层油或铺筑下封层,透层油透入深度不小于5 mm,不得使用透入能力差的材料作为透层油。对封层、透层、粘层油的浇洒要求同沥青表面处治层中的基本规定。

2.2.6　水泥混凝土路面层

(1)基本要求。

① 基层质量必须符合规定要求,并应进行弯沉测定,验算的基层整体模量应满足设计要求。

② 水泥强度、物理性能和化学成分应符合国家标准及有关规范的规定。

(2)外观鉴定。

① 粗细集料、水、外掺剂及接缝填缝料应符合设计和施工规范要求。

② 施工配合比应根据现场测定水泥的实际强度进行计算,并经试验,选择采用最佳配合比。

③ 接缝的位置、规格、尺寸及传力杆、拉力杆的设置应符合设计要求。

④ 路面拉毛或机具压槽等抗滑措施,其构造深度应符合施工规范要求。

⑤ 面层与其他构造物相接应平顺,检查井井盖顶面高程应高于周边路面1～3 mm。雨水口标高按设计比路面低5～8 mm,路面边缘无积水现象。

⑥ 混凝土路面铺筑后按施工规范要求养护。

(3)实测项目。

见表2-8相关项目。

表2-8　　水泥混凝土面层实测项目

项次	检查项目		规定值或允许偏差		检查方法和频率	权值
			高速公路 一级公路	其他公路		
1	弯拉强度/MPa		在合格标准之内		按有关方法检查	3
2	板厚度 /mm	代表值	−5		按有关方法检查:每200 m每车道2处	3
		合格值	−10			
3	平整度	σ/mm	1.2	2.0	平整度仪:全线每车道连续检测,每100 m计算σ、IRI	2
		IRI/(m/km)	2.0	3.2		
		最大间隙 h/mm	—	5	3 m直尺:半幅车道板带每200 m测2处×10尺	
4	抗滑构造深度/mm		一般路段不小于0.7且不大于1.1;特殊路段不小于0.8且不大于1.2	一般路段不小于0.5且不大于1.0;特殊路段不小于0.6且不大于1.1	铺砂法:每200 m测1处	2
5	相邻板高差/mm		2	3	抽量:每条胀缝2点;每200 m抽纵、横缝各2条,每条2点	2

续表

项次	检查项目	规定值或允许偏差		检查方法和频率	权值
		高速公路 一级公路	其他公路		
6	纵、横缝顺直度 /mm	10		纵缝 20 m 拉线,每 200 m 测 4 处;横缝沿板宽拉线,每 200 m 测 4 条	1
7	中线平面偏位/mm	20		经纬仪:每 200 m 测 4 点	1
8	路面宽度/mm	±20	—	抽量:每 200 m 测 4 处	1
9	纵断高程/mm	±10	±15	水准仪:每 200 m 测 4 断面	1
10	横坡/%	±0.15	±0.25	水准仪:每 200 m 测 4 断面	1

注:表中 σ 为平整度仪测定的标准差;IRI 为国际平整度指数;h 为 3 m 直尺与面层的最大间隙。

① 混凝土板的断裂块数,高速公路和一级公路不得超过评定路段混凝土板总块数的 0.2%,其他公路不得超过 0.4%。不符合要求时每超过 0.1% 减 2 分。对断裂板应采取适当措施予以处理。

② 混凝土板表面的脱皮、印痕、裂纹和缺边掉角等病害现象,对于高速公路和一级公路,有上述缺陷的面积不得超过受检面积的 0.2%,其他公路不得超过 0.3%。不符合要求时每超过 0.1% 减 2 分。对于连续配筋的混凝土路面和钢筋混凝土路面,因干缩、温缩产生的裂缝,可不减分。

③ 路面侧石直顺、曲线圆滑,越位 20 mm 以上者,每处减 1~2 分。

④ 接缝填筑饱满密实,不污染路面。不符合要求时,累计长度每 100 m 减 2 分。

⑤ 胀缝有明显缺陷时,每条减 1~2 分。

2.2.7 沥青混凝土路面层和沥青碎石面层

(1)基本要求。

① 沥青混合料的矿料质量及矿料级配应符合设计要求和施工规范的规定。

② 严格控制各种矿料和沥青用量及各种材料和沥青混合料的加热温度,沥青材料及混合料的各项指标应符合设计和施工规范的要求。沥青混合料的生产,每日应做抽提试验、马歇尔稳定度试验。矿料级配、沥青含量、马歇尔稳定度等结果的合格率应不小于 90%。

③ 拌和后的沥青混合料应均匀一致,无花白、无粗细料分离和结团成块现象。

④ 基层必须碾压密实,表面干燥、清洁、无浮土,其平整度和路拱度应符合要求。

⑤ 摊铺时应严格控制摊铺厚度和平整度,避免离析,注意控制摊铺和碾压温度,碾压至要求的密实度。

(2)实测项目。

见表 2-9 相关项目。

表 2-9　沥青混凝土面层和沥青碎石面层实测项目

项次	检查项目		规定值或允许偏差		检查方法和频率	权值
			高速公路、一级公路	其他公路		
1	压实度/%		试验室标准密度的 96%(98%*); 最大理论密度的 92%(94%*); 试验段密度的 98%(99%*)		按有关方法检查,每 200 m 测 1 处	3
2	平 整 度	σ/mm	1.2	2.5	平整度仪:全线每车道连续按每 100 m 计算 IRI 或 σ	2
		IRI/(m/km)	2.0	4.2		
		最大间隙 h/mm	—	5	3 m 直尺:每 200 m 测 2 处×10 尺	
3	弯沉值/0.01 mm		符合设计要求		按有关方法检查	2

续表

项次	检查项目		规定值或允许偏差		检查方法和频率	权值
			高速公路、一级公路	其他公路		
4	渗水系数		SMA 路面 200 mL/min；其他沥青混凝土路面 300 mL/min	—	渗水试验仪：每 200 m 测 1 处	2
5	抗滑	摩擦系数	符合设计要求	—	摆式仪：每 200 m 测 1 处；摩擦系数测定车：全线连续	2
		构造深度			铺砂法：每 200 m 测 1 处	
6	厚度 /mm	代表值	总厚度：设计值的 −8% 上面层：设计值的 −10%	−8%H	按有关方法检查，双车道每 200 m 测 1 处	3
		合格值	总厚度：设计值的 −10% 上面层：设计值的 −20%	−15%H		
7	中线平面偏位/mm		20	30	经纬仪：每 200 m 测 4 点	1
8	纵断高程/mm		±10	±15	水准仪：每 200 m 测 4 断面	1
9	宽度 /mm	有侧石	±20	±30	尺量：每 200 m 测 4 断面	1
		无侧石	不小于设计值			
10	横坡/%		±0.3	±0.5	水准仪：每 200 m 测 4 处	1

注：1. 表内压实度可选用其中的 1 个或 2 个标准，并以合格率低的作为评定结果。带 * 号者是指 SMA 路面，其他为普通沥青混凝土路面。

2. 表列厚度仅规定负允许偏差。其他公路的厚度代表值和极值允许偏差按总厚度计，当总厚度不大于 60 mm 时，允许偏差分别为 −5 mm 和 −10 mm；总厚度大于 60 mm 时，允许偏差分别为 −8%H 和 −15%H。H 为总厚度。

（3）外观鉴定。

① 表面应平整密实，不应有泛油、松散、裂缝和明显离析等现象。对于高速公路和一级公路，有上述缺陷的面积（凡属单条的裂缝，则按其实际长度乘以 0.2 m 的宽度，折算成面积）之和不得超过受检面积的 0.03%，其他公路不得超过 0.05%。不符合要求时每超过 0.03% 或 0.05% 减 2 分。半刚性基层的反射裂缝可不计作施工缺陷，但应及时进行灌缝处理。

② 搭接处应紧密、平顺，烫缝不应枯焦。不符合要求时，累计每 10 m 减 1 分。

③ 面层与路缘石及其他构筑物应密贴接顺，不得有积水或漏水现象。不符合要求时，每 1 处减 1～2 分。

2.3 路基路面现场随机取样和评定方法 >>>

2.3.1 取样方法

为了公正合理地反映工程质量状况，取样的位置不应带有任何倾向性，应根据随机数表来确定现场取样的具体位置，详见《公路路基路面现场测试规程》(JTG E60—2008)。该方法适用于路面取芯机或路面切割机在现场钻取或切割路面的代表性试样，对水泥混凝土面层、沥青混合料面层或水泥、石灰、粉煤灰等无机结合料稳定基层取样，以测定其密度或物理力学性质。钻孔采取芯样的直径宜不小于最大集料粒径的 3 倍。

2.3.2　仪具与材料

需要的仪具与材料如下。

① 路面取芯钻机:牵引式或车载式,钻机由发动机或电力马达驱动。钻头直径根据需要确定,选用 $\phi100$ mm或 $\phi150$ mm的金刚石钻头,均有淋水冷却装置。

② 台秤。

③ 盛样器(袋)或铁盘等。

④ 干冰(固体 CO_2)。

⑤ 试样标签。

⑥ 其他:镐、铁锹、量尺(绳)、毛刷、硬纸、棉纱等。

2.3.3　方法与步骤

(1)准备工作。

① 确定路段。可以是一个作业段、一天完成的路段,或按规定选取一定长度的检查路段。

② 按《公路路基路面现场测试规程》(JTG E60—2008)路基路面随机取样选点的方法确定取样的位置。

③ 取样位置清扫干净。

(2)取样步骤。

① 选取采样地点的路面上,先用粉笔对钻孔位置作出标记或画出切割路面的大致面积,切割路面的面积根据目的和需要确定。

② 钻机牢固安放在取样地点,垂直对准路面放下钻头。

③ 开放冷却水,启动马达,徐徐压下钻头,但不得使劲下压钻头。待钻透全厚后,上抬钻杆,拔出钻头,停止转动,不使芯样损坏,取出芯样。沥青混合料芯样及水泥混凝土芯样可用清水清洗干净备用。

④ 取得的试件应保持完整,颗粒不得散失。

⑤ 采取的路面混合料试样应整层取样,试样不得破碎。

⑥ 将钻取的芯样试块,妥善盛放于盛样器中,必要时用塑料袋封装。

⑦ 填写样品标签,一式两份,一份粘贴在试样上,另一份作为记录备查。

⑧ 对取样的钻孔或被切割的路面坑洞,应采用同类型材料填补压实,但取样时留下的水分应用棉纱等吸走,待干燥后再补坑。

2.3.4　测定区间或断面决定方法

(1)路段确定。

① 根据路面施工或验收、质量评定方法等有关规范决定需检测的路段。它可以是一个作业段、一天完成的路段或路线全程。在路基路面工程检查验收时,通常以 1 km 作为一个检测路段。此时,检测路段的确定也按本方法的步骤进行。

② 将确定的测试路段划分为一定长度的区间或按桩号间距(一般为 20 m)划分若干个断面,将其编号为第 n 个区间或第 n 个断面,其总的区间数或断面数为 T。

③ 从布袋中随机摸出一块硬纸片,硬纸片上的号数即随机数表中的栏号,从 1~28 栏中选出该栏号的一栏。

④ 按照测定区间数、断面数的频度要求(总的取样数为 n,当 $n>30$ 时分次进行),依次找出与 A 列中 01、02、…、n 对应的 B 列中的值,共 n 对对应的 A、B 值(表 2-10)。

⑤ 将 n 个 B 值与总的区间数或断面数 T 相乘,四舍五入成整数,即得到 n 个断面的编号,与 A 样的 1、2、…、n 对应。

表2-10   路面宽度、高程、横坡检测断面随机取样计算表

断面编号	14栏A列	B列	B×T	断面号	桩号	断面编号	14栏A列	B列	B×T	断面号	桩号
1	17	0.089	4.45	4	K000+080	11	16	0.527	26.35	26	K000+520
2	10	0.149	7.45	7	K000+140	12	05	0.797	39.85	40	K000+800
3	13	0.244	12.2	12	K000+240	13	15	0.801	40.05	40	K000+820
4	08	0.264	13.2	13	K000+260	14	12	0.836	41.8	42	K000+840
5	18	0.285	14.25	14	K000+280	15	04	0.854	42.7	43	K000+860
6	06	0.340	17.05	17	K000+340	16	11	0.884	44.2	44	K000+880
7	06	0.359	17.95	18	K000+360	17	19	0.886	44.3	44	K000+900
8	20	0.387	19.35	19	K000+380	18	07	0.929	46.45	46	K000+920
9	14	0.392	19.60	20	K000+400	19	09	0.932	46.6	47	K000+940
10	03	0.408	20.40	20	K000+420	20	01	0.970	48.5	49	K000+980

例如,按照有关规范规定,拟从K000+000～K1+000的1 km检测路段中选择20个断面测定路面宽度、高程、横坡等外形尺寸,断面确定方法如下:

1 km总长的断面数 $T=1000/20=50$ 个,依次编号为1、2、…、50。

从布袋中摸出一块硬纸片,其编号为14,即使用表2-10的第14栏。

从第14栏A列中挑出小于20所对应的B列数值,将B与T相乘,四舍五入得到20个编号,并得到20个断面的桩号,如表2-10所示。

(2)测点位置确定方法。

① 从布袋中任意取出一块硬纸片,纸片上的号数即为随机数表中的栏号,从1～28栏中选出该栏号的一栏。

② 按照测点数的频度要求(总的取样为n)依次找出栏号的取样位置数,每个栏号均有A、B、C三列。根据检验数量n(当n大于30时应分次进行),在所定栏号的A列找出等于所需取样位置数的全部数,如01、02、…、n。

③ 确定取样位置的纵向距离,找出与A列中相对应的B列中的数值,将此数值乘以检测区间的总长度,并加上该段的起点桩号,即得出取样位置距该段起点的距离或桩号。

④ 确定取样位置的横向距离,找出与A列中相对应的C列中的数值,将此数值乘以检查路面的宽度,再减去宽度的一半,即得取样位置离路面中心线的距离。如差值是正值(+),表示在中心线的右侧;如差值是负值(-),表示在中心线的左侧。

例如,按照有关规范规定,检查验收时拟在K000+000～K1+000的1 km检测路段中选择6个测点进行钻孔取样以检验压实度、沥青用量和矿料级配等,钻孔位置确定方法如下:

a.选定的随机数栏为栏号3;

b.栏号从上至下的数为:01、06、03、02、04及05。

c.表2-11的B列中与这6个数相应的6个小数为0.175、0.310、0.494、0.699、0.838及0.977。

d.取样路段长度为1000 m,计算得出6个乘积(取样位置与该段起点的距离)分别为175 m、310 m、494 m、699 m、838 m、977 m。

e.表2-11的C列中与B列数值相应的数为0.641、0.063、0.929、0.073、0.166及0.494。

f.路面宽度为10 mm,计算得出6个乘积分别是6.41、0.63、9.29、0.73、1.66及4.94。因此,6个取样的横向位置分别是右1.41 m、左4.37 m、右4.29 m、左4.27 m、左3.34 m及左0.06 m。上述计算结果可采用表2-11的方式表示。

表2-11　　　　　　　　　　　　　　　钻孔位置随机取样选点计算表

栏号3		取样路段长 1000 m			路面宽度 10 m		测点数 6 个
测点编号	A列	B列	距起点距离/m	桩号	C列	距路边缘距离/m	距中线位置/m
NO.1	01	0.175	175	K000+175	0.641	6.41	右 1.41
NO.2	06	0.310	310	K000+310	0.063	0.63	左 4.37
NO.3	03	0.494	494	K000+494	0.929	9.29	右 4.29
NO.4	02	0.699	699	K000+699	0.073	0.73	左 4.27
NO.5	04	0.838	838	K000+838	0.166	1.66	左 3.34
NO.6	05	0.977	977	K000+977	0.494	4.94	左 0.06

2.3.5　抽样检验的评定方法

　　根据《公路工程质量检验评定标准：土建工程》(JTG F80/1—2004)，公路工程质量评定采用合格率与评分的方法，也就是根据检测值是否符合质量标准进行评定，按合格率计分。

　　对路基路面压实度、弯沉值、路面结构层厚度、半刚性基层材料强度、水泥混凝土抗折强度等检验项目，应采用数理统计的方法进行计分。具体可看《公路工程质量检验评定标准：土建工程》(JTG F80/1—2004)附录 B～附录 I。

知识归纳

　　(1)公路工程质量检验评定：建设项目的划分、工程项目的评分、工程质量等级的评定。

　　(2)路基路面试验检测的实测项目：土、石方路基实测项目，土工合成材料实测项目，水泥混凝土面层实测项目和沥青混凝土面层实测项目。

独立思考

沥青混凝土路面竣工验收主要由哪些项目组成？

参考文献

[1] 中华人民共和国交通部. JTG F80/1—2004　公路工程质量检验评定标准：土建工程. 北京：人民交通出版社，2004.

[2] 中华人民共和国交通运输部. JTG E60—2008　公路路基路面现场测试规程. 北京：人民交通出版社，2008.

3

基 本 实 验

课前导读

▽ **内容提要**

本章的主要内容为水泥、水泥混凝土、沥青、沥青混合料、土工合成材料性能实验。本章的重难点为沥青及沥青混合料性能试验。

▽ **能力要求**

通过本章的学习，学生应掌握路基路面工程基本实验的实验原理和操作步骤；能够利用所学知识处理实验数据；能够利用专业知识对实验结果进行评价与分析。

3.1 水泥性能试验 >>>

3.1.1 水泥胶砂强度试验

3.1.1.1 试验目的

测定水泥的强度等级。

3.1.1.2 仪器设备

(1)水泥胶砂搅拌机:应符合《行星式水泥胶砂搅拌机》(JC/T 681—2005)的要求。

(2)抗折试模:3 个,40 mm×40 mm×160 mm。

(3)振实台。

(4)抗折强度试验机。

(5)抗压强度试验机:200~300 kN 为宜。

(6)抗压夹具:面积为 40 mm×40 mm。

3.1.1.3 试验步骤

(1)每锅材料数量。

每锅胶砂的材料数量见表 3-1。

表 3-1   每锅胶砂的材料数量

材料数量 水泥品种	水泥/g	标准砂/g	水/mL
硅酸盐水泥			
普通硅酸盐水泥			
矿渣硅酸盐水泥	450±2	1350±5	225±1
粉煤灰硅酸盐水泥			
复合硅酸盐水泥			
石灰石硅酸盐水泥			

(2)搅拌。

每锅胶砂用搅拌机进行机械搅拌,先使搅拌机处于待工作状态,然后按以下的程序操作。

① 把水加入锅里,再加入水泥,把锅放在固定架上,上升至固定位置。

② 立即开动机器,低速搅拌 30 s 后,在第 2 个 30 s 开始的同时均匀地将砂子加入,把机器转至高速再搅拌 30 s。

③ 停止搅拌 90 s,在第 1 个 15 s 内用胶皮刮具将叶片和锅壁上的胶砂刮入锅中间,再在高速下继续搅拌 60 s。各个搅拌阶段时间误差控制在±1 s 以内。

(3)用振实台成型。

① 胶砂制备后立即进行成型,将空试模和模套固定在振实台上,用一个适当大小的勺子直接在搅拌锅

里将胶砂分两层装入试模。装第 1 层时,每个槽里约放 300 g 的胶砂,用大播料器垂直架在模套顶部,沿每个模槽来回一次将料层播平,接着振实 60 次。再装入第 2 层胶砂,用小播料器播平,再振实 60 次,移走模套,从振实台上取下试模,用一金属直尺以近似 90°的角度架在试模顶的一端,然后沿试模长度方向以横向锯割动作慢慢向另一端移动,一次将超过试模部分的胶砂刮去,并用同一直尺以近乎水平的状态将试件表面抹平。

② 在试模上做标记或加字条标明试件编号和试件相对于振实台的位置。

(4)脱模:一般在成型 20~24 h 后脱模。

(5)养护:将做好标记的试件立即水平或竖直放在(20±1)℃的水中养护,水平放置时刮平面应朝上。试件放在不易腐烂的篦子上,彼此间保持一定距离,以让水与试件的六个面接触,养护期间试件之间间隔或试体上表面的水深不得小于 5 mm。

(6)强度试验。

① 抗折强度试验。

a. 将试件的一个侧面放在试验机支撑圆柱上,以(50±10) N/s 的速度均匀地将荷载垂直地加在棱柱体相对侧面上,直至折断。

b. 保持两个半截棱柱体处于潮湿状态直至抗压试验。

c. 抗折强度 R_f 按式(3-1)计算:

$$R_f = \frac{1.5F_f L}{b^3} \tag{3-1}$$

式中 R_f——抗折强度,MPa;

      F_f——折断时施于棱柱体中部的荷载,N;

      L——支撑圆柱之间的距离,mm;

      b——棱柱体正方形截面的边长,mm。

d. 抗折强度的评定。

以一组 3 个棱柱体抗折强度结果的平均值作为试验结果。当 3 个强度值中有超出平均值±10%时,应将其剔除后再取平均值作为抗折强度试验结果。

② 抗压强度试验。

a. 抗折试验后的两个断块应立即进行抗压试验,抗压试验必须用抗压夹具进行,试验体受压面尺寸为 40 mm×40 mm。试验时以半截棱柱体的侧面作为受压面,试体的底面靠近夹具定位销,并使夹具对准压力机压板中心。

b. 压力机加荷速度应控制在(2400±200) N/s,均匀地加荷直至破坏。

c. 抗压强度 R_c 按式(3-2)计算:

$$R_c = \frac{F_c}{A} \tag{3-2}$$

式中 R_c——抗压强度,MPa;

      F_c——破坏时的最大荷载,N;

      A——受压部分面积,mm²。

d. 抗压强度的评定。

以一组 3 个棱柱体上得到的 6 个抗压强度测定值的算术平均值作为试验结果。如 6 个测定值中有一个超出 6 个平均值的±10%,就应剔除这个结果,以剩下 5 个的平均数为结果;如果 5 个测定值中再有超过它们平均数±10%的,则此组结果作废。

3.1.1.4 注意事项

(1)试件龄期是从水泥加水搅拌开始算起,一般只检测 3 d 与 28 d 强度。

(2)每个养护池只养护同类型的水泥试件。最初用自来水装满养护池,随后随时加水,保持适当的恒定水位,不允许在养护期间全部换水。

(3)试件从水中取出后,在强度试验前应用湿布覆盖。

3.1.2 水泥细度试验

3.1.2.1 试验目的
检验水泥细度,评定水泥质量。

3.1.2.2 仪器设备
方孔筛(孔径为 0.08 mm)、天平(最大称量 100 g,感量不大于 0.05 g)、负压筛析仪等。

3.1.2.3 试验步骤
(1)手工干筛法。

① 样品处理:水泥样品应充分拌匀,通过孔径为 0.9 mm 的方孔筛,记录筛余物情况,要防止过筛时混进其他水泥。

② 称取水泥试样 50 g(m)倒入孔径为 0.08 mm 的方孔筛内。

③ 将水泥边筛边拍打,拍打速度每分钟约 120 次,每 40 次向同一方向转动 $60°$,直至每分钟通过的试样量不超过 0.05 g 为止。

④ 称量筛余物 m_0。

(2)负压筛析法。

① 将负压筛放在筛座上,盖上筛盖,接通电源,调节负压至 4000～6000 Pa。

② 称取试样 25 g(m),置于洁净的负压筛中,盖上筛盖,放在筛座上,开动筛析仪连续筛析 2 min。

③ 称量筛余物 m_0。

3.1.2.4 结果整理
计算水泥试样筛余百分率 A,精确至 0.1%。

$$A = \frac{m_0}{m} \times 100\%$$

(3-3)

式中 m_0——水泥筛余物的质量,g;

m——水泥试样的质量,g。

3.1.2.5 注意事项
(1)当两种试验方法测定的结果有异议时,以负压筛析法为准。

(2)国家标准规定:硅酸盐水泥和普硅水泥通过孔径为 0.08 mm 的方孔筛筛余量不超过 10%。

3.1.3 水泥标准稠度用水量试验

3.1.3.1 试验目的与适用范围
(1)试验目的:测定标准稠度用水量,为凝结时间和安定性试验提供标准稠度的净浆。

(2)适用范围:适用于硅酸盐水泥、普通硅酸盐水泥、矿渣水泥、粉煤灰水泥、火山灰水泥、复合水泥。

3.1.3.2 仪器设备
(1)水泥净浆搅拌机:符合《水泥净浆搅拌机》(JC/T 729—2005)的要求。

(2)标准法维卡仪。

(3)量筒:最小刻度为 0.1 mL,精度为 1%。

(4)天平:最大称量不小于 1000 g,分度值不大于 1 g。

3.1.3.3 试验步骤
(1)水泥净浆的拌制。

用水泥净浆搅拌机搅拌,搅拌锅和搅拌叶片先用湿布擦过,将拌和水倒入搅拌锅内,然后在 5～10 s 内小心地将称好的 500 g 水泥加入水中,防止水和水泥溅出;拌和时,先将锅放在搅拌机的锅座上,升至搅拌位置,启动搅拌机,低速搅拌 120 s,停 15 s,同时将叶片和锅壁上的水泥浆刮入锅中间,接着高速搅拌 120 s 停机。

(2)标准稠度用水量的测定步骤。

拌和结束后,立即将拌制好的水泥净浆装入已置于玻璃底板上的试模中,用小刀插捣,轻轻振动数次,刮去多余的净浆;抹平后迅速将试模和底板移到维卡仪上,并将其中心定在试杆下,降低试杆直至与水泥净浆表面接触,拧紧螺丝 1～2 s 后,突然放松,使试杆垂直自由地沉入水泥净浆中。在试杆停止沉入或释放试杆 30 s 时记录试杆距底板之间的距离,升起试杆后,立即擦净;整个操作应在搅拌后 1.5 min 内完成。以试杆沉入净浆并距底板(6±1) mm 的水泥净浆为标准稠度净浆,其拌和水量为该水泥的标准稠度用水量(P),按水泥质量的百分比计。

3.1.3.4　注意事项

(1)试验前先进行水泥净浆搅拌机、标准法维卡仪检查。

(2)试验时用试模高度减去下沉深度即标尺读数来控制试杆下沉距底板的距离 s。

(3)严格控制试验时间,从拌和结束到标准稠度测定整个操作应在 1.5 min 内完成。

3.1.4　水泥凝结时间试验

3.1.4.1　试验目的
测定水泥初凝和终凝时间。

3.1.4.2　仪器设备
(1)标准法维卡仪。

(2)沸煮箱:有效容积为 410 mm×240 mm×310 mm。

3.1.4.3　试验步骤
(1)调整凝结时间测定仪的试针接触玻璃板时,指针对准零点。

(2)以标准稠度净浆一次装满试模,振动数次刮平,立即放入湿气养护箱中。记录水泥全部加入水中的时间,作为凝结时间的起始时间。

(3)初凝时间的测定:试件在湿气养护箱中养护至加水后 30 min 时进行第一次测定。测定时,从湿气养护箱中取出试模放在试针下,降低试针与水泥净浆表面接触。拧紧螺丝 1～2 s 后,突然放松,试针垂直自由地沉入水泥净浆中。观察试针停止下沉或释放试针 30 s 时指针的读数。当试针沉至距底板(4±1) mm 时,水泥达到初凝状态;从水泥全部加入水中到达到初凝状态的时间为水泥的初凝时间,用 min 表示。

(4)终凝时间的测定:在完成初凝时间测定后,将初凝试针换成终凝试针,同时立即将试模连同浆体以平移的方式从玻璃板取下,翻转 180°,直径大端向上,小端向下,放在玻璃板上,再放入湿气养护箱中继续养护,临近终凝时间时每隔 15 min 测定一次,当试针沉入试体 0.5 mm,即环形附件开始不能在试体上留下痕迹时,水泥达到终凝状态,从水泥全部加入水中到达到终凝状态的时间为水泥的终凝时间,用 min 表示。

3.1.4.4　注意事项
(1)测定时应注意,在最初测定的操作时,应轻轻扶住金属柱,使其徐徐下降,以防试针撞弯,但结果以自由下落为准。

(2)在整个测试过程中,试针沉入的位置至少要距试模内壁 10 mm。

(3)临近初凝时,每隔 5 min 测定一次,临近终凝时每隔 15 min 测定一次,到达初凝或终凝时应立即重复测一次,当两次结论相同时才能定为到达初凝或终凝状态。

(4)每次测定不能让试针落入原针孔,每次测试完毕须将试针擦净并将试模放回湿气养护箱内,整个测试过程要防止试模受振。

3.1.5　水泥体积安定性试验

3.1.5.1　试验目的
测定水泥体积安定性。

3.1.5.2　仪器设备
(1)雷氏夹。

(2)雷氏夹膨胀测定仪:标尺最小刻度为 0.5 mm。

(3)沸煮箱:有效容积为 410 mm×240 mm×310 mm。

3.1.5.3　试验步骤
(1)每个试样需成型两个试件,每个雷氏夹需配备两块质量为 75~85 g 的玻璃板,凡与水泥净浆接触的玻璃板和雷氏夹内表面都要稍稍涂上一层油。

(2)将预先准备好的雷氏夹放在已稍擦油的玻璃板上,并立即将已制好的标准稠度净浆一次装满雷氏夹,装浆时一只手扶住雷氏夹,另一只手用宽约为 10 mm 的小刀插捣数次,然后抹平,盖上稍涂油的玻璃板,接着立即将试件移至湿气养护箱内养护(24±2) h。

(3)调整好沸煮箱内的水位,使能保证在整个沸煮过程中都超过试件,不需中途添补试验用水,同时又能保证在(30±5) min 内升至沸腾。

(4)脱去玻璃板取下试件,先测量雷氏夹指针尖端间的距离(A),精确到 0.5 mm,接着将试件放入沸煮箱水中的试件架上,指针朝上,然后在(30±5) min 内加热至沸腾并保持恒沸(180±5) min。

(5)结果判别:沸煮结束后,立即放掉沸煮箱中的热水,打开箱盖,待箱体冷却至室温,取出试件进行判别。测量雷氏夹指针尖端的距离(C),精确至 0.5 mm,当两试件煮后增加距离($C-A$)的平均值不大于 5.0 mm 时,即认为该水泥安定性合格;当两个试件的($C-A$)值超过 4.0 mm 时,应用同一样品立即重做一次试验。若结果依旧如此,则认为该水泥为安定性不合格。

3.1.5.4　注意事项
雷氏夹使用前需用雷氏夹膨胀测定仪标定合格后方可使用。

【例 3-1】　有一组水泥抗压强度破坏荷重为 64.5 kN、64.7 kN、67.3 kN、67.5 kN、66.0 kN、56.7 kN,求其抗压强度值。

【解】　6 个试块的单块抗压强度值分别为:

$$X_1 = \frac{64.5}{1.6} = 40.3 \text{ MPa}$$

$$X_2 = \frac{64.7}{1.6} = 40.4 \text{ MPa}$$

$$X_3 = \frac{67.3}{1.6} = 42.1 \text{ MPa}$$

$$X_4 = \frac{67.5}{1.6} = 42.2 \text{ MPa}$$

$$X_5 = \frac{66.0}{1.6} = 41.2 \text{ MPa}$$

$$X_6 = \frac{56.7}{1.6} = 35.4 \text{ MPa}$$

6 个单块的平均值为:

$$X = \frac{40.3+40.4+42.1+42.2+41.2+35.4}{6} = 40.3 \text{ MPa}$$

因为第 6 个单块强度值 35.4 MPa 不在(40.3×0.9)~(40.3×1.1) MPa 内,所以必须剔除 35.4 MPa,

取剩下 5 个取平均值,则最终平均值:

$$X = \frac{40.3 + 40.4 + 42.1 + 42.2 + 41.2}{5} = 41.2 \text{ MPa}$$

故其抗压强度值为 41.2 MPa。

3.2　水泥混凝土性能试验 >>>

3.2.1　水泥混凝土试件制作及拌和物坍落度与毛体积密度试验

3.2.1.1　试验目的
(1)制作标准试件,测定混凝土的力学性能。

(2)测定拌和物坍落度,确定拌和物浇筑时的工作性。

(3)测定混凝土拌和物捣实后的毛体积密度,为配合比调整提供依据,同时可以核实混凝土配合比计算中各材料用量。

3.2.1.2　仪器设备
钢板、铁锹、坍落筒、振动台、小铲、小钢尺、镘刀、捣棒(ϕ16 mm,长 650 mm)、容积筒(5 L)、磅秤、试模(规格分别为 150 mm×150 mm×150 mm、150 mm×150 mm×550 mm)。

3.2.1.3　试验步骤
(1)水泥混凝土拌和。

① 准备工作。

a. 按设计的配合比及试拌数量计算各材料用量。

b. 称取各材料用量。

c. 将铁板、铁铲等工具润湿。

② 试拌混凝土。

人工拌和时,先用湿布将铁板铁铲润湿,再将称好的砂和水泥在铁板上拌匀,加入石子,再一起拌和均匀,而后将此拌和物堆成长堆,中心扒成长槽,将称好的水倒入约一半,将其与拌和物仔细拌匀,再将材料堆成长堆,扒成长槽,倒入剩余的水,继续进行拌和,来回翻拌至少 6 遍。从加水完毕时起,拌和时间见表 3-2。

表 3-2   拌和时间表

混凝土拌和物体积/L	拌和时间/min
<30	4~5
31~50	5~9
51~75	9~12

(2)新拌混凝土拌和物坍落度测定。

① 将坍落筒内外洗净,放在经水润湿过的铁板上,踏紧踏脚板。

② 将代表样分 3 层装入筒内,每层装入高度稍大于筒高的 1/3,用捣棒在每层的横截面上均匀插捣 25 次,插捣在全部面积上进行,沿螺旋线边缘至中心,插捣底层时插至底部;插捣其他两层时,应插透本层并插

入下层 20～30 mm,插捣须垂直压下,不得冲击,装完后表面抹平。

③ 刮净筒底周围的拌和物,立即垂直地提起坍落筒,提筒在 5～10 s 内完成,并将其放在锥体混凝土试样一旁,筒顶平放木尺,用小钢尺量出木尺底面至试样顶面中心的垂直距离(即为该混凝土拌和物的坍落度),以 mm 计。

④ 用目测方法评定混凝土拌和物的砂率、黏聚性和保水性。

(3)混凝土混合物毛体积密度测定。

① 试验前用湿布将容积筒内外擦拭干净,称其质量 m_1。

② 如用振动台振实时,一次将拌和物装满容积筒,立即开始振动,直至拌和物出现水泥浆为止。

③ 用直尺刮去多余的混凝土,用镘刀抹平表面,擦净容积筒外壁,称取质量 m_2。

(4)混凝土试件制作。

① 校紧试模螺丝,在试模内壁涂抹一薄层矿物油脂。

② 将坍落度测定合格的混凝土拌和物装入试模内,将试模放在振动台上,边振动边添料,直至混凝土表面出现乳状水泥浆为止,振动时间一般不超过 90 s。振动结束后,将试模上的多余混凝土刮去,用镘刀将试件表面初次抹平,待试件收浆后,再次用镘刀将试件表面仔细抹平。在室温为(20±5)℃,相对湿度大于50%的情况下,静置 1～2 昼夜后拆模、编号后随即进行标准养护。标准养护温度为(20±3)℃,相对湿度在90%以上,养护到规定龄期再进行力学试验。

3.2.1.4 结果整理

计算水泥混凝土拌和物毛体积密度 ρ_h,精确至 0.001 kg/L。

$$\rho_h = \frac{m_2 - m_1}{V} \tag{3-4}$$

式中　ρ_h——拌和物毛体积密度,kg/L;

　　　m_1——容积筒质量,kg;

　　　m_2——捣实或振实后混凝土和容积筒总质量,kg;

　　　V——容积筒容积,L。

3.2.1.5 注意事项

(1)混凝土拌和物毛体积密度取两次试验结果的算术平均值为测定值。

(2)测混凝土拌和物坍落度时,从开始装筒至提起坍落度筒的全过程不应超过 2.5 min。若用加大坍落度筒量测时,应乘以系数 0.67,以换算为标准坍落度筒的坍落度。

(3)拌和物毛体积密度测定所用容积筒的容积应经常校正,其校正方法参照粗集料堆积密度及空隙率试验的校正方法。

(4)坍落度只能表示塑性混凝土混合料的工作性。对于低流动性和干硬性混凝土混合物工作性的测定,应采用维勃稠度法。

3.2.2 水泥混凝土抗压、抗折、劈裂抗拉强度试验

3.2.2.1 试验目的

(1)测定混凝土抗压强度以确定混凝土的强度等级,评定混凝土质量。

(2)测定混凝土抗折强度以评定道路混凝土施工质量。

(3)用劈裂法测定混凝土抗拉强度,以了解混凝土抗拉性能。

3.2.2.2 仪器设备

万能试验机、劈裂钢垫条、三合板垫层(或纤维板垫层)。

3.2.2.3 试验步骤

(1)抗压强度试验。

① 从养护室取出试件,先检查其尺寸及形状,相对两面应平行,表面倾斜偏差不得超过 0.5 mm。量出棱边长度,精确至 1 mm。试件受力截面积按其与压力机上下接触面的平均值计算。试件如有蜂窝缺陷,应在试验前三天用浓水泥浆填补平整,并在报告中说明。在破坏前,保持试件原有湿度,在试验时擦干试件。

② 以成型时侧面为上下受压面,将试件放在球座上,将球座置于压力机中心,几何对中侧面受载。

③ 加荷:混凝土强度等级小于 C30 的混凝土取 0.3～0.5 MPa/s 的加荷速度;强度等级不低于 C30 的混凝土则取 0.5～0.8 MPa/s 的加荷速度。当试件接近破坏而开始迅速变形时,应停止调整试验机油门,直至试件破坏,记下破坏极限荷载。

(2)抗折(抗弯拉)强度试验。

① 从养护室取出并检查试件,如试件中部 1/3 长度内有蜂窝,该试件应立即作废。

② 在试件中部量出其宽度和高度,精确至 1 mm。

③ 安放试件,支点距试件端部各 50 m,侧面受载。

④ 加荷:加载方式为三分点双点加荷,加荷速度为 0.5～0.7 MPa/s,直至试件破坏,记下破坏极限荷载。

(3)劈裂抗拉强度试验。

① 从养护室取出并检查试件。

② 量测试件尺寸,精确至 1 mm。

③ 安放试件,几何对中,放妥垫层垫条,其方向与试件成型时顶面垂直。

④ 加荷:当混凝土强度等级低于 C30 时,以 0.02～0.05 MPa/s 的速度连续而均匀地加荷,当混凝土强度等级不低于 C30 时,以 0.05～0.08 MPa/s 的速度加荷,直至试件破坏,记下破坏极限荷载,精确至 0.01 kN。

3.2.2.4 结果整理

(1)计算混凝土立方体抗压强度 R,精确至 0.1 MPa。

$$R = \frac{P}{A} \tag{3-5}$$

式中　R——混凝土抗压强度,MPa;

　　　P——试件破坏极限荷载,N;

　　　A——受压面积,mm²。

(2)混凝土抗折(抗弯拉)强度 R_b,精确至 0.01 MPa。

① 当断面在两个加荷点之间时,抗折(抗弯拉)强度 R_b 按式(3-6)计算:

$$R_b = \frac{PL}{bh^2} \tag{3-6}$$

式中　R_b——混凝土抗折(抗弯拉)强度,MPa;

　　　P——试件破坏极限荷载,N;

　　　L——支座间距离,$L = 450$ mm;

　　　b——试件宽度,mm;

　　　h——试件高度,mm。

② 若断面位于加荷点外侧,则该试件的结果无效;如有两根试件的结果无效,则该组结果作废。

(3)混凝土劈裂抗拉强度 R_t 按式(3-7)计算,精确至 0.01 MPa。

$$R_t = \frac{2P}{\pi A} \tag{3-7}$$

式中　R_t——混凝土劈裂抗拉强度,MPa;

　　　P——试件破坏极限荷载,N;

　　　A——试件劈裂面面积,mm²。

(4)强度测定值异常数据取舍原则(适用于混凝土抗压、抗折、劈裂抗拉强度)。

① 一般情况下,以 3 个试件测值的算术平均值作为测定值。

② 如任一个测值与中值之差超过中值的 15%时,则取中值为测定值;如有两个测值与中值之差均超过

上述规定时,则该组试验结果无效。

(5)将非标准尺寸试件的强度换算成标准尺寸试件的强度换算系数。

① 抗压强度换算系数(表3-3)。

表3-3 抗压强度换算系数

试件尺寸/mm	$100 \times 100 \times 100$	$150 \times 150 \times 150$	$200 \times 200 \times 200$
换算系数	0.95	1.00	1.05

② 抗折(抗弯拉)强度换算系数(表3-4)。

表3-4 抗折(抗弯拉)强度换算系数

试件尺寸/mm	$100 \times 100 \times 400$	$150 \times 150 \times 550$
换算系数	0.85	1.00

③ 劈裂抗拉强度换算系数(表3-5)。

表3-5 劈裂抗拉强度换算系数

试件尺寸/mm	$100 \times 100 \times 100$	$150 \times 150 \times 150$
换算系数	0.85	1.00

④ 劈裂抗拉强度值若需换算为轴心抗拉强度,应乘以换算系数0.9。

3.2.2.5 注意事项

(1)当试件接近破坏时,应停止调整油门,直至试件破坏。

(2)试件受力面均为其侧面。

【例3-2】 某工程现浇室内钢筋混凝土梁,混凝土设计强度等级为C30,施工采用机械拌和与振捣,坍落度为30~50 mm。所用原材料如下。

水泥:普通水泥强度为42.5 MPa,28 d实测水泥强度为48 MPa;$\rho_c = 3100 \text{ kg/m}^3$;

砂:中砂,级配2区合格,$\rho_s' = 2650 \text{ kg/m}^3$;

石子:卵石5~40 mm,$\rho_g' = 2650 \text{ kg/m}^3$;

水:自来水(未掺外加剂),$\rho_w = 1000 \text{ kg/m}^3$。

试采用体积法计算该混凝土的初步配合比。

【解】 (1)计算混凝土的施工配制强度 $f_{cu,0}$。

根据题意可得,$f_{cu,k} = 30.0$ MPa,查表取 $\sigma = 5.0$ MPa,则

$$f_{cu,0} = f_{cu,k} + 1.645\sigma$$
$$= 30.0 + 1.645 \times 5.0 = 38.2 \text{ MPa}$$

(2)确定混凝土水灰比 m_w/m_c。

① 按强度要求计算混凝土水灰比 m_w/m_c。

根据题意可得,$f_{ce} = 1.13 \times 42.5 = 48.0$ MPa,$\alpha_a = 0.48$,$\alpha_b = 0.33$,则混凝土水灰比为:

$$\frac{m_w}{m_c} = \frac{\alpha_a \cdot f_{ce}}{f_{cu,0} + \alpha_a \cdot \alpha_b \cdot f_{ce}}$$
$$= \frac{0.48 \times 48.0}{38.2 + 0.48 \times 0.33 \times 48.0} = 0.50$$

② 按耐久性要求复核。

由于是室内钢筋混凝土梁,属于正常的居住或办公用房屋,查《混凝土结构设计规范》(GB 50010—2010)知混凝土的最大水灰比值为0.65,计算出的水灰比0.50未超过规定的最大水灰比值,因此0.50能够满足混凝土耐久性要求。

（3）确定用水量 m_{w0}。

根据题意，集料为中砂、卵石，最大粒径为 40 mm，查《普通混凝土配合比设计规程》（JGT 55—2011）中表 5.2.1-2 取 $m_{w0}=160$ kg。

（4）计算水泥用量 m_{c0}。

① 计算。

$$m_{c0}=\frac{m_{w0}}{m_w/m_c}=\frac{160}{0.50}=320 \text{ kg}$$

② 复核耐久性。

由于是室内钢筋混凝土梁，属于正常的居住或办公用房屋，查《普通混凝土配合比设计规程》（JGJ 55—2011）中表 3.0.4 知水胶比为 0.5 时，每立方米混凝土的最小胶凝材料用量为 300 kg，计算出的水泥用量 320 kg，不低于最小水泥用量，因此混凝土耐久性合格。

（5）确定砂率 β_s。

根据题意，混凝土采用中砂、卵石（最大粒径为 40 mm），水灰比为 0.50，查《普通混凝土配合比设计规程》（JGJ 55—2011）中表 5.4.1 可得 $\beta_s=28\% \sim 33\%$，取 $\beta_s=30\%$。

（6）计算砂、石子用量 m_{s0}、m_{g0}。

将已知数据和已确定的数据代入体积法的计算公式，取 $\alpha=0.01$，可得：

$$\begin{cases} \dfrac{m_{s0}}{2650}+\dfrac{m_{g0}}{2650}=1-\dfrac{320}{3100}-\dfrac{160}{1000}-0.01 \\ \dfrac{m_{s0}}{m_{s0}+m_{g0}} \times 100\%=30\% \end{cases}$$

解方程组，可得 $m_{s0}=578$ kg，$m_{g0}=1348$ kg。

（7）计算基准配合比（初步配合比）。

$$m_{c0}:m_{s0}:m_{g0}=320:578:1348=1:1.81:4.21$$
$$m_w/m_c=0.50$$

3.3　沥青性能试验　▷▷▷

3.3.1　沥青针入度试验

3.3.1.1　试验目的与适用范围

（1）沥青针入度指数 PI 用以描述沥青的温度敏感性，当量软化点 T_{800} 用以评价沥青的高温稳定性，当量脆点用以评价沥青的低温抗裂性能。

（2）测定沥青针入度，评定沥青黏滞性，确定沥青标号，并作为控制施工质量的依据。

（3）本方法适用于测定道路石油沥青、改性沥青及液体石油沥青蒸馏或乳化沥青蒸发后残留物的针入度，以 0.1 mm 计。其标准试验条件为温度 25 ℃，荷重 100 g，贯入时间 5 s。

3.3.1.2　仪器设备

针入度仪、标准针、盛样皿（根据针入度不同选择不同大小的盛样皿）、恒温水槽、平底玻璃皿、温度计、秒表、溶剂（三氯乙烯）、电炉或砂浴、石棉网等。

3.3.1.3 试验步骤

(1)准备工作。

① 按规定的方法将试样脱水、过筛(0.6 mm)。

② 按试验要求将恒温水槽调节到要求的试验温度,保持稳定。

③ 将准备好的沥青试样注入盛样皿中,试样高度应超过预计针入度值10 mm,并盖上盛样皿。

④ 盛有试样的盛样皿在15 ℃~30 ℃的室温中冷却1~1.5 h(小盛样皿)、1.5~2 h(大盛样皿)或2~2.5 h(特殊盛样皿)后移入保持试验温度±0.1 ℃的恒温水槽中1~1.5 h(小盛样皿)、1.5~2 h(大盛样皿)或2~2.5 h(特殊盛样皿)。

(2)从恒温水槽中取出达到试验温度恒温的盛样皿,并移入水温控制在试验温度(±0.1 ℃)(可用恒温水槽中的水)的平底玻璃皿中的三脚支架上。

(3)将盛有试样的平底玻璃皿置于针入度仪的平台上。慢慢放下针连杆,用适当位置的反光镜或灯光反射观察,使针尖恰好与试样表面接触。拉下刻度盘的拉杆,使其与针连杆顶端轻轻接触,调节刻度盘或深度指示器的指针指示为零。

(4)开动秒表,在指针正指5 s的瞬间,用手紧压按钮,使标准针自动下落贯入试样,经规定时间,松开手指,停压按钮使针停止移动。

(5)拉下刻度盘拉杆,使其与针连杆顶端接触,读取刻度盘指针或位移指示器的读数,精确至0.1 mm。

(6)同一试样平行试验至少进行3次,各测试点之间及与盛样皿边缘的距离不应少于10 mm。每次试验后应将盛有盛样皿的平底玻璃皿放入恒温水槽,使平底玻璃皿中水温保持试验温度。

3.3.1.4 结果整理

同一试样3次平行试验结果的最大值和最小值之差在表3-6规定的偏差范围内时,计算3次试验结果的平均值取整作为针入度试验结果,以0.1 mm为单位。

表3-6 针入度平行试验允许偏差值表

针入度/0.1 mm	0~49	50~149	150~249	250~500
允许偏差值/0.1 mm	2	4	12	20

3.3.1.5 注意事项

(1)每测一次应换1根干净标准针或取下标准针用蘸有三氯乙烯溶剂的棉花或布擦净,用干棉花或布擦干,再进行第2次试验。

(2)测定针入度大于200的沥青试样时,至少用3支标准针,每次试验后将针留在试样中,直至3次平行试验完成后,才能将标准针取出。

(3)对取来的沥青试样不得直接采用电炉或煤气炉明火加热。不得已采用电炉或煤气炉加热脱水时,必须垫放石棉网,时间不超过30 min。

(4)在沥青灌模过程中如温度下降可放入烘箱中适当加热,试样冷却后反复加热的次数不得超过2次,以防沥青老化影响试验结果。在沥青灌模时不得反复搅动沥青,以避免混进气泡。

(5)灌模剩余的沥青应立即清洗干净,不得重复使用。

3.3.2 沥青延度试验

3.3.2.1 试验目的与适用范围

(1)沥青延度是反映沥青塑性的重要指标,也是划分中、轻交通道路沥青同标号甲、乙的依据。

(2)本方法适用于测定道路石油沥青、液体沥青蒸馏或乳化沥青蒸发残留物的延度。

3.3.2.2 仪器设备

延度仪、"∞"字试模、玻璃板、恒温水槽、温度计(0 ℃~50 ℃)、隔离剂(甘油与滑石粉质量比为2∶1)、砂浴或其他加热炉具、平刮刀、石棉网、酒精、食盐、棉纱等。

3.3.2.3 试验步骤

(1)准备工作。

① 按规定的方法将试样脱水、过筛(0.6 mm)。

② 将隔离剂拌和均匀,涂于清洁干燥的玻璃板和两个侧模的内侧表面,并将试模在玻璃板上装好。

③ 将准备好的沥青试样仔细地自试模的一端至另一端往返数次缓缓注入模中,最后略高出试模,灌模时应注意勿使气泡混入。

④ 试件在室温中冷却30～40 min,然后置于规定试验温度±0.1 ℃的恒温水槽中,保持30 min后取出,用热刮刀刮除高出试模的沥青,使沥青面与试模面齐平。沥青的刮法应自试模的中间刮向两端,且表面应刮得平滑。将试模连同底板再浸入规定试验温度的水槽中1～1.5 h。

⑤ 检查延度仪延伸速度是否符合规定要求,然后移动滑板使其指针正对标尺的零点。将延度仪注水,并保温达试验温度±0.5 ℃。

(2)将保温后的试件连同底板移入延度仪的水槽中,然后将盛有试样的试模自玻璃板上取下,将试模两端的孔分别套在滑板及槽端固定板的金属柱上,并取下侧模。水面距试件表面应不小于25 mm。

(3)开动延度仪,并注意观察试样的延伸情况。此时应注意,在试验过程中,水温应始终保持在试验温度规定范围内。当水槽采用循环水时,应暂时中断循环,停止水流。

(4)试件拉断时,读取指针所指标尺上的读数,以cm表示。在正常情况下,试件延伸时应成锥尖状,拉断时实际断面接近于零。如不能得到这种结果,则应在报告中注明。

3.3.2.4 结果整理

(1)同一试样,每次平行试验不少于3个,如3个测定结果均大于100 cm,试验结果记作">100 cm";如有特殊需要也可分别记录实测值。当3个测定结果中,有一个以上的测定值小于100 cm时,若最大值或最小值与平均值之差满足重复性试验精密度要求,则取3个测定结果的平均值的整数作为延度试验结果,若平均值大于100 cm,记作">100 cm";若最大值或最小值与平均值之差不符合重复性试验精密度要求时,试验应重新进行。

(2)精密度或允许差:当试验结果小于100 cm时,重复性试验的允许差为平均值的20%;复现性试验的允许差为平均值的30%。

3.3.2.5 注意事项

(1)涂隔离剂时一定不能涂于端模内侧。

(2)试验过程中,仪器不得有振动,水面不得有晃动。

(3)在试验中,如发现有沥青细丝浮于水面或沉入槽底,则应在水中加入酒精或食盐,调整水的密度至与试样相近后,重新试验。

3.3.3 沥青软化点试验

3.3.3.1 试验目的与适用范围

(1)沥青软化点是试样在规定尺寸的金属环内,上置规定直径和质量的钢球,放于水(或甘油)中,以(5±0.5) ℃/min的速度加热,至钢球下沉到达规定距离时的温度,以℃表示。

(2)沥青软化点是反映沥青温度稳定性的指标,测定该指标以便控制施工质量。

(3)本方法适用于测定道路石油沥青、煤沥青的软化点,也适用于测定液体石油沥青经蒸馏或乳化沥青破乳蒸发后残留物的软化点。

3.3.3.2 仪器设备

软化点试验仪(钢球、试样环、钢球定位环、金属支架、耐热玻璃烧杯、温度计)、环夹、加热炉具、玻璃板、恒温水槽、平直刮刀、隔离剂(甘油与滑石粉质量比为2:1)、洁净水、石棉网。

3.3.3.3　试验步骤

(1)准备工作。

① 按规定的方法将试样脱水、过筛(0.6 mm)。

② 将隔离剂拌和均匀,涂于清洁干燥的玻璃板上。

③ 将准备好的沥青试样徐徐注入试样环内至略高出环面为止,在室温下冷却 30 min 后,用环夹夹着试样环,并用热刮刀刮除环面上的试样,务必使其与环面齐平。

(2)软化点测定。

① 试样软化点在 80 ℃ 以下。

a. 试验前将装有试样的试样环连同试样底板置于装有(5±0.5)℃水的恒温水槽中至少 15 min,同时将金属支架、钢球、钢球定位环等也置于相同水槽中。

b. 烧杯内注入新煮沸并冷却到 5 ℃ 的洁净水,水面略低于立杆上的深度标记。

c. 先从恒温水槽中取出盛有试样的试样环放置在支架中层板的圆孔中,套上定位环;然后将整个环架放入烧杯中,调整水面至深度标记,并保持水温为(5±0.5)℃。环架上任何部分不得附有气泡。将 0 ℃～80 ℃ 的温度计由上层板中心孔垂直插入,使端部测温头底部与试样环下部齐平。

d. 将盛有水和环架的烧杯移至放有石棉网的加热炉具上,然后将钢球放在定位环中间的试样中央,立即开动振荡搅拌器,使水微微振荡,并开始加热,使杯中水温在 3 min 内调节至每分钟上升(5±0.5)℃。在加热过程中,应记录每分钟上升的温度值。

e. 试样受热软化逐渐下坠,至与下层底板表面接触时,立即读取温度,精确至 0.5 ℃。

② 试样软化点在 80 ℃ 以上。

a. 将装有试样的试样环连同试样底板置于装有(32±1)℃甘油的恒温槽中至少 15 min,同时将金属支架、钢球、钢球定位环等也置于甘油中。

b. 在烧杯内注入预先加热至 32 ℃ 的甘油,其液面略低于立杆上的深度标记。

c. 从恒温槽中取出装有试样的试样环,按上述方法进行测定(液体为甘油),精确至 1 ℃。

3.3.3.4　结果整理

(1)同一试样平行试验两次,当两次测定值的差值符合重复性试验精密度要求时,取其平均值作为软化点试验结果,精确至 0.5 ℃。

(2)精密度或允许差。

① 当试样软化点小于 80 ℃ 时,重复性试验的允许差为 1 ℃,复现性试验的允许差为 4 ℃。

② 当试样软化点等于或大于 80 ℃ 时,重复性试验的允许差为 2 ℃,复现性试验的允许差为 8 ℃。

3.3.3.5　注意事项

(1)试验前养护时,钢球、钢球定位环、金属支架等应与试样养护同环境、同时间。

(2)在加热过程中,应记录每分钟上升的温度值,如温度上升速度超出(5±0.5)℃/min,则应重做试验。

3.3.4　沥青标准黏度试验

3.3.4.1　试验目的与适用范围

(1)沥青的标准黏度是试样在规定温度下,自沥青标准黏度计规定直径的流孔流出 50 mL 所需的时间,以 s 表示。

(2)液体沥青的技术等级是按标准黏度来划分的。

(3)本方法适用于液体石油沥青、煤沥青、乳化沥青等材料流动状态的黏度。

3.3.4.2　仪器设备

道路沥青标准黏度计、水槽、盛样管、球塞、水槽盖、温度计(分度为 0.1 ℃)、秒表、接收瓶(或 100 mL 量筒)、流孔检查棒、肥皂水(或矿物油)、加热炉等。

3.3.4.3　试验步骤

(1)试验准备工作。

① 按规定的方法准备好沥青试样。

② 根据沥青材料的种类和稠度,选择需要流孔孔径的盛样管,置于水槽圆井中,用规定的球塞堵好流孔。

③ 根据试验温度需要,调整恒温水槽的水温为试验温度±0.1 ℃。

(2)将试样加热至比试验温度高 2 ℃~3 ℃(如试验温度低于室温时,试样须冷却至比试验温度低 2 ℃~3 ℃)时注入盛样管,其数量以液面到达球塞杆垂直时杆上的标记为准。

(3)试样在水槽中保持试验温度至少 30 min,用温度计轻轻搅拌试样,测量试样的温度为试验温度±0.1 ℃ 时,调整试样液面至球塞杆的标记处,再继续保温 1～3 min。

(4)在量筒内装入 25 mL 的肥皂水,以利于洗涤及准确读数,并使量筒中心正对流孔。

(5)提起球塞,借标记悬挂在试样管边上,待试样流入量筒内使其刻度达到 50 mL 时,按动秒表;待试样流出达到 100 mL 时,按停秒表,读取试样流出 50 mL 所经过的时间,以 s 计,即为试样的黏度。

3.3.4.4　结果整理

(1)同一试样至少平行试验两次,当两次测定的差值不大于平均值的 4%时,取其平均值的整数作为试验结果。

(2)精密度或允许差:重复性试验的允许差为平均值的 4%。

3.3.4.5　注意事项

(1)试验前必须将量筒内壁用肥皂水润湿,再将量筒内装入 25 mL 的肥皂水以利于清洗及准确读数。

(2)盛样管内注入试样时,液面不能超过球塞杆垂直时杆上的标记。

3.3.5　沥青闪点与燃点试验

3.3.5.1　试验目的

测定黏稠石油沥青、煤沥青及闪点在 79 ℃以上的液体石油沥青的闪点和燃点,以便评定施工安全性时使用。

3.3.5.2　仪器设备

克利夫兰开口杯式闪点仪(加热板、温度计、点火器、铁支架)、防风屏、电炉。

3.3.5.3　试验步骤

(1)将试样杯用溶剂洗净、烘干,置于支架上。加热板放在可调温电炉上,接好电源。

(2)安装温度计,垂直插入试样杯中,温度计的水银球距杯底约 6.5 mm,位置在与点火器相对一侧距杯边缘 16 mm 处。

(3)按规定的方法准备好沥青试样后,将试样注入杯中至刻度线处,并使试样杯其他部位勿沾上沥青。

(4)全部装置应置于室内光线较暗且无显著空气流通的地方,并用防风屏三面围护。

(5)将点火器转向一侧,试验点火,调节火苗成标准球的形状或直径为(4±0.8) mm 的小球形试焰。

(6)开始加热试样,升温速度迅速地达到 14～17 ℃/min。待试样温度达到预期闪点前 56 ℃时,调节加热器降低升温速度,以便在预期闪点前 28 ℃时能使升温速度控制为(5.5±0.5) ℃/min。

(7)试样温度达到预期闪点前 28 ℃时开始,每隔 2 ℃将点火器的试焰沿试验杯口中心以半径为150 mm 作弧水平扫过一次;从试验杯口的一边至另一边所经过的时间约 1 s。此时应确认点火器的试焰为直径(4±0.8) mm 的火球,并位于坩埚口上方 2～2.5 mm 处。

(8)当试样液面上最初出现一瞬即灭的蓝色火焰时,立即从温度计上读记温度,作为试样的闪点。

(9)继续加热,保持试样升温速度为(5.5±0.5) ℃/min,并按上述操作要求用点火器点火试验。

(10)当试样接触火焰立即着火,并能继续燃烧不少于 5 s 时,停止加热,并读记温度计上的温度,作为试样的燃点。

3.3.5.4 注意事项

(1)同一试样至少平行试验两次,两次测定结果的差值不超过重复性试验允许差 8 ℃,取其平均值的整数作为试验结果。

(2)试样加热温度不能低于闪点 55 ℃。

(3)当试验时大气压在 95.3 kPa(715 mmHg)以下时,应对闪点或燃点的试验结果进行修正;若大气压为84.5～95.3 kPa(634～715 mmHg)时,修正值为增加 2.8 ℃;当大气压为 73.3～84.5 kPa(550～634 mmHg)时,修正值为增加 5.5 ℃。

【例 3-3】 简述石油沥青的主要组成及其与石油沥青主要性质的关系。

【解】 (1)石油沥青的组成:油分、树脂、地沥青质。

(2)沥青中油分决定流动性。油分含量高,流动性大,温度敏感性大,黏性小。

(3)树脂决定塑性。树脂含量高,其塑性大,温度敏感性大,黏性小,开裂后的自愈能力强。

(4)地沥青质决定黏性。地沥青质含量高,黏性大,温度敏感性小,塑性降低,脆性增大。

3.4 沥青混合料性能试验 ▶▶▶

3.4.1 沥青混合料试件制作

3.4.1.1 试验目的与适用范围

(1)本方法适用于标准击实法或大型击实法制作沥青混合料试件,以供试验室进行沥青混合料物理力学性质试验使用。

(2)标准击实法适用于马歇尔试验、间接抗拉试验(劈裂法)等所使用的 ϕ101.6 mm×63.5 mm 的圆柱体试件的成型。大型击实法适用于 ϕ152.4 mm×95.3 mm 的大型圆柱体试件的成型。

(3)制作沥青混合料试件时,矿料规格及试件数量应符合要求。试验室成型的一组试件的数量不得少于 4 个,必要时宜增加至 5～6 个。

3.4.1.2 仪器设备

标准击实仪、标准击实台、拌和机(容量不小于 10 L)、脱模器、试模、烘箱、天平或电子天平、插刀或大螺丝刀、温度计(0 ℃～300 ℃)、滤纸、棉纱等。

3.4.1.3 试验步骤

(1)准备工作。

①确定制作沥青混合料试件的拌和与压实温度,可参照表 3-7 执行。

表 3-7 沥青混合料拌和及压实温度参考表

沥青结合料种类	拌和温度/℃	压实温度/℃
石油沥青	130～160	120～150
煤沥青	90～120	80～110
改性沥青	160～175	140～170

② 按规定在拌和厂或施工现场采集沥青混合料试样。将试样置于烘箱中或加热的砂浴上保温。

③ 在试验室人工配制沥青混合料时,材料准备按下列步骤进行:

a. 将各种规格的矿料置于(105±5)℃的烘箱中烘干至恒重(一般不少于4~6 h)。

b. 按规定的试验方法分别测定不同粒径规格粗、细集料及填料(矿粉)的各种密度及沥青的密度。

c. 将烘干分级的粗、细集料按每个试件设计级配要求称其质量,在一金属盘中混合均匀,矿粉单独加热,置烘箱中预热至沥青拌和温度以上约15 ℃(采用石油沥青时通常为163 ℃,采用改性沥青时通常需180 ℃)备用。一般按一组试件(每组4~6个)备料,但进行配合比设计时宜对每个试件分别备料。

d. 将采集的沥青试样用恒温烘箱或油浴、电热套熔化加热至规定的沥青混合料拌和温度备用,但不得超过175 ℃。

④ 用沾有少许黄油的棉纱擦净试模、套筒及击实台等,然后置于100 ℃左右的烘箱中加热1 h备用。常温沥青混合料用试模不加热。

(2)拌制沥青混合料(黏稠石油沥青或煤沥青混合料)。

① 将沥青混合料拌和机预热至拌和温度以上10 ℃左右备用。

② 将每个试件预热的粗、细集料置于拌和机中,用小铲子适当混合,然后再加入需要数量的已加热至拌和温度的沥青(如沥青已称量在一专用容器内,可在倒掉沥青后用一部分热矿粉将沾在容器壁上的沥青擦拭一起倒入拌和锅中),开动拌和机一边搅拌一边将拌和叶片插入混合料中拌和1~1.5 min,然后暂停拌和,加入单独加热的矿粉,继续拌和至均匀为止,并使沥青混合料保持在要求的拌和温度范围内。标准的总拌和时间为3 min。

(3)将拌好的沥青混合料,均匀称取一个试件所需的用量(标准马歇尔试件约为1200 g,大型马歇尔试件约为4050 g)。当已知沥青混合料的密度时,可根据试件的标准尺寸计算并乘以1.03得到要求的混合料数量。当一次拌和几个试件时,宜将其倒入经预热的金属盘中,用小铲适当拌和均匀分成几份,分别取用。在试件制作过程中,为防止混合料温度下降,应连盘放在烘箱中保温。

(4)从烘箱中取出预热的试模及套筒,用沾有少许黄油的棉纱擦拭套筒、底座及击实锤底面,将试模装在底座上,垫一张圆形的吸油性小的纸,按四分法从四个方向用小铲将混合料铲入试模中,用插刀或大螺丝刀沿周边插捣15次,中间10次。插捣后将沥青混合料表面整平成凸圆弧面。

(5)插入温度计至混合料中心附近,检查混合料温度。

(6)待混合料温度符合要求的压实温度后,将试模连同底座一起在击实台上固定,在装好的混合料上面垫一张吸油性小的圆纸,再将装有击实锤及导向棒的压实头插入试模中,然后开启电动机或人工将击实锤从457 mm的高度自由落下并按规定的次数(75次、50次或35次)击实。

(7)试件击实一面后,取下套筒,将试模翻面,装上套筒,然后以同样的方法和次数击实另一面。

(8)试件击实结束后,立即用镊子取掉上下面的纸,用游标卡尺量取试件离试模上口的高度并由此计算试件高度,如高度不符合要求,试件应作废,并按式(3-8)调整试件的混合料质量,以保证高度符合(63.5±1.3) mm(标准试件)或(95.3±2.5) mm(大型试件)的要求。

$$调整后混合料质量 = \frac{要求试件高度 \times 原用混合料质量}{所得试件的高度} \tag{3-8}$$

(9)卸去套筒和底座,将装有试件的试模横向放置冷却至室温后(不少于12 h),从脱模机上脱出试件。

(10)将试件置于干燥洁净的平面上,供试验用。

3.4.1.4　注意事项

(1)沥青称量方法采用减量法。

(2)对试验室试验研究、配合比设计及采用机械拌和施工的工程,严禁采用人工炒拌法热拌沥青混合料。

(3)对大型马歇尔试件,装模时混合料分两次加入,每次插捣次数同上。

(4)用于做现场马歇尔指标检验的试件,在施工质量检验过程中如急需试验,允许采用电风扇吹冷1 h或浸水冷却3 min以上的方法脱模,但浸水脱模法不能用于测量密度、空隙率等各项物理指标。

3.4.2 沥青混合料试件密度试验

3.4.2.1 试验目的

测定吸水率不大于 2% 的各种沥青混合料试件,包括Ⅰ型沥青混凝土或较密实的Ⅱ型沥青混凝土、抗滑表层混合料、沥青玛瑞脂碎石混合料(SMA)试件的毛体积相对密度或毛体积密度。本方法测定的毛体积密度可用于计算沥青混合料试件的空隙率、矿料间隙率等各项体积指标。

3.4.2.2 仪器设备

浸水天平或电子秤、网篮、溢流水箱、试件悬吊装置、秒表、毛巾、电风扇或烘箱。

3.4.2.3 试验步骤

(1)选择适宜的浸水天平或电子秤,最大称量应不小于试件质量的 1.25 倍,且不大于试件质量的 5 倍。

(2)除去试件表面的浮粒,称取干燥试件的空中质量(m_a),根据选择的天平的感量读数,精确至 0.1 g。

(3)挂上网篮,浸入溢流水箱中,调节水位,将天平调平或复零,把试件置于网篮中(注意不要晃动水),浸入水中 3~5 min,称取试件的水中质量(m_w)。

(4)从水中取出试件,用洁净柔软拧干的湿毛巾轻轻擦去试件的表面水(不得吸走空隙内的水),称取试件的表干质量(m_f)。

3.4.2.4 结果整理

(1)计算试件的吸水率,取 1 位小数。

试件的吸水率即试件吸水体积占沥青混合料毛体积的百分率,按式(3-9)计算。

$$S_a = \frac{m_f - m_a}{m_f - m_w} \times 100\% \tag{3-9}$$

式中 S_a——试件的吸水率,%;

$\quad m_a$——干燥试件的空中质量,g;

$\quad m_w$——试件的水中质量,g;

$\quad m_f$——试件的表干质量,g。

(2)计算试件的毛体积相对密度和毛体积密度,取 3 位小数。

当试件的吸水率符合 $S_a < 2\%$ 的要求时,试件的毛体积相对密度和毛体积密度按式(3-10)、式(3-11)计算,当吸水率符合 $S_a > 2\%$ 的要求时,应改用蜡封法测定。

$$\gamma_f = \frac{m_a}{m_f - m_w} \tag{3-10}$$

$$\rho_f = \frac{m_a}{m_f - m_w} \times \rho_w \tag{3-11}$$

式中 γ_f——用表干法测定的试件毛体积相对密度,无量纲;

$\quad \rho_f$——用表干法测定的试件毛体积密度,g/cm³;

$\quad \rho_w$——常温水的密度,约等于 1 g/cm³。

(3)试件的空隙率按式(3-12)计算,取 1 位小数。

$$VV = \left(1 - \frac{\gamma_f}{\gamma_t}\right) \times 100\% \tag{3-12}$$

式中 VV——试件的空隙率,%;

$\quad \gamma_f$——试件的毛体积相对密度,无量纲;

$\quad \gamma_t$——沥青混合料理论最大相对密度,无量纲。

(4)计算试件的理论最大相对密度或理论最大密度,取 3 位小数。

已知试件的油石比时,试件的理论最大相对密度可按式(3-13)计算。已知试件的沥青含量时,试件的理论最大相对密度按式(3-14)计算。

$$\gamma_{ti} = \frac{100 + P_{ai}}{\frac{100}{\gamma_{sc}} + \frac{P_{ai}}{\gamma_b}} \tag{3-13}$$

$$\gamma_{ti} = \frac{100}{\frac{P_{si}}{\gamma_{se}} + \frac{P_{bi}}{\gamma_b}} \tag{3-14}$$

式中 γ_{ti}——相对于计算沥青用量 P_{bi} 沥青混合料的最大理论相对密度,无量纲;

P_{ai}——所计算的沥青混合料中的油石比,%;

P_{bi}——所计算沥青混合料的沥青用量,%;

P_{si}——所计算沥青混合料的矿料含量,%;

γ_{se}——矿料有效相对密度,无量纲;

γ_b——沥青的相对密度(25 ℃/25 ℃),无量纲。

(5)试件中沥青的体积百分率可按式(3-15)计算,取 1 位小数。

$$V_{be} = \frac{P_{be} \times \gamma_f}{\gamma_b} \tag{3-15}$$

式中 V_{be}——沥青混合料试件的沥青体积百分率,%;

P_{be}——沥青混合料的沥青用量,%。

(6)试件中的矿料间隙率,可按式(3-16)计算。

$$VMA = \left(1 - \frac{\gamma_f}{\gamma_{sb}} \times \frac{P_s}{100}\right) \times 100\% \tag{3-16}$$

式中   VMA——沥青混合料试件的矿料间隙率,%;

P_s——各种矿料占沥青混合料总质量的百分率之和,即 $P_s = 100 - P_b$,%;

γ_{sb}——矿料合成毛体积相对密度,按式(3-17)计算。

$$\gamma_{sb} = \frac{100}{\frac{P_1}{\gamma_1} + \frac{P_2}{\gamma_2} + \cdots + \frac{P_n}{\gamma_n}} \tag{3-17}$$

(7)试件的沥青饱和度按式(3-18)计算,取 1 位小数。

$$VFA = \frac{VMA - VV}{VMA} \times 100\% \tag{3-18}$$

式中   VFA——试件的有效沥青饱和度,%。

3.4.2.5 注意事项

(1)若天平读数持续变化,不能很快达到稳定,说明试件吸水较严重,不适用于此法测定,应改用蜡封法测定。

(2)对从路上钻取的非干燥试件可先取水中质量,然后用电风扇将试件吹干至恒重[一般不少于 12 h,当不需要进行其他试验时,也可用(60±5)℃烘箱烘干至恒重],再称取空中质量。

(3)旧路面钻取芯样试样的混合料缺乏材料密度及配合比时,沥青混合料理论最大相对密度应采用真空法或溶剂法求得。

(4)应在试验报告中注明沥青混合料的类型及采用的测定密度的方法。

3.4.3 沥青混合料马歇尔稳定度及浸水马歇尔试验

3.4.3.1 试验目的与适用范围

(1)本方法适用于马歇尔稳定度试验和浸水马歇尔稳定度试验,以进行沥青混合料的配合比设计或沥青路面施工质量检验。浸水马歇尔稳定度试验供检验沥青混合料受水损害时抵抗剥落的能力时使用,通过测试其水稳定性检验配合比设计的可行性。

(2)本方法适用按规范规定成型的标准马歇尔试件圆柱体和大型马歇尔试件圆柱体。

3.4.3.2　仪器设备

沥青混合料马歇尔试验仪、恒温水槽、烘箱、天平、温度计、游标卡尺等。

3.4.3.3　试验步骤

(1)准备工作。

① 按标准击实法成型马歇尔试件,其尺寸应符合直径为(101.6±0.2) mm、高为(63.5±1.3) mm的要求。一组试件的数量最少不得少于 4 个,并符合相关规范规定。

② 量测试件的直径及高度:用游标卡尺测量试件中部的直径,用马歇尔试件高度测定器或用游标卡尺在十字对称的 4 个方向量测离试件边缘 10 mm 处的高度,精确至 0.1 mm,并以其平均值作为试件的高度。

③ 按相关规范规定的方法测定试件的密度,计算试件空隙率、沥青体积百分率、沥青饱和度、矿料间隙率等物理指标。

④ 将恒温水槽调节至要求的试验温度,对黏稠石油沥青或经烘箱养生过的乳化沥青混合料,试验温度为(60±1) ℃。

(2)标准马歇尔试验方法。

① 将试件置于已达规定温度的恒温水槽中保温,对标准马歇尔试件需保温 30～40 min。试件之间应有间隔,底下应垫起,离容器底部不小于 5 cm。

② 将马歇尔试验仪的上、下压头放入水槽或烘箱中达到同样温度。将上、下压头从水槽或烘箱中取出擦拭干净内面。为使上、下压头滑动自如,可在下压头的导棒上涂少量黄油,再将试件取出置于下压头上,盖上上压头,然后装在加载设备上。

③ 当采用自动马歇尔试验仪时,将自动马歇尔试验仪的压力传感器、位移传感器与计算机或 X-Y 记录仪正确连接,调整好计算机或将 X-Y 记录仪的记录笔对准原点。

④ 启动加载设备,使试件承受荷载,加载速度为(50±5) mm/min。计算机或 X-Y 记录仪自动记录传感器压力和试件变形曲线并将数据自动存入计算机。

⑤ 记录或打印试件的稳定度和流值。

(3)浸水马歇尔试验方法。

浸水马歇尔试验方法与标准马歇尔试验方法的不同之处在于试件在已达规定温度恒温水槽中的保温时间为 48 h。

3.4.3.4　结果整理

(1)从记录仪上读取试件的稳定度和流值。稳定度(MS),以 kN 计,精确至 0.01 kN;流值(FL),以 mm 计,精确至 0.1 mm。

(2)试件的马歇尔模数按式(3-19)计算。

$$T = \frac{MS}{FL} \tag{3-19}$$

式中　T——试件的马歇尔模数,kN/mm;

　　　　MS——试件的稳定度,kN;

　　　　FL——试件的流值,mm。

(3)试件浸水马歇尔试验残留稳定度按式(3-20)计算。

$$MS_0 = \frac{MS_1}{MS} \times 100\% \tag{3-20}$$

式中　MS_0——试件的浸水残留稳定度,%;

　　　　MS_1——试件浸水 48 h 后的稳定度,kN。

3.4.3.5　注意事项

(1)如标准马歇尔试件高度不符合(63.5±1.3) mm 的要求或两侧高度差大于 2 mm 时,此试件应作废。

(2)从恒温水槽中取出试件至测出最大荷载值的时间,不得超过 30 s。

(3)当一组测定值中某个测定值与平均值之差大于标准差的 k 倍(当试件数目 n 为 3、4、5、6 时,k 值分别为 1.15、1.46、1.67、1.82)时,该测定值应予舍弃,并以其余测定值的平均值作为试验结果。

(4)采用自动马歇尔试验时,试验结果应附上荷载-变形曲线原件或自动打印结果,并报告马歇尔稳定度、流值、马歇尔模数,以及试件尺寸、试件的密度、空隙率、沥青用量、沥青体积百分率、沥青饱和度、矿料间隙率等各项物理指标。

3.4.4 沥青与粗集料的黏附性试验

3.4.4.1 试验目的与适用范围

(1)本方法适用于检验沥青与粗集料表面的黏附性及评定粗集料抗水剥离能力。

(2)对于最大粒径大于 13.2 mm 的集料应用水煮法,对最大粒径小于或等于 13.2 mm 的集料应用水浸法。对同一种料源集料最大粒径既有大于又有小于 13.2 mm 的不同集料时,对大于 13.2 mm 的集料,以水煮法试验为标准;对细粒式沥青混合料应以水浸法试验为标准。

3.4.4.2 仪具与材料

(1)天平:称量 500 g,感量不大于 0.01 g。

(2)恒温水槽:能保持温度(80±1)℃。

(3)拌和用小型容器:500 mL。

(4)烧杯:1000 mL。

(5)试验架。

(6)细线:尼龙线或棉线、铜丝线。

(7)铁丝网。

(8)标准筛:孔径为 9.5 mm、13.2 mm、19 mm 的筛各 1 个。

(9)烘箱:装有自动温度调节器。

(10)电炉、燃气炉。

(11)玻璃板:尺寸为 200 mm×200 mm 左右。

(12)搪瓷盘:尺寸为 300 mm×400 mm 左右。

(13)其他:拌和铲、石棉网、纱布、手套等。

3.4.4.3 水煮法试验

(1)准备工作。

① 将集料过 13.2 mm、19 mm 的筛,取粒径为 13.2~19 mm、形状接近立方体的规则集料 5 个,用洁净水洗净,置于温度为(105±5)℃的烘箱中烘干,然后放在干燥器中备用。

② 在大烧杯中盛水,并置于加热炉的石棉网上煮沸。

(2)试验步骤。

① 将集料逐个用细线在中部系牢,再置于(105±5)℃的烘箱内 1 h。按《公路工程沥青及沥青混合料试验规程》(JTG E20—2011)T0602—2011 沥青试样准备方法准备沥青试样。

② 逐个取出加热的矿料颗粒用线提起,浸入预先加热的沥青(石油沥青 130 ℃~150 ℃、煤沥青 100 ℃~110 ℃)试样中 45 s 后,轻轻拿出,使集料颗粒完全为沥青膜所裹覆。

③ 将裹覆沥青的集料颗粒悬挂于试验架上,下面垫一张纸,使多余的沥青流掉,并在室温下冷却 15 min。

④ 待集料颗粒冷却后,逐个用线提起,浸入盛有煮沸水的大烧杯中央,调整加热炉,使烧杯中的水保持微沸状态,但不允许有沸开的泡沫。

⑤ 浸煮 3 min 后,将集料从水中取出,观察矿料颗粒上沥青膜的剥落程度,并按表 3-8 评定其黏附性等级。

表 3-8　　　　　　　　　　　　　沥青与集料的黏附性等级

试验后石料表面上沥青膜剥落情况	黏附性等级
沥青膜完全保存,剥离面积百分率接近于 0	5
沥青膜少部为水所移动,厚度不均匀,剥离面积百分率少于 10%	4
沥青膜局部明显地为水所移动,基本保留在石料表面上,剥离面积百分率少于 30%	3
沥青膜大部为水所移动,局部保留在石料表面上,剥离面积百分率大于 30%	2
沥青膜完全为水所移动,石料基本裸露,沥青全浮于水面上	1

⑥ 同一试样应平行试验 5 个集料颗粒,并由两名以上经验丰富的试验人员分别评定后,取平均等级作为试验结果。

3.4.4.4　水浸法试验

(1)准备工作。

① 将集料过 9.5 mm、13.2 mm 的筛,取粒径为 9.5～13.2 mm、形状规则的集料 200 g,用洁净水洗净,并置于温度为(105±5)℃的烘箱中烘干,然后放在干燥器中备用。

② 按《公路工程沥青及沥青混合料试验规程》(JTG E20—2011)T 0602—2011 沥青试样准备方法准备沥青试样,加热至按《公路工程沥青及沥青混合料试验规程》(JTG E20—2011)T 0702 沥青混合料试件制作方法的要求确定沥青与矿料的拌和温度。

③ 将煮沸过的热水注入恒温水槽中,并维持温度为(80±1)℃。

(2)试验步骤。

① 按四分法称取集料颗粒(9.5 mm、13.2 mm)100 g 置于搪瓷盘中,连同搪瓷盘一起放入已升温至沥青拌和温度以上 5 ℃的烘箱中持续加热 1 h。

② 按每 100 g 矿料加入沥青(5.5±0.2)g 的比例称取沥青,精确至 0.1 g,放入小型拌和容器中,一起置入同一烘箱中加热 15 min。

③ 将搪瓷盘中的集料倒入拌和容器的沥青中后,从烘箱中取出拌和容器,立即用金属铲均匀拌和 1～1.5 min,使集料完全被沥青薄膜裹覆。然后,立即取裹有沥青的集料 20 个,用小铲移至玻璃板上摊开,并置室温下冷却 1 h。

④ 将放有集料的玻璃板浸入温度为(80±1)℃的恒温水槽中,保持 30 min,并将剥离及浮于水面的沥青用纸片捞出。

⑤ 从水中小心取出玻璃板,浸入水槽内的冷水中,仔细观察裹覆集料的沥青薄膜的剥落情况。由两名以上经验丰富的试验人员分别目测,评定剥离面积的百分率,评定后取平均值表示。

注:为使估计的剥离面积百分率较为准确,宜先制取若干个不同剥离率的样本,用比照法目测评定,不同剥离率的样本,可用加不同比例抗剥离剂的改性沥青与酸性集料拌和后浸水得到,也可由同一种沥青与不同集料品种拌和后浸水得到,样本的剥离面积百分率逐个仔细计算得出。

⑥ 由剥离面积百分率按表 3-8 评定沥青与集料黏附性的等级。

3.4.4.5　报告

试验结果应报告试验采用的方法及集料粒径。

3.4.5　沥青混合料中沥青含量试验

3.4.5.1　试验目的与适用范围

(1)本方法采用离心分离法测定黏稠石油沥青拌制的沥青混合料中的沥青含量(或油石比)。

(2)本方法适用于热拌热铺沥青混合料路面施工时的沥青用量检测,以评定拌和厂产品质量。此法也适用于旧路调查时检测沥青混合料的沥青用量。用此法抽提的沥青溶液可用于回收沥青,以评定沥青的老化性质。

3.4.5.2　仪器设备

(1)离心抽提仪:由试样容器及转速不小于 3000 r/min 的离心分离器组成,分离器备有滤液出口。容器盖与容器之间用耐油的圆环形滤纸密封。滤液通过滤纸排出后从出口流出收入回收瓶中,仪器必须安放稳固并有排风装置。

(2)圆环形滤纸。

(3)回收瓶:容量在 1700 mL 以上。

(4)压力过滤装置。

(5)天平:感量不大于 0.01 g、1 mg 的天平各一台。

(6)量筒:最小分度为 1 mL。

(7)电烘箱:装有温度自动调节器。

(8)三氯乙烯:工业用。

(9)碳酸铵饱和溶液:供燃烧法测定滤纸中的矿粉含量用。

(10)其他:小铲、金属盘、大烧杯等。

3.4.5.3　试验准备

(1)按沥青混合料取样方法,在拌和厂从运料卡车采取沥青混合料试样,放在金属盘中适当拌和,待温度稍下降至 100 ℃ 以下时,用大烧杯取混合料试样质量 1000~1500 g(粗粒式沥青混合料用高限,细粒式沥青混合料用低限,中粒式沥青混合料用中限),精确至 0.1 g。

(2)如果试样是在路上用钻机法或切割法取得的,应用电风扇吹风使其完全干燥,并置于微波炉或烘箱中适当加热,待其呈松散状态后取样,不得锤击,以防集料破碎。

3.4.5.4　试验步骤

(1)向装有试样的烧杯中注入三氯乙烯溶剂,将其浸没,浸泡 30 min,用玻璃棒适当搅动混合料,使沥青充分溶解。

(2)将混合料及溶液倒入离心分离器,用少量溶剂将烧杯及玻璃棒上的黏附物全部洗入分离容器中。

(3)称取洁净的圆环形滤纸质量,精确至 0.01 g。滤纸不宜多次反复使用,有破损者不能使用,有石粉黏附时应用毛刷清除干净。

(4)将滤纸垫在分离器边缘上,加盖紧固,在分离器出口处放回收瓶,上口应注意密封,防止流出液呈雾状散失。

(5)开动离心机,转速逐渐增至 3000 r/min,沥青溶液通过排出口注入回收瓶中,待流出停止后停机。

(6)从上盖的孔中加入新溶剂,体积大体相同,稍停 3~5 min 后,重复上述操作数次直到流出的抽提液呈清澈的淡黄色为止。

(7)卸下上盖,取下圆环形滤纸,在通风橱或室内空气中蒸发干燥,然后放入(105±5)℃ 的烘箱中干燥,称取质量,其增量部分(m_2)为矿粉的一部分。

(8)将容器中的集料仔细取出,在通风橱或室内空气中蒸发,然后放入(105±5)℃ 烘箱中烘干(一般需4 h),再放入大干燥器中冷却至室温,称取集料质量(m_1)。

(9)用压力过滤器过滤回收瓶中的沥青溶液,由滤纸的增量(m_3)得出渗入滤液中的矿粉质量,如无压力过滤器,也可用燃烧法测定。

(10)用燃烧法测定抽提液中矿粉质量的步骤如下:

① 将回收瓶中的抽提液倒入量筒中,精确定量至 1 mL(V_a)。

② 充分搅匀抽提液,取出 10 mL(V_b)放入坩埚中,在热浴上适当加热使溶液试样呈暗黑色后,置于高温炉(500 ℃~600 ℃)中烧成残渣,取出坩埚冷却。

③ 向坩埚中按每 1 g 残渣 5 mL 的用量比例,注入碳酸铵饱和溶液,静置 1 h,放入(105±5)℃ 炉箱中干燥。

④ 取出放在干燥器中冷却,称取残渣质量(m_4),精确至 1 mg。

3.4.5.5 结果整理

(1)沥青混合料中矿料的总质量按式(3-21)计算。

$$m_a = m_1 + m_2 + m_3 \tag{3-21}$$

式中　m_a——沥青混合料中矿料部分的总质量,g;

　　　　m_1——容器中留下的集料干燥质量,g;

　　　　m_2——圆环形滤纸在试验前后的增量,g;

　　　　m_3——渗入抽提液中的矿粉质量,g。

用燃烧法时,沥青混合料中矿料的总质量可按式(3-22)计算。

$$m_3 = m_4 \times \frac{V_a}{V_b} \tag{3-22}$$

式中　V_a——抽提液的总量,mL;

　　　　V_b——取出的燃烧干燥的抽提液体积,mL;

　　　　m_4——坩埚中燃烧干燥的残渣质量,g。

(2)沥青混合料中的沥青含量按式(3-23)计算。

$$P_b = \frac{m - m_a}{m} \times 100\% \tag{3-23}$$

油石比按式(3-24)计算。

$$P_a = \frac{m - m_a}{m_a} \times 100\% \tag{3-24}$$

式中　m——沥青混合料的总质量,g;

　　　　P_b——沥青混合料的沥青含量,%;

　　　　P_a——沥青混合料的油石比,%。

3.4.5.6 试验记录

同一沥青混合料试样至少平行试验两次,取平均值作为试验结果。两次试验结果的差值应小于0.3%,当大于0.3%但小于0.5%时,应补充平行试验1次,以3次试验的平均值作为试验结果,3次试验的最大值与最小值之差不得大于0.5%。

【例3-4】　一组沥青混合料试件的马歇尔稳定度分别为:13.10、12.38、16.95、10.77、12.98、11.33(单位:kN),求该组试件马歇尔稳定度试验结果。

【解】　平均值:

$$\overline{X} = \frac{13.10 + 12.38 + 16.95 + 10.77 + 12.98 + 11.33}{6} = 12.918$$

标准差:

$$2s = 2.178$$

$$g(4) = \frac{12.918 - 10.77}{2.178} = 0.99$$

$$g(3) = \frac{16.95 - 12.918}{2.178} = 1.85$$

因为$g(3) > k = 1.82(n = 6)$,应舍去$g(3)$计算剩余数据平均值。

平均稳定度:

$$\frac{13.10 + 12.38 + 10.77 + 12.98 + 11.33}{5} = 12.112$$

3.5　无机结合料性能试验　>>>

3.5.1　无机结合料无侧限抗压强度试验方法

3.5.1.1　仪器设备

(1)方孔筛:孔径为 37.5 mm、19 mm 及 4.75 mm 的筛各一个。

(2)试模。

适用于不同土的试模尺寸如下。

① 细粒土(最大粒径不超过 4.75 mm):试模的直径×高=50 mm×50 mm;

② 中粒土(最大粒径不超过 19 mm):试模的直径×高=100 mm×100 mm;

③ 粗粒土(最大粒径不超过 37.5 mm):试模的直径×高=150 mm×150 mm。

(3)脱模器。

(4)反力框架:能量达 300 kN。

(5)液压千斤顶(200~300 kN)。

(6)夯锤和导管。

(7)密封湿气箱或湿气池,放在能保持恒温的小房间内。

(8)水槽:深度不小于试件高,外加 50 mm 以上。

(9)路面材料强度试验仪或其他合适的压力机。

(10)天平:感量 0.01 g。

(11)台称:称量 10 kg,感量 5 g。

(12)量筒、拌和工具、漏斗、大小铝盒、烘箱等。

3.5.1.2　试样

(1)将具有代表性的风干土试料(必要时,也可在 50 ℃烘箱内烘干)用木槌和木碾捣碎,但应避免破碎土或粒料的原粒径,然后将土过筛并进行分类。如试料为粗粒土,则除去大于 37.5 mm 的颗粒备用;如试料为中粒土,则除去大于 19 mm 的颗粒备用;如试料为细粒土,则除去大于 5 mm 的颗粒备用。

(2)在预定做试验的前一天,取有代表性的试料测定其风干含水量。对于细粒土,试样应不少于 100 g;对于粒径小于 25 mm 的中粒土,试样应不少于 1000 g;对于粒径小于 37.5 mm 的粗粒土,试样应不少于 2000 g。

(3)用击实试验法确定水泥(石灰)混合料的最佳含水量和最大干密度。

(4)对于同一水泥(石灰)剂量需要制作相同状态的试件数量(即平行试验的数量)与土类及操作的仔细程度有关(表 3-9)。

表 3-9　　　　　　　　　　　　　　　　**最少试件数量**

试件数量　偏差系数　土类	<10%	10%~15%	15%~20%
细粒土	6	9	—
中粒土	6	9	13
粗粒土	—	9	13

（5）制备试件。

① 称量一定数量的风干土并计算干土重，其数量随试件大小而变。对于尺寸为 50 mm×50 mm 的试件，1 个试件需要干土 180～210 g；对于尺寸为 100 mm×100 mm 的试件，1 个试件需要干土 1700～1900 g；对于尺寸为 150 mm×150 mm 的试件，1 个试件需要干土 5700～6000 g。对于细粒土，可以一次称量 6 个试件的土；对于中粒土，可以一次称量 3 个试件的土；对于粗粒土，一次只称量 1 个试件的土。

② 将称量的土放在长方盘（尺寸为 400 mm×600 mm×70 mm）内，向土中加水，对于细粒土（特别是黏性土），使其含水量较最佳含水量小 3%；对于中粒土或粗粒土，可按最佳含水量加水。加水量可按式（3-25）估算：

$$Q_w = \left(\frac{Q_n}{1+0.01w_n} + \frac{Q_c}{1+0.01w_c} \right) \times 0.01w - \frac{Q_n}{1+0.01Q_n} \times 0.01w_n - \frac{Q_c}{1+0.01w_c} \times 0.01w_c$$

(3-25)

式中　Q_w——混合料中应加水的质量，g；

　　　　Q_n——混合料中土（或粒料）的质量，g；

　　　　Q_c——混合料中水泥（或石灰）的质量，g；

　　　　w——要求达到的混合料的含水量，%；

　　　　w_n——混合料中土的含水量（风干含水量），%；

　　　　w_c——混合料中水泥（或石灰）的原始含水量，%，通常很小，可以忽略不计。

将土和水拌和均匀后，如为石灰稳定土和水泥、石灰综合稳定土，可将石灰和试样一起拌匀后，放在密闭容器内浸润备用。

浸润时间：黏性土为 12～24 h；粉性土为 4～8 h；砂性土、砂砾土、红土砂砾等可缩短到 2 h 左右；含土很少的未筛分碎石、砂砾及砂可以缩短到 1 h。

③ 在浸润过的试料中，加入预定数量的水泥或石灰并拌和均匀。在拌和过程中，应将预留的 3% 的水（对于细粒土）加入土中，使混合料含水量达到最佳含水量。拌和均匀且加有水泥的混合料应在 1 h 内按下述方法制成试件。超过 1 h 的混合料应该作废。其他结合料稳定土除外。

④ 制备预定干密度试件，用反力框架和液压千斤顶制作。

a. 制备一个预定干密度的试件需要的水泥混合料的数量 m_1(g)，随试模型的尺寸而变，可以按式（3-26）计算。

$$m_1 = \rho_d V(1+w)$$

(3-26)

式中　V——试模体积，cm³；

　　　　w——混合料的含水量，%；

　　　　ρ_d——稳定土试件的干密度，g/cm³。

b. 将试模的下压柱放入试模的底部（事先在试模的内壁及上、下压柱的底面涂一薄层机油），外露 2 cm 左右；将称量的规定数量（m_1）的稳定土混合料分 2～3 次灌入试模中，每次灌入后用夯棒轻轻均匀插实。如制作的是尺寸为 50 mm×50 mm 的小试件，则可以将混合料一次倒入试模中，然后将上压柱放入试模内，也应使其外露 2 cm 左右（即上、下压柱露出试模外的部分应该相等）。

c. 将整个试模（连同上、下压柱）放到反力框架内的千斤顶上，加压直到上、下压柱都压入试模为止，维持压力 1 min。解除压力后，取下试模，拿去上压柱，并放到脱模器上将试件顶出（利用千斤顶和下压柱），称试件的质量 m_2，小试件精确到 1 g，中试件精确到 2 g，大试件精确到 5 g。然后用游标卡尺量试件的高度 h，精确到 0.1 mm。用击锤制件，步骤同前。只是用击锤（可以利用做击实试验的锤，但压柱顶面需要垫一块牛皮，以保护锤面和压柱顶面不被损伤）将上、下压柱打入试模内。

⑤ 养护。试件从试模内脱出并称重后，应立即放到密封湿气箱内进行保湿养护，但中试件和大试件应先用塑料薄膜包裹。有条件时，可采用蜡封保湿养护。在没有上述条件的情况下，也可以将包有塑料薄膜的试件埋在湿砂中进行保湿养护。养护时间视需要而定，一般可以取 7 d 和 28 d，作为工地控制，通常都只取 7 d。整个养护期间的温度，在北方地区应保持（20±2）℃，在南方地区以保持（25±2）℃为宜。养护期的

最后一天,应该将试件浸泡在水中,水的深度应使水面在试件顶上约 2.5 cm。在浸泡水中之前,应再次称量试件的质量 m_3。在养护期间,试件质量的损失应该符合下列规定:小试件不超过 1 g,中试件不超过 4 g,大试件不超过 10 g。质量损失超过此规定的试件,应该作废。

3.5.1.3　试验步骤

(1)将已浸水一昼夜的试件从水中取出,用软的旧布吸去试件表面的可见自由水,并称试件的质量 m_4。

(2)用游标卡尺量试件的高度 h_1,精确到 0.1 mm。

(3)将试件放到路面材料强度试验仪的升降台上(台上先放一扁球座)进行抗压试验。试验过程中,应使试件的形变等速增加,并保持速率约为 1 mm/min。记录试件破坏时的最大压力 P(N)。

(4)从试件内部取有代表性的样品(经过打破)测定其含水量 w_1。

3.5.1.4　结果整理

(1)试件的无侧限抗压强度用下列相应的公式计算。

对于小试件:

$$R = \frac{P}{A} = 0.0051P$$

对于中试件:

$$R = \frac{P}{A} = 0.001273P$$

对于大试件:

$$R = \frac{P}{A} = 0.00566P$$

式中　P——试件破坏时的最大压力,N;

　　　A——试件的截面积,$A = \pi/4d^2$,d 为试件的直径。

(2)试验精度。

若干次平行试验的偏差系数 C_v(%)应符合下列规定:小试件不大于 10%、中试件不大于 15%、大试件不大于 20%。

3.5.1.5　强度评定

如为现场检测,需按下述方法对无侧限抗压强度进行评定。

① 评定路段试样的平均强度 $\bar{R}_c$ 应满足下式要求:

$$\bar{R}_c \geqslant \frac{R_d}{(1 - Z_a C_v)}$$

式中　R_d——设计抗压强度,MPa。

　　　C_v——试验结果的偏差系数,以小数计。

　　　Z_a——标准正态分布表中随保证率而变的系数,高速公路、一级公路保证率取 95%,$Z_a = 1.645$;其他公路保证率取 90%,$Z_a = 1.282$。

② 路段内无机结合料稳定材料强度的评定:评为合格时得满分,不合格时得零分。

3.5.2　水泥或石灰剂量的确定试验

3.5.2.1　试验目的和适用范围

(1)本方法适用于在工地快速测定水泥和石灰稳定土中水泥和石灰的剂量,并可用以检查拌和的均匀性。

(2)本方法不受水泥和石灰稳定土龄期(7 d 以内)的影响。工地水泥和石灰稳定土含水量的少量变化(±2%),实际上不影响测定结果。用本方法进行一次剂量测定,只需 10 min 左右。本方法也可以用来测定水泥和石灰综合稳定土中结合料的剂量。

3.5.2.2   仪器设备

(1)滴定管(酸式):50 mL,1 支。

(2)滴定台:1 个。

(3)滴定管夹:1 个。

(4)大肚移液管:10 mL,10 支。

(5)锥形瓶(即三角瓶):200 mL,20 个。

(6)烧杯:2000 mL(或 1000 mL),1 只;300 mL,10 只。

(7)容量瓶:1000 mL,1 个。

(8)搪瓷杯:容量大于 1200 mL,10 只。

(9)不锈钢棒(或粗玻璃棒):10 根。

(10)量筒:100 mL 和 5 mL,各 1 只;50 mL,2 只。

(11)棕色广口瓶:60 mL,1 只(装钙红)。

(12)托盘天平:称量 500 g、感量 0.5 g 和称量 100 g、感量 0.1 g,各 1 台。

(13)秒表 1 只。

(14)表面皿:$\phi 9$ cm,10 个。

(15)研钵:$\phi 12 \sim 13$ cm,1 个。

(16)土样筛:筛孔为 2.0 mm、2.5 mm,各 1 个。

(17)洗耳球(1 两或 2 两),1 个。

(18)精密试纸:pH 为 $12 \sim 14$。

(19)聚乙烯桶:20 L,1 个(装蒸馏水);10 L,2 个(装氯化铵及 EDTA-2Na 标准液);5 L,1 个(装氢氧化钠)。

(20)毛刷、去污粉、吸水管、塑料勺、特种铅笔、厘米纸。

(21)洗瓶(塑料):500 mL,1 只。

3.5.2.3   试剂

(1)0.1 mol/m^3 乙二胺四乙酸二钠(简称 EDTA-2Na)标准液:准确称取 EDTA-2Na(分析纯)37.226 g,用微热的无二氧化碳蒸馏水溶解,待全部溶解并冷却至室温后,定容至 1000 mL。

(2)10%的氯化铵标准溶液:将 500 g 氯化铵(分析纯或化学纯)放在 10 L 的桶中,加水 4500 mL,充分振荡,使氯化铵完全溶解,然后倒入塑料桶内保存。

(3)1.8%的氢氧化钠(内含三乙醇胺)溶液:用 100 g 电子天平称 18 g 氢氧化钠(分析纯),放入洁净干燥的 1000 mL 烧杯中,加 1000 mL 蒸馏水使其全部溶解,待溶液冷却至室温后,加入 2 mL 的三乙醇胺(分析纯),搅拌均匀后储于塑料桶中。

(4)钙红指示剂:将 0.2 g 钙试剂羟酸钠(分子式为 $C_{21}H_{13}O_7N_2SNa$,分子量为 460.39)与 20 g 预先在 105 ℃的烘箱中烘 1 h 的硫酸钾混合。然后一起放入研钵中,研成极细粉末,储于棕色广口瓶中,以防吸潮。

3.5.2.4   准备标准曲线

(1)取样:取工地用石灰和集料,风干后分别过孔径为 2.0 mm 或 2.5 mm 的筛,用烘干法或酒精法测其含水率(如为水泥可假定其含水率为 0)。

(2)混合料组成的计算。

①公式。

$$干料质量 = \frac{湿料质量}{(1 + 含水率)}$$

②计算步骤。

a. 干混合料质量 $= \dfrac{300\ g}{1 + 最佳含水率}$

b. 干土质量 $= \dfrac{干混合料质量}{1 + 石灰(或水泥)计量}$

　　c. 干石灰(或水泥)质量=干混合料质量-干土质量

　　d. 湿土质量=干土质量×(1+土的风干含水率)

　　e. 湿石灰质量=干石灰×(1+石灰的风干含水率)

　　f. 石灰土中应加入的水=300 g-湿土质量-湿石灰质量

　　(3)准备5种试样,每种2个样品(以水泥集料为例),具体如下。

　　第1种:称2份300 g集料①分别放在2个搪瓷杯内,集料的含水量应等于工地预期达到的最佳含水量。集料中所加的水应与工地所用的水相同(300 g为湿质量)。

　　第2种:准备2份水泥剂量为2%的水泥土混合料试样,每份均重300 g,并分别放在2个搪瓷杯内。水泥土混合料的含水量应等于工地预期达到的最佳含水量。混合料中所加的水应与工地所用的水相同。

　　第3种、第4种、第5种:各准备2份水泥剂量分别为4%、6%、8%②的水泥混合料试样,每份均重300 g,并分别放在6个搪瓷杯内,其他要求同第1种。

　　(4)取一个盛有试样的搪瓷杯,在杯内加600 mL、10%的氯化铵溶液③,用不锈钢搅拌棒充分搅拌3 min(每分钟搅拌110~120次)。如水泥(石灰)土混合料中的土是细粒土,则也可以用1000 mL具塞三角瓶代替搪瓷杯,手握三角瓶(瓶口向上)用力振荡3 min[每分钟(120±5)次],以代替搅拌棒搅拌。放置沉淀4 min[如4 min后得到的是浑浊悬浮液,则应增加放置沉淀时间,直到出现澄清悬浮液为止,并记录所需的时间,以后所有该种水泥(或石灰)土混合料的试验,均应以同一时间为准],然后将上部澄清液转移至300 mL的烧杯内,搅匀,加盖表面皿待测。

　　(5)用移液管吸取上层(液面下1~2 cm)悬浮液10.0 mL放入200 mL的三角瓶内,用量筒量取50 mL1.8%的氢氧化钠(内含三乙醇胺)溶液倒入三角瓶中,此时溶液pH值为12.5~13.0(可用pH为12~14的精密试纸检验),然后加入钙红指示剂(体积约为黄豆大小),摇匀,溶液呈玫瑰红色。用EDTA-2Na标准液滴定至纯蓝色为终点,记录EDTA-2Na的耗量(以mL计,读至0.1 mL)。

　　(6)对其他几个搪瓷杯中的试样,用同样的方法进行试验,并记录各自的EDTA-2Na用量。

　　(7)以同一水泥或石灰剂量混合料消耗EDTA-2Na的量(mL)的平均值为纵坐标,以水泥或石灰剂量(%)为横坐标制图。两者的关系应是一根平滑的曲线。如素集料或水泥或石灰改变,必须重作标准曲线。

　　3.5.2.5 试验步骤

　　(1)选取有代表性的水泥土或石灰土混合料,称300 g放在搪瓷杯中,用搅拌棒将结块搅散,加600 mL10%的氯化铵溶液,然后如前述步骤进行试验。

　　(2)利用所绘制的标准曲线,根据所消耗的EDTA-2Na的量(mL),确定混合料中的水泥或石灰剂量。

　　3.5.2.6 报告

　　报告应包括混合料名称、试验方法名称、试验数量n、试验结果极小值和极大值、试验结果平均值、试验结果标准差s、试验结果偏差系数C_v等内容。

　　3.5.2.7 注意事项

　　(1)每个样品搅拌的时间、整度和方式应力求相同,以增加试验的精度。

　　(2)作标准曲线时,如工地实际水泥剂量较大,素集料和低剂量水泥的试样可以不做,而直接用较高的剂量做试验,但应有两种剂量大于实用剂量,以及两种剂量小于实用剂量。

　　(3)配制的氯化铵溶液最好当天用完,不要放置过久,以免影响试验的精度。

　　【例3-5】 某道路工程的水泥稳定石基础,水泥掺量为5.0%,最佳含水量为6.5%,设计强度为2.5 MPa,

---

　　① 如为细料土,则每份的质量可以减为100 g。

　　② 在此,准备标准曲线的水泥剂量为0、2%、4%、6%和8%,实际工作中应使工地实际所用水泥或石灰的剂量位于准备标准曲线时所用剂量的中间。

　　③ 当仅用100 g混合料时,只需200 mL10%的氯化铵溶液。

设计压实度为97%,今有一组试件成型尺寸为150 mm×150 mm,测得该组试件破坏时的最大压力为:33.6,31.8,35.3,38.9,37.1,37.1,35.3,37.1,40.6(单位:kN),请判定该组试件的强度是否合格。

【解】

$$\bar{R}_c = 2.1 \text{ MPa}$$
$$s = 0.151$$
$$C_v = 0.072$$
$$\frac{R_d}{1 - C_v Z_a} = 2.47 > \bar{R}_c$$

不符合规范要求。

知识归纳

(1)水泥性能试验:水泥胶砂强度试验、水泥细度试验、水泥标准稠度用水量试验、水泥凝结时间试验、水泥体积安定性试验。

(2)水泥混凝土性能试验:拌和物坍落度与毛体积密度试验,水泥混凝土抗压、抗折、劈裂抗拉强度试验。

(3)水泥混凝土试验试件的制作,以及试验所用水泥混凝土的尺寸和试验方法。

(4)沥青性能试验:沥青针入度试验、沥青延度试验、沥青软化点试验、沥青标准黏度试验、沥青闪点与燃点试验。

(5)沥青混合料性能试验:沥青混合料试件制作试验、沥青混合料试件密度试验、沥青混合料马歇尔稳定度及浸水马歇尔试验、沥青与粗集料的黏附性试验、沥青混合料中沥青含量试验。

(6)无机结合料性能试验:无机结合料无侧限抗压强度试验、水泥或石灰剂量的确定试验。

独立思考

3-1 什么是马歇尔试验和马歇尔稳定度?

3-2 某路面基层为水泥稳定土,已知水泥剂量为5%,最大干密度为2.280 g/m³,最佳含水量为6.8%,风干含水量为2.4%,要求压实度为98%。计算配制一个标准规格试件(试件尺寸为150 mm×150 mm)所需要的风干土、水泥、水的质量分别为多少。

3-3 某高速公路路面结构采用石灰稳定细粒土底基层,设计强度为0.7 MPa,配合比设计时,测得一组试件7 d无侧限抗压强度值为0.70 MPa,0.68 MPa,0.72 MPa,0.74 MPa,0.72 MPa,0.76 MPa,计算判定混合料强度是否符合要求(保证率系数取1.645)。

3-4 试简述EDTA滴定法快速测定水泥稳定土中水泥剂量的试验步骤。

3-5 简述水泥稳定土的击实试验(甲法)步骤。

3-6 试简述测试石灰中有效氧化钙含量的试验步骤。

3-7 简述水泥稳定类材料的无侧限抗压强度试验过程。

3-8 一组二灰土试件无侧限抗压强度试验结果如下:0.77 MPa,0.78 MPa,0.67 MPa,0.64 MPa,0.73 MPa,0.81 MPa,设计强度为0.60 MPa,保证率系数取1.645,计算并判定该组二灰土强度是否合格。

3-9 某路面基层为水泥稳定碎石,已知水泥剂量为5%,最大干密度为2.120 g/m³,最佳含水量为7.6%,风干含水量为3.0%,要求压实度为98%。①计算配制6000 g混合料所需要的风干土、水泥、水的质量分别为多少。②计算配制一个标准规格试件所需的质量为多少。

参考文献

[1] 中华人民共和国交通运输部.JTG E20—2011 公路工程沥青及沥青混合料试验规程.北京:人民交通出版社,2011

[2] 中华人民共和国交通部.JTG E30—2005 公路工程水泥及水泥混凝土试验规程.北京:人民交通出版社,2005.

[3] 中华人民共和国交通部.JTG F80/1—2004 公路工程质量检验评定标准:土建工程.北京:人民交通出版社,2004.

[4] 中华人民共和国交通部.JTG E50—2006 公路工程土工合成材料试验规程.北京:人民交通出版社,2006.

[5] 中华人民共和国交通运输部.JTG E60—2008 公路路基路面现场测试规程.北京:人民交通出版社,2008.

[6] 中华人民共和国交通运输部.JTG E51—2009 公路工程无机结合料稳定材料试验规程.北京:人民交通出版社,2009.

[7] 中华人民共和国交通部.JTG E42—2005 公路工程集料试验规程.北京:人民交通出版社,2005.

[8] 中华人民共和国交通部.JTG F30—2003 公路水泥混凝土路面施工技术规范.北京:人民交通出版社,2003.

[9] 中华人民共和国交通部.JTG F10—2006 公路路基施工技术规范.北京:人民交通出版社,2006.

[10] 中华人民共和国交通部.JTG F40—2004 公路沥青路面施工技术规范.北京:人民交通出版社,2004.

4

综合实验及创新性试验

课前导读

▽ **内容提要**

本章的主要内容为矿质混合料级配设计、水泥路面混凝土配合比设计、热拌沥青混合料配合比设计、无机结合料稳定类混合料配合比设计和创新性实验。本章的重难点为水泥路面混凝土配合比设计、热拌沥青混合料配合比设计。

▽ **能力要求**

通过本章的学习，学生应熟悉几个重要配合比设计的原理、设计方法和相关知识，对具体配合比设计有进一步了解；能够利用专业知识、力学的基本概念对需要解决的实际问题进行解释和分析，并明确创新性试验的目的和预期取得的成果；能够针对问题制订详细的创新性试验计划；能够利用专业知识对试验效果和结果进行评价与分析。

4.1 矿质混合料级配设计 >>>

4.1.1 设计目的

在水泥混凝土或沥青混合料中,所用集料颗粒的粒径尺寸范围较大,而天然或人工轧制的一种集料往往仅由几种粒径尺寸的颗粒组成,难以满足工程对某一混合料的目标设计级配范围的要求,因此需要将两种或两种以上的集料配合使用,构成所谓的矿质混合料,简称矿料。矿质混合料组成设计的目的就是根据目标级配范围要求确定各种集料在矿质混合料中的合理比例。进行矿质混合料组成设计,必须首先明确目标级配范围,为此首先应掌握级配组成对矿料技术性能的影响。

4.1.2 级配理论

(1)连续级配。

采用标准套筛对某一混合料进行试验,所得级配曲线平顺圆滑,具有连续性。这种由大到小,逐级粒径均有,按比例互相搭配组成的矿质混合料称为连续级配混合料。

(2)间断级配。

在矿质混合料中剔除其一个或几个分级而形成一种不连续的混合料,这种混合料称为间断级配混合料(图4-1)。

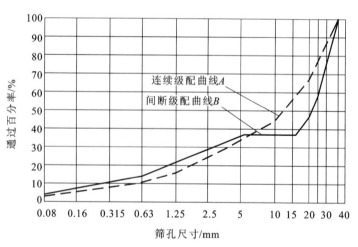

图 4-1   连续级配和间断级配曲线

4.1.3 设计方法

4.1.3.1 试算法

(1)基本原理。

在确定各组成集料在混合料中的比例时,先假定混合料中某种粒径的颗粒是由某一种对这一粒径占优势的集料组成,而其他各种集料中不含有此粒径。根据各个主要粒径去试算各种集料在混合料中的大致比例,再经过校核调整,最终获得满足混合料级配的各集料的配合比例。

(2)设计步骤。

① 假定混合料中某种粒径的颗粒是由某一种对这一粒径占优势的集料组成,而其他各种集料中不含有此粒径。

② 设碎石、砂和矿粉的配合比为 X、Y、Z,则 $X+Y+Z=100$。

③ 设混合料 M 中某一级粒径(i)要求的含量为 $\alpha_{M(i)}$。A、B、C3 种集料原来级配中此粒径颗粒的含量分别为 $\alpha_{A(i)}$、$\alpha_{B(i)}$、$\alpha_{C(i)}$,则 $X\alpha_{A(i)}+Y\alpha_{B(i)}+Z\alpha_{C(i)}=\alpha_{M(i)}$。

④ 假设混合料 M 中某一粒径(i)主要由 A 集料所提供(即 A 料占优势),而忽略其他集料在此粒径的含量,即可计算出 A 料在混合料中的用量比例:

$$X = \frac{\alpha_{M(i)}}{\alpha_{A(i)}}$$

同理可计算出 C 料在混合料中的用量比例 $Z=\alpha_{M(j)}/\alpha_{A(j)}$,则 B 料在混合料中的用量比例 $Y=100-(X+Z)$。

4.1.3.2 图解法

(1)基本原理。

图解法(修正平衡面积法)是目前工程单位用得较多的一种方法,适用于由 3 种以上的多种集料进行组配。

(2)设计步骤。

① 绘制级配曲线图。

a. 绘制图解法坐标图(纵坐标为常坐标,横坐标为对数坐标)。

b. 绘制图框并作对角线(为设计级配中值)。

c. 确定纵坐标:通过百分率(%)。

d. 确定横坐标:筛孔尺寸位置,根据设计级配中值,确定筛孔尺寸位置。

② 将各种集料的级配(通过量)绘在图中。

③ 确定各集料的用量。

④ 计算合成级配:按图解算出各种集料用量而得,如有未接近中值的,须进行调整(图 4-2)。

⑤ 合成级配的校核与调整:将调整后的合成级配绘于规范要求的级配范围中,如曲线光滑,位于规范要求的级配范围内且靠近级配范围的中值线,则表明确定的矿料组成完全符合要求(图 4-3)。

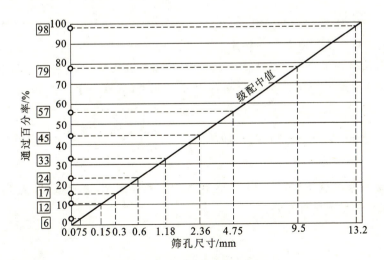

图 4-2 设计级配范围中值曲线

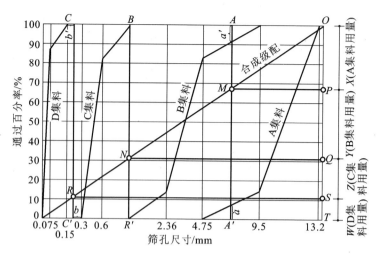

图 4-3 图解法用图

【例 4-1】 现有碎石、砂和矿粉 3 种集料,用其做筛析试验,各集料的分计筛余百分率列于表 4-1,并列出规范推荐要求的设计混合料的级配范围,试求碎石、砂和矿粉 3 种集料在要求级配混合料中的用量比例。

表 4-1   集料分计筛余百分率

筛孔尺寸/mm	碎石分计筛余/%	砂分计筛余/%	矿粉分计筛余/%	要求级配范围通过百分率/%
13.2	0.8	—	—	100
4.75	60.0	—	—	63~78
2.36	23.5	10.5	—	40~63
1.18	14.4	22.1	—	30~53
0.6	1.3	19.4	4.0	22~45
0.3	—	36	4.0	15~35
0.15	—	7.0	5.5	12~30
0.075	—	3.0	3.2	10~25
<0.075	—	2.0	83.3	—

【解】 (1)将通过百分率换算为分计筛余百分率,设 3 种矿料的含量分别为 X、Y、Z。

(2)由表 4-1 分析可知,碎石中粒径为 4.75 mm 的颗粒含量占优势,矿粉中粒径小于 0.075 mm 的颗粒占优势,假设混合料中粒径为 4.75 mm 的颗粒全部由碎石提供,粒径小于 0.075mm 的颗粒全部由矿粉提供,则有:

$$X = \frac{\alpha_{M(4.75)}}{\alpha_{A(4.75)}} = \frac{29.5}{60} \times 100 = 49\% ; \quad Z = \frac{\alpha_{M(0.075)}}{\alpha_{A(0.075)}} = \frac{17.5}{83.3} \times 100 = 21\%$$

$$Y = 1 - (X + Z) = 1 - 49\% - 21\% = 30\%$$

(3)校核,如果校核结果不符合级配范围,应调整配合比进行试算,逐步接近,直至达到要求,确实不能符合级配要求时,应调整或增加集料品种。

4.2 水泥路面混凝土配合比设计 >>>

4.2.1 设计依据

路面混凝土配合比设计跟普通混凝土配合比无太大差别,路面混凝土配合比设计需要依据《公路水泥混凝土路面施工技术规范》(JTG F30—2003)。

4.2.2 普通混凝土配合比设计

4.2.2.1 试配强度(弯拉强度)

$$f_c = \frac{f_r}{1 - 1.04c_v} + ts \tag{4-1}$$

式中 f_c——28 d 试配弯拉强度,MPa;

f_r——设计弯拉强度标准值,MPa;

c_v——弯拉强度变异系数,应按统计数据在表 4-2 的规定范围内取值,无统计数据时,应按设计取值;

s——弯拉强度试验样本的标准差,MPa;

t——保证率系数,按表 4-3 确定。

表 4-2　　　　　　　　　　　　混凝土弯拉强度变异系数

公路技术等级	高速公路	一级公路	二级公路	
混凝土弯拉强度变异水平等级	低	低	中	中
弯拉强度变异系数允许范围	0.05~0.10	0.05~0.10	0.10~0.15	0.10~0.15

表 4-3　　　　　　　　　　　　不同样本数下的保证率系数

公路技术等级	判别概率 P	样本数 n(组)				
		3	6	9	15	20
高速公路	0.05	1.36	0.79	0.61	0.45	0.39
一级公路	0.10	0.95	0.59	0.46	0.35	0.30
二级公路	0.15	0.72	0.46	0.37	0.28	0.24

4.2.2.2 工作性

不同的施工工艺,最佳工作性要求不一样;坍落度 SL 一般为 10~60 mm。

4.2.2.3 耐久性

(1)根据有无抗冻性、抗盐冻性要求及混凝土最大公称粒径,混凝土含气量应符合表 4-4 的规定要求。

(2)根据耐久性要求,最大水灰比、最小单位水泥用量应符合表 4-5 的规定。最大水泥用量不宜大于 400 kg/m³,掺粉煤灰时,最大单位胶凝材料不宜大于 420 kg/m³。

表 4-4　　　　　　　　　　　　　　　　混凝土含气量要求

最大公称粒径/mm	无抗冻性要求/%	有抗冻性要求/%	有抗盐冻性要求/%
19.0	4.0±1.0	5.0±0.5	6.0±0.5
26.5	3.5±1.0	4.5±0.5	5.5±0.5
31.5	3.5±1.0	4.0±0.5	5.0±0.5

表 4-5　　　　　　　　　　　　　　最大水灰比、最小单位水泥用量

公路技术等级		高速(一级)公路	二级公路	三级、四级公路
最大水灰(胶)比		0.44	0.46	0.48
抗冰冻要求最大水灰(胶)比		0.42	0.44	0.46
抗盐冻要求最大水灰(胶)比		0.40	0.42	0.44
最小单位水泥用量/(kg/m³)	42.5 级	300	300	290
	32.5 级	310	310	305
抗冻要求最小单位水泥用量/(kg/m³)	42.5 级	320	320	315
	32.5 级	330	330	325
掺粉煤灰时最小单位水泥用量/(kg/m³)	42.5 级	260	260	255
	32.5 级	280	270	265
抗冰(盐)冻掺粉煤灰时最小单位水泥(42.5 级)用量/(kg/m³)		280	270	265

注：1.掺粉煤灰，并有抗冰(盐)冻要求时，不得使用 32.5 级水泥。
　　2.严寒地区抗冻标号不宜低于 F250，寒冷地区不宜低于 F200。

4.2.2.4　水灰(胶)比的计算和确定

(1)碎石或碎卵石混凝土。

$$\frac{W}{C} = \frac{1.5648}{f_c + 1.0097 - 0.3595 f_s}$$

(2)卵石混凝土。

$$\frac{W}{C} = \frac{1.2618}{f_c + 1.5492 - 0.4709 f_s}$$

式中　f_s——水泥实测 28 d 抗折强度，MPa。

(3)根据耐久性要求复核，确定水灰(胶)比。

4.2.2.5　砂率的确定

砂率的确定根据砂的细度模数和粗集料种类，按表 4-6 取值；在软做抗滑槽时，可增大 1%～2%。

表 4-6　　　　　　　　　　　　普通混凝土砂率的取值范围　　　　　　　　　　　(单位:%)

砂细度模数		2.2～2.5	2.5～2.8	2.8～3.1	3.1～3.4	3.4～3.7
砂率	碎石	30～34	32～36	34～38	36～40	38～42
	卵石	28～32	30～34	32～36	34～38	36～40

注:碎卵石可在碎石和卵石之间内插取值。

4.2.2.6　确定单位用水量

单位用水量的确定根据粗集料种类和确定的坍落度，分别按下列公式计算(集料以自然风干状态计)。

碎石：

$$W_0 = 104.97 + 0.309 SL + 11.27(C/W) + 0.61 SP$$

卵石：

$$W_0 = 86.89 + 0.370SL + 11.24(C/W) + 1.00SP$$

式中 W_0——不掺外加剂与掺和料的混凝土单位用水量，kg/m³。

掺外加剂的混凝土单位用水量按下式计算：

$$W_{0w} = W_0(1-\beta)$$

式中 β——所用外加剂的实测减水率，%。

4.2.2.7 确定单位水泥用量

单位水泥用量根据水灰比公式反算，再根据耐久性要求复核、确定。

4.2.2.8 砂、石材料的计算及理论配合比的确定

砂、石材料的计算可用体积法或质量法，采用质量法时，表观密度取 2400～2450 kg/m³。经计算得到的配合比，应验算单位粗集料填充体积率，且不宜小于 70%。

4.2.2.9 混凝土掺用粉煤灰时，应按超量法进行

Ⅰ级、Ⅱ级粉煤灰的超量系数按表 4-7 选用。代替水泥的粉煤灰掺量：Ⅰ型硅酸盐水泥不宜高于 30%；Ⅱ型硅酸盐水泥不宜高于 25%；道路水泥不宜高于 20%；普通水泥不宜高于 15%；矿渣水泥不得掺粉煤灰。

表 4-7 　　　　　　　　　　　　　　　　　粉煤灰的超量系数

粉煤灰等级	Ⅰ	Ⅱ	Ⅲ
超量系数	1.1～1.4	1.3～1.7	1.5～2.0

4.2.3 钢纤维混凝土配合比设计

4.2.3.1 试配强度（弯拉强度）

$$f_{cf} = \frac{f_{rf}}{1-1.04c_v} + ts \tag{4-2}$$

式中 f_{cf}——28 d 试配弯拉强度，MPa；

f_{rf}——设计弯拉强度标准值，MPa；

c_v——弯拉强度变异系数，应按统计数据在表 4-2 的规定范围取值，无统计数据时，应按设计取值；

s——弯拉强度试验样本的标准差，MPa；

t——保证率系数，按表 4-3 确定。

4.2.3.2 工作性

不同的施工工艺，最佳工作性要求不一样；坍落度 SL 一般为 10～40 mm。

掺高效减水剂时的单位用水量可按表 4-8 初选，再由拌和物的实测坍落度来确定。

表 4-8 　　　　　　　　　　　　　塑性混凝土的用水量 　　　　　　　　　　　　（单位：kg/m³）

拌和物稠度		卵石最大粒径/mm				碎石最大粒径/mm			
项目	指标	10.0	20.0	31.5	40.0	16.0	20.0	31.5	40.0
坍落度/mm	10～30	190	170	160	150	200	185	175	165
	35～50	200	180	170	160	210	195	185	175
	55～70	210	190	180	170	220	105	195	185
	75～90	215	195	185	175	230	215	205	195

注：本表用水量是采用中砂时的取值。采用细砂时，每立方米混凝土用水量可增加 5～10 kg；采用粗砂时，可减少 5～10 kg。

4.2.3.3 耐久性

(1)钢纤维混凝土满足耐久性要求的最大水灰（胶）比和最小单位水泥用量应符合表 4-9 的规定。

表4-9   **最大水灰(胶)比和最小单位水泥用量**

公路技术等级		高速(一级)公路	二级公路	三级、四级公路
最大水灰(胶)比		0.47	0.49	0.50
抗冰冻要求最大水灰(胶)比		0.45	0.46	0.48
抗盐冻要求最大水灰(胶)比		0.42	0.43	0.46
最小单位水泥用量/(kg/m³)	42.5级	360	360	350
	32.5级	370	370	365
抗冻要求最小单位水泥用量/(kg/m³)	42.5级	380	380	375
	32.5级	390	390	385
掺粉煤灰时最小单位水泥用量/(kg/m³)	42.5级	320	320	315
	32.5级	340	340	335
抗冰(盐)冻掺粉煤灰时最小单位水泥(42.5级)用量/(kg/m³)		330	330	325

（2）严禁采用海水、海砂，不得掺加氯盐类外加剂。

（3）处在海风、酸雨、硫酸盐及除冰盐等环境中的钢纤维混凝土路面宜掺用符合表4-10规定的Ⅰ级、Ⅱ级粉煤灰，桥面宜掺用硅灰与S95级和S105级磨细矿渣。

表4-10   **粉煤灰技术等级指标**

粉煤灰等级	细度(0.45 mm气流筛余量)/%	烧失量/%	需水量比/%	含水量/%	Cl^-/%	SO_3/%	混合砂浆活性指数 7 d	混合砂浆活性指数 28 d
Ⅰ	≤12	≤5	≤95	≤1.0	<0.02	≤3	≥75	≥85(75)
Ⅱ	≤20	≤8	≤105	≤1.0	<0.02	≤3	≥70	≥80(62)
Ⅲ	≤45	≤15	≤115	≤1.5	—	≤3	—	—

注：混合砂浆的活性指数为掺粉煤灰的砂浆与水泥砂浆的抗压强度百分比，适用于强度等级大于或等于C40级的混凝土；当配制小于C40级的混凝土时，应满足28 d括号中的值。

4.2.3.4 水灰(胶)比的计算和确定

具体内容详见4.2.2.4节。

4.2.3.5 砂率的确定

钢纤维混凝土的砂率按式(4-3)计算，或按表4-11初选。一般宜为38%～50%。

$$S_{pf} = S_p + 10\rho_f \tag{4-3}$$

式中 S_{pf}——钢纤维混凝土的砂率，%；

        ρ_f——钢纤维掺量体积率，%。

表4-11   **钢纤维混凝土的砂率**

拌和物条件	粗集料最大公称粒径为19 mm的碎石	粗集料最大公称粒径为19 mm的卵石
长径比 $L_f/d_f=50$，$\rho_f=1.0\%$	45	40
L_f/d_f 增减10	±5	±3
ρ_f 增减0.10%	±2	±2
W/C 增减0.1	±2	±2
M_x 增减0.1	±1	±1

4.2.3.6　确定单位用水量、单位水泥用量

用水量查表初选。单位水泥用量先根据水灰比公式反算,再根据耐久性要求复核、确定。

4.2.3.7　砂、石材料的计算及理论配合比的确定

砂、石材料可按体积法或质量法计算,采用质量法时,表观密度取 $2450\sim2580$ kg/m³;按体积法计算时,应计入含气量。

【例 4-2】　设计要求:路面混凝土设计强度等级为 C35。根据混凝土施工要求取粒径为 $5\sim31.5$ mm 级配碎石。设计坍落度为 $30\sim50$ mm。配合比设计依据施工图、《普通混凝土配合比设计规程》(JGJ 55—2011)、《公路工程桥涵施工技术规范》(JTG/T F50—2011)及混凝土施工有关要求。

材料来源:

(1)水泥:××公司 P·42.5 水泥。

(2)砂:岳阳黄砂,细度模数为 2.80,属中砂。

(3)碎石:$5\sim31.5$ mm 连续级配。

【解】　(1)设计弯拉强度(f_c)。

$$f_c = \frac{f_r}{1-1.04c_v} + ts$$
$$= \frac{5}{1-1.04\times0.1} + 0.37\times0.5$$
$$= 5.77 \text{ MPa}$$

(2)水灰比(W/C)。

$$W/C = \frac{1.5684}{f_c + 1.0097 - 0.3595f_s}$$
$$= \frac{1.5684}{5.77 + 1.0097 - 0.3595\times7.9}$$
$$= 0.40$$

(3)用水量确定。

查表 4-8,取用量 $W_0 = 185$ kg。

(4)水泥用量计算。

$$C_0 = \frac{W_0}{W/C} = \frac{185}{0.40} = 463$$

(5)砂率的选用。

查表 4-6,选取砂率为 32%。

(6)设计坍落度。

选用 $30\sim50$ mm。

(7)粗细骨料用量计算(采用质量法)。

混凝土容重按 2400 kg/m³ 计算:

$$2400 - 185 - 463 = 1752 \text{ kg/m}^3$$

砂用量:

$$S_0 = 1752\times32\% = 561$$

石用量:

$$C_0 = 1752\times(100\%-32\%) = 1191$$

(8)试样与配合比调整。

按初步配合比配制混合料 45 L。其中水泥用量为 18.9 kg,水用量为 8.325 kg,砂用量为 25.83 kg,碎石用量为 54.945 kg[其中(4.75−9.5):(9.5−31.5)=20%:80%]。拌和物实测坍落度为 40 mm,满足 30~50 mm 的要求。黏聚性良好,保水性良好,满足工作性能要求。制件 1 组。该配合比为基准配合比。

(9)确定关联配合比,保持用水量不变,水灰比基准分别增减 0.04,砂率分别增减 1%。

① 水灰比为 0.40,则水泥用量为 463,单位用水量为 185,砂率为 31%。混凝土容重按 2400 kg/m³ 计算:

$$2400−185−463=1752 \text{ kg/m}^3$$

砂用量:

$$S_0=1752×31\%=543 \text{ kg/m}^3$$

石用量:

$$C_0=1752×(100\%−31\%)=1209 \text{ kg/m}^3$$

$$水泥:水:砂:石=463:185:543:1209=1:0.40:1.17:2.61$$

此配合比配制混合料 45 L。其中,水泥用量为 20.835 kg,水用量为 8.325 kg,砂用量为 24.435 kg,碎石用量为 54.369 kg[其中(4.75−9.5):(9.5−31.5)=20%:80%]。拌和物实测坍落度为 50 mm。满足 30~50 mm 的要求。黏聚性良好,保水性良好,满足工作性能要求。制件 1 组。

② 水灰比为 0.48,则水泥用量为 385 kg,单位用水量为 185,砂率为 33%。混凝土容重按 2450 kg/m³ 计算:

$$2400−185−385=1830 \text{ kg/m}^3$$

砂用量:

$$S_0=1830×33\%=604 \text{ kg/m}^3$$

石用量:

$$C_0=1830×(100\%−33\%)=1226 \text{ kg/m}^3$$

$$水泥:水:砂:石=385:185:604:1226=1:0.40:1.57:3.18$$

按此配合比配制混合料 45 L。其中,水泥用量为 17.325 kg,水用量为 8.325 kg,砂用量为 27.18 kg,碎石用量为 55.134 kg[其中(4.75−9.5):(9.5−31.5)=20%:80%]。拌和物实测坍落度为 45 mm,满足 30~50 mm 的要求。黏聚性良好,保水性良好,满足工作性能要求。制件 1 组。

(10)确定实验室配合比。

经标准养护 28 d 后试压检测结果见表 4-12。

表 4-12   试压检测结果

水灰比	配比 C:W:S:G/kg	灰水比	28 d 抗折强度	坍落度
0.40	463:185:543:1209	2.50	—	50
0.44	420:185:574:1221	2.27	—	40
0.48	385:185:604:1226	2.08	—	45

经试验,当水灰比为 0.44 时,混凝土的工作性和 7 d、28 d 抗折强度符合要求,试验配合比确定为:

$$水泥:水:砂:石=385:185:604:1226$$

4.3 热拌沥青混合料配合比设计 >>>

4.3.1 概述

由矿料与黏稠沥青在专门设备中加热拌和而成，用保温运输设备运送至施工现场，并在热态下进行摊铺和压实的混合料，简称热拌沥青混合料，以 HMA 表示。本节介绍普通热拌沥青混合料的配合比设计。

4.3.2 材料选择与准备

(1)配合比设计的各种矿料必须按现行《公路工程集料试验规程》(JTG E42—2005)规定的方法，从工程实际使用的材料中取代表性样品。进行生产配合比设计时，取样至少应在干拌 5 次以后进行。

(2)配合比设计所用的各种材料必须符合气候和交通条件的需要。其质量应符合《公路沥青路面施工技术规范》(JTG F40—2004)第 4 章规定的技术要求。当单一规格的集料某项指标不合格，但不同粒径规格的材料按级配组成的集料混合料指标能符合规范要求时，允许使用。

4.3.3 矿料配合比设计

(1)高速公路和一级公路沥青路面矿料配合比设计宜借助电子计算机的电子表格用试配法进行。其他等级公路沥青路面也可参照进行。

(2)矿料级配曲线按《公路工程沥青及沥青混合料试验规程》(JTG E20—2011)的方法绘制。

(3)对高速公路和一级公路，宜在工程设计级配范围内计算 1～3 组粗细不同的配比，绘制设计级配曲线，分别位于工程设计级配范围的上方、中值及下方。设计合成级配不得有太多的锯齿形交错，且在 0.3～0.6 mm 范围内不出现"驼峰"。当反复调整不能满意时，宜更换材料设计。

(4)根据当地的实践经验选择适宜的沥青用量，分别制作几组级配的马歇尔试件，测定 VMA，初选一组满足或接近设计要求的级配作为设计级配。

4.3.4 马歇尔试验

(1)普通热拌沥青混合料的制作温度要求见表 4-13。

表 4-13 　　　　　　　　　　普通热拌沥青混合料的制作温度要求 　　　　　　　　　(单位:℃)

项目	石油沥青的标号				
	50 号	70 号	90 号	110 号	130 号
沥青加热温度	160～170	155～165	150～160	145～155	140～150
矿料加热温度	集料加热温度比沥青温度高 10～30(填料不加热)				
混合料拌和温度	150～170	145～165	140～160	135～155	130～150
成型温度	140～160	135～155	130～150	125～145	120～140

(2)按式(3-17)计算矿料混合料的合成毛体积相对密度 γ_{sb}。

(3)按式(4-4)计算矿料混合料的合成表观相对密度。

$$\gamma_{sa} = \frac{100}{\dfrac{P_1}{\gamma'_1} + \dfrac{P_2}{\gamma'_2} + \cdots + \dfrac{P_n}{\gamma'_n}} \tag{4-4}$$

式中 $P_1, P_2, \cdots, P_n$——各种矿料成分的配比,其和为100;

$\gamma'_1, \gamma'_2, \cdots, \gamma'_n$——各种矿料按试验规程方法测定的表观相对密度。

(4)确定矿料的有效相对密度。

① 对非改性的沥青混合料宜以估计的最佳油石比拌和两组混合料,采用真空法实测密度反算。

$$\gamma_{se} = \frac{100 - P_b}{\dfrac{100}{\gamma_t} - \dfrac{P_b}{\gamma_b}} \tag{4-5}$$

式中 γ_{se}——合成矿料的有效相对密度;

P_b——试验采用的沥青用量(占混合料总量的百分数),%;

γ_t——试验沥青用量条件下实测得到的最大相对密度,无量纲;

γ_b——沥青的相对密度(25℃/25℃),无量纲。

② 对改性沥青及SMA等难以分散的混合料,有效相对密度由计算法确定。

$$\gamma_{se} = C \times \gamma_{sa} + (1 - C) \times \gamma_{sb} = \gamma_{sb} + C \times (\gamma_{sa} - \gamma_{sb})$$

$$C = 0.033 w_X^2 - 0.2936 w_X + 0.9339$$

$$w_X = \left(\frac{1}{\gamma_{sb}} - \frac{1}{\gamma_{sa}} \right) \times 100$$

式中 w_X——合成矿料的吸水率,%。

(5)采用表干法测定马歇尔试件的毛体积密度。

(6)确定 VV、VMA 和 VFA。

按式(3-12)、式(3-16)、式(3-18)计算沥青混合料试件的空隙率(VV)、矿料间隙率(VMA)、有效沥青的饱和度(VFA)等体积指标,取1位小数,进行体积组成分析。

4.3.5 确定最佳沥青用量

4.3.5.1 最佳沥青用量的确定

(1)以预估的油石比为中值,按一定间隔(比如0.5%)取5个或5个以上不同的油石比分别制成马歇尔试件。

(2)测试指标:毛体积相对密度(不少于4个试件)、稳定度与流值(不少于4个试件)。

(3)计算体积指标 VV、VMA、VFA。

(4)分别绘制毛体积相对密度、稳定度、空隙率、沥青饱和度、流值、矿料间隙率与沥青用量-油石比的关系曲线。a_1、a_2、a_3、a_4 分别为其对应的沥青用量。

4.3.5.2 确定沥青混合料的最佳沥青用量 OAC$_1$

(1)通常情况:

$$OAC_1 = \frac{a_1 + a_2 + a_3 + a_4}{4}$$

(2)如果在所选择的沥青用量范围未能涵盖沥青饱和度的要求范围,则:

$$OAC_1 = \frac{a_1 + a_2 + a_3}{3}$$

(3)如果密度或稳定度没有出现峰值,可直接以目标空隙率所对应的沥青用量 a_3 作为 OAC$_1$,即 OAC$_1$ = a_3。

(4)OAC$_1$ 必须为 OAC$_{min}$～OAC$_{max}$,否则应重新进行级配设计。

4.3.5.3 确定沥青混合料的最佳沥青用量 OAC$_2$

以各项指标均符合技术标准(不含 VMA)的沥青用量范围 OAC$_{min}$～OAC$_{max}$,中值为 OAC$_2$,即:

$$OAC_2 = \frac{OAC_{min} + OAC_{max}}{2}$$

4.3.5.4 调整确定最佳沥青用量

通常,计算的最佳沥青用量 OAC 为:

$$OAC = \frac{OAC_1 + OAC_2}{2}$$

综合考虑实践经验和公路等级、气候条件、交通情况特点,调整确定最佳沥青用量 OAC。得到最佳沥青用量后,进而可得出 VV、VMA 的数值,检验是否满足关于最小 VMA 的要求。OAC 宜位于 VMA 凹型曲线最小值的贫油一侧。

4.3.6 配合比设计检验

(1)高温稳定性检验。

(2)水稳定性检验。

(3)低温抗裂性能检验。

(4)渗水系数检验。

【例 4-3】 根据以下材料,对沥青混凝土上面层 AC-13 进行配合比设计,沥青混合料矿料级配范围、马歇尔试验技术标准及沥青混合料性能技术标准,按现行规范执行。其中:原材料试验及技术标准参照《公路工程集料试验规程》(JTG E42—2005)、沥青及沥青混合料试验参照《公路工程沥青及沥青混合料试验规程》(JTG E20—2011),各项试验均有详细的方法说明,沥青混合料的技术要求参照《公路沥青路面施工技术规范》(JTG F40—2004)。

【解】 上面层 AC-13 粗集料采用××采石场的黑色玄武岩,水泥采用××水泥有限公司生产的 P·O42.5 级水泥。

(1)原材料试验。

①集(石)料试验(表 4-14)。

表 4-14 **粗集料性能指标**

性能指标	玄武岩	技术要求	结论	检验方法
表观相对密度/(g·cm^{-3})	2.915	≥2.6	合格	T 0304
吸水率/%	0.45	≤3.0	合格	T 0304
压碎值/%	12.4	≤26	合格	T 0316
洛杉矶磨耗/%	9.5	≤28	合格	T 0317
针片状含量/%	2.4	≤15	合格	T 0312
黏附性等级	5 级	≥4 级	合格	T 0616
磨光值/BPN	49	≥42	合格	T 0321
软石含量/%	0.5	≤3	合格	T 0320
坚固性	6.1	≤12	合格	T 0314

②沥青试验(表 4-15)。

表 4-15 **AH-70 橡胶沥青性能指标**

检测项目	性能指标	技术要求(次/mm)	判定结论	试验方法
180℃旋转黏度/(Pa·s)	2.7	1.5~4.0	合格	T 0625
针入度(25℃,100g,5s)/0.1mm	≥47	25~70	合格	T 0604

续表

检测项目	性能指标	技术要求(次/mm)	判定结论	试验方法
软化点/℃	≥60.4	52～74	合格	T 0606
弹性恢复,25℃/%	≥78	≥60	合格	T 0662

（2）配合比设计。

①AC-13矿料配合比设计。

AC-13型筛分及合成级配见表4-16，AC-13合成级配组成曲线见图4-4。

表4-16   AC-13型筛分及合成级配

项目 \ 孔径	筛孔/mm										比例/%
	16	13.2	9.5	4.75	2.36	1.18	0.6	0.3	0.15	0.075	
级配上限	100	100	80	42	25	20	15	12	10	8	—
级配下限	100	90	60	28	15	12	8	6	5	3	—
1#(9.5～16 mm)	100	92.2	21.1	0.2	0.2	0.2	0.2	0.2	0.2	0.2	36
2#(4.75～9.5 mm)	100	100	91.4	2	0.3	0.3	0.3	0.3	0.3	0.3	34
3#(2.36～4.75 mm)	100	100	100	86.3	0.6	0.3	0.3	0.3	0.3	0.3	8
4#(0～2.36 mm)	100	100	100	100	80.4	70.4	45.5	33.3	21.2	9.9	20
水泥	100	100	100	100	100	100	100	97.7	92.1	87.2	2
级配中值	100	95	70	35	20	16	11.5	9	7.5	5.5	—
合成级配	100.0	97.2	68.7	29.7	18.3	16.3	11.3	8.8	6.3	3.9	100.0

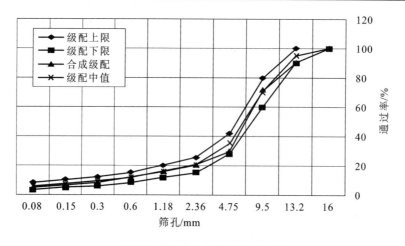

图4-4   AC-13合成级配组成曲线

②AC-13马歇尔试验结果汇总表（表4-17）。

表4-17   AC-13级配油石比优选试验数据

油石比	3.8	4.3	4.8	5.3	5.8	技术要求/(次/mm)
击实密度/(g/cm³)	2.425	2.437	2.447	2.441	2.426	—
空隙率/%	7.8	6	4.9	4.2	3.4	4～6
矿料空隙率/%	20.7	20.7	20.8	21.4	22.3	≥14
饱和度/%	62.3	70.0	72.6	78.0	83.4	70～85
稳定度/kN	10.36	11.25	12.07	11.98	11.04	≥7

续表

油石比	3.8	4.3	4.8	5.3	5.8	技术要求/(次/mm)
流值/mm	194	255	312	356	400	20～50

击实密度最大的油石比 $a_1 = 4.8$

稳定度最大的油石比 $a_2 = 4.9$

目标空隙率对应的油石比 $a_3 = 4.7$

饱和度范围中值对应的油石比 $a_4 = 5.2$

$OAC_1 = (a_1 + a_2 + a_3 + a_4)/4 = 4.9$

$OAC_{min} = 4.7$

$OAC_{max} = 5.2$

$OAC_2 = (OAC_{min} + OAC_{max})/2 = 4.7$

$OAC = (OAC_1 + OAC_2)/2 = 4.8$

(3)沥青混合料性能试验。

①AC-13 上面层车辙试验(表 4-18)。

表 4-18 **AC-13 车辙试验结果**

编号	动稳定度(次/mm)		试验温度/℃	轮胎压力/MPa	技术要求/(次/mm)
	单个值	平均值			
1	2512				
2	2041	2273	60	0.7	>800
3	2267				
备注	①试件尺寸:300 mm×300 mm×50 mm; ②矿料的级配组成设计为:(9.5～16 mm):(4.75～9.5 mm):(2.36～4.75 mm):(0～2.36 mm):(水泥)=36:34:8:20:2 ③最佳油石比 OAC=4.8%,对应的沥青混合料密度为 2.451 g/cm³; ④结论:该沥青混合料高温稳定性满足规范要求。				

②AC-13 残留马歇尔稳定度试验(表 4-19)。

表 4-19 **AC-13 残留马歇尔稳定度试验结果**

油石比/%	浸水 48 h			浸水 30～40 min			残留稳定度/%	规范要求
	实测密度/(g/cm³)	稳定度/kN	流值/mm	实测密度/(g/cm³)	稳定度/kN	流值/mm		
4.8	2.455	11.75	3.89	2.452	12.17	3.99	92.5	≥85
	2.458	10.99	3.87	2.447	12.35	4.02		
	2.449	11.32	3.67	2.448	11.98	3.58		
	2.452	11.25	3.92	2.458	12.31	3.67		
	2.451	11.07	3.84	2.455	12.21	3.84		
	2.445	11.54	3.92	2.437	12.44	3.94		
平均值	2.452	11.32	3.85	2.450	12.24	3.84		

③AC-13 冻融劈裂试验(表 4-20)。

表 4-20　　　　　　　　　　　　　　　**AC-13 冻融劈裂试验结果**

油石比 /%	经过冻融劈裂			未经冻融劈裂			TSR /%	规范要求
	试件高 /mm	荷载 /kN	强度 /MPa	试件高 /mm	荷载 /kN	强度 /MPa		
4.8	63.5	7.75	0.77	63.6	8.33	0.82	90.5	≥80
	63.5	7.66	0.76	63.4	8.77	0.87		
	63.8	7.82	0.77	63.8	8.37	0.82		
	63.4	7.52	0.75	63.8	8.22	0.81		
	63.7	7.5	0.74	63.5	8.47	0.84		
	63.5	7.49	0.74	63.4	8.39	0.83		
平均值	63.6	7.6	0.8	63.6	8.4	0.8		

④结论(表 4-21)。

表 4-21　　　　　　　　　　　　　　　**AC-13 配合比设计**

级配类型	各集料在矿料混合料中的用量/%					最佳沥青用量 /%	马歇尔密度 /(g/cm³)	车辙次 /(次/mm)	残留稳定度 /%	冻融劈裂抗拉强度比 /%
	9.5~16 mm	4.75~9.5 mm	2.36~4.75 mm	0~2.36 mm	水泥					
AC-13	36	34	8	20	2	4.8	2.451	5273	92.5	90.5

结论:试验结果表明,沥青混合料上面层 AC-13 高温稳定性能及水稳定性能均满足《公路沥青路面施工技术规范》(JTG F40—2004)相应的技术要求。

4.4　无机结合料稳定类混合料配合比设计　　>>>

4.4.1　概述

在各种粉碎或原来松散的土或矿质碎(砾)石或工业废渣中,掺入一定数量的无机结合料(如石灰、水泥)及水,经拌和得到的混合料,在压实及养生后,具有一定的强度和稳定性,广义上统称为无机结合料稳定类混合料或无机结合料稳定土。

无机结合料稳定土组成设计的主要目的是:根据强度指标和使用性能要求,确定稳定土中组成材料的比例;根据击实试验确定稳定土的最大干密度和最佳含水量,作为工地现场进行质量控制的参考数据。所配置稳定土的各项使用性能都应能符合路面结构的设计要求,并能够准确地进行生产质量控制,易于摊铺与压实,比较经济。

4.4.2　水泥稳定土混合料配合比设计步骤

(1)备样。

水、砂、石。

(2)配制剂量。

① 做基层用。

中粒土和粗粒土:3%、4%、5%、6%、7%。

砂土:6%、8%、9%、10%、12%。

其他细粒土:8%、10%、12%、14%、16%。

② 做底基层用。

中粒土和粗粒土:2%、3%、4%、5%、6%。

砂土:4%、6%、7%、8%、10%。

其他细粒土:6%、8%、9%、10%、12%。

(3)确定各种混合料的最佳含水量和最大干密度。

至少做3组不同结合料剂量的混合料击实试验,即最小剂量、中间剂量和最大剂量。其他两个剂量混合料的最佳含水量和最大干密度用内插法确定。

(4)按最佳含水量和计算得到的干密度(按规定的现场压实度计算)制备试件进行强度试验时,作为平行试验的试件数量应符合规定(表4-22)。

表4-22 不同偏差系数时的试验数量

稳定土类型	试件尺寸/mm	不同偏差系数时的试验数量		
		<10%	<15%	<20%
细粒土	$\phi50\times50$	6	9	—
中粒土	$\phi100\times100$	6	9	13
粗粒土	$\phi150\times150$	—	9	13

(5)试件在规定温度[北方(20±2) ℃,南方(25±2) ℃]下保湿养生6 d,浸水1 d,然后进行无侧限抗压强度试验,并计算抗压强度试验结果的平均值和偏差系数(表4-23)。

表4-23 基层和底基层抗压强度要求

层位 \ 公路等级	二级和二级以下公路	一级和高速公路
基层/MPa	2.5~3.0	3.0~5.0
底基层/MPa	1.5~2.0	1.5~2.5

(6)根据强度标准,选定合适的结合料剂量。

此剂量的试件室内试验结果的平均抗压强度 $\overline{R}_7$(7 d)应符合:

$$\overline{R}_7 \geqslant R_d/(1-Z_a C_v) \text{ 或 } \overline{R}_7(1-Z_a C_v) \geqslant R_d \tag{4-6}$$

式中 R_d——设计抗压强度。

C_v——试验结果的偏差系数,以小数计。

Z_a——标准正态分布表中随保证率而变的系数,重交通道路上应取保证率95%,此时 $Z_a=1.645$;其他道路上应取保证率90%,此时 $Z_a=1.282$。

(7)考虑到室内试验和现场条件的差别,工地实际采用的结合料剂量应较室内试验确定的剂量多0.5%~1.0%。采用集中厂拌法施工时,可只增加0.5%,采用路拌法施工时,宜增加1.0%。

4.4.3 水泥稳定碎石混合料配合比设计示例

4.4.3.1 原材料选定

(1)水泥。

(2)碎石。

碎石集料级配规定范围见表 4-24。

表 4-24
碎石集料级配规定范围

筛孔/mm	31.5	19.0	9.5	4.75	2.36	0.60	0.075
通过量/%	100	88~99	57~77	29~49	17~35	8~22	0~7

4.4.3.2 确定水泥剂量的掺配范围

水泥剂量按 4%、5%、6%、7% 四种比例配制混合料,即水泥:碎石为 4:100、5:100、6:100、7:100。

4.4.3.3 确定最佳含水量和最大干密度

(1)击实试验方法。

① 将已过筛的试料用四分法逐次分小,至最后取约 33 kg 的试料,再用四分法将所取的试料分成 6 份(至少要 5 份),每份质量约为 5.5 kg(风干质量)。

② 预定 5~6 个不同含水量,依次相差 0.5%~1.5%。在估计最佳含水量左右可只差 0.5%~1.0%。

③ 按预定含水量制备试样,将 1 份试料平铺于金属盘内,再将事先计算好的该份试料中应加的水量均匀地喷洒在试料上,用小铲将试料充分拌和到均匀状态,然后装入密闭容器或塑料口袋内浸润备用。

④ 将所需要的稳定剂水泥加到浸润后的试样中,并用小铲、泥刀或其他工具充分拌和到均匀状态。水泥应在土样击实前逐个加入。加有水泥的试样拌和后,应在 1 h 内完成下述击实试验。拌和后超过 1 h 的试样,应予作废。

⑤ 将试筒、套环与夯击实板紧密地联结在一起,并将垫块放在筒内底板上。击实筒应放在坚实地面上,取制备好的试样 1.8 kg 左右倒入筒内,整平其表面,并稍加压紧。然后将其安装到多功能自控电动击实仪上,设定所需锤击次数,进行第 1 层试样的击实。第 1 层击实完后检查该层的高度是否合适,以便调整以后两层的试样用量。用刮土刀或螺丝刀将已击实的表面拉毛,然后重复上述做法,进行其余两试样的击实。最后一层试样击实后,试样超出试筒顶的高度不得大于 6 mm,超出高度过大的试件应该作废。

⑥ 用刮土刀沿套环内壁削挖,扭动并取下套环。齐筒顶刮平试样,拆除底板,取走垫块。擦净试筒的外壁,称其质量 m_1。

⑦ 用脱模器推出筒内试样。从试样内部自上至下取两个有代表性的样品,测定其含水量,精确至 0.1%。两个试样的含水量差值不得大于 1%。所取样品的数量应不少于 700 g,如只取一个样品测定含水量,则样品的数量应不少于 1400 g。放入烘箱烘干至恒重,擦净试筒,称其质量 m_2。

⑧ 按以上方法进行其余含水量下稳定材料的击实和测定。

(2)计算干、湿密度。

$$\rho_w = \frac{m_1 - m_2}{V} \tag{4-7}$$

式中　ρ_w——稳定材料的湿密度,g/cm³;

　　　m_1——试筒与湿试样的总质量,g;

　　　m_2——试筒的质量,g;

　　　V——试筒的容积,cm³。

$$\rho_d = \frac{\rho_w}{1 + 0.01w} \tag{4-8}$$

式中　ρ_d——试样的干密度,g/cm³;

　　　w——试样的含水量,%。

(3)制图。

以干密度为纵坐标,含水量为横坐标,绘制含水量-干密度曲线。曲线必须为凸形的,如试验点不足以连成完整的凸形曲线,则应该进行补充试验。将试验各点采用二次曲线方法拟合,曲线的峰值点对应的含水量及干密度即为最佳含水量和最大干密度。

4.4.3.4　测定 7 d 无侧限抗压强度

(1)无机结合料稳定材料试件制作。

① 根据击实结果,称取一定质量的风干土,其质量随试件大小而变。对于 $\phi 150\ mm \times 150\ mm$ 的试件,一个试件约需干土 5700～6000 g。

② 调试成型所需要的各种设备,检查是否运行正常;将成型用的模具擦拭干净,并涂抹机油。上、下垫块应与试模筒相配套,上、下垫块能够刚好放入试筒内上、下自由移动,且上、下垫块完全放入试筒后,试筒内未被上、下垫块占用的空间体积能满足径高比为 1∶1 的设计要求。

③ 对于无机结合料稳定中粒土和粗粒土,至少应该分别制作 9 个和 13 个试件。根据击实结果和无机结合料的配合比计算每份料的加水量、无机结合料的质量。

④ 将称好的土放在长方盘内。向土中加水拌料、闷料(含土很少的未筛分碎石、砂砾及砂可以缩短到 2 h,浸润时间一般不超过 24 h)。

⑤ 在试件成型前 1 h 内,加入预定数量的水泥并拌和均匀。在拌和过程中,应将预留的水加入土中,使混合料达到最佳含水量。拌和均匀的加有水泥的混合料应在 1 h 内制成试件,超过 1 h 的混合料应作废。

⑥ 将试模配套的下垫块放入试模的下部,但外露 2 cm 左右。将称量的规定质量 m_2 的稳定材料混合料分 2～3 次灌入试模中,每次灌入后用夯棒轻轻均匀插实。

⑦ 将整个试模放到反力架内的千斤顶上或压力机上,以 1 mm/min 的加载速率加压,直到上、下压柱都压入试模为止。维持压力 2 min。

⑧ 解除压力后,取下试模,并放到脱模器上将试件顶出,用水泥稳定有黏结性的材料时,制件后可立即脱模;用水泥稳定无黏结性细粒土时,最好过 2～4 h 再脱模;对于中、粗粒土的无机结合料稳定材料,也最好过 2～6 h 脱模。

⑨ 在脱模器上取试件时,应用双手抱住试件侧面的中下部,然后沿水平方向轻轻旋转,待感觉到试件移动后,再将试件轻轻捧起,置于试验台上。切勿直接将试件向上捧起。

⑩ 称量试件的质量 m_2,小试件和中试件精确至 0.01 g,大试件精确至 0.1 g。然后用游标卡尺测量试件高度 h,精确至 0.1 mm,检查试件的高度和质量,不满足成型标准的试件作为废件。试件称量后应立即放在塑料袋中封闭,并用潮湿的毛巾覆盖,移放至养生室。

(2)无机结合料稳定材料无侧限抗压强度试验方法。

① 将已浸水一昼夜的试件从水中取出,用软布吸去试件表面的水分,并称试件的质量 m_4,用游标卡尺测量试件的高度 h,精确至 0.1 mm。

② 将试件放在路面材料强度试验仪或压力机上,并在升降台上先放一扁球座,进行抗压试验。在试验过程中,应保持加载速率为 1 mm/min。记录试件破坏时的最大压力 $P(N)$。

③ 从试件内部取有代表性的样品,测定其含水量 w。

④ 计算无侧限抗压强度。

4.4.3.5　确定试验室配合比

(1)比较强度平均值和设计要求值,根据试验结果,分别列出试件强度平均值满足不低于设计值要求时的水泥剂量。

(2)考虑到试验数据的偏差和施工中的保证率,通过对公式 $\bar{R} \geqslant \dfrac{R_d}{1 - Z_a C_v}$ 的验算,确定是否满足强度指标要求,满足强度指标要求的最小水泥用量,为最佳水泥用量。

4.4.3.6　确定生产配合比

根据施工现场情况,对实验室确定的配合比进行调整,对集中厂拌法施工,水泥剂量要增加 0.5%,对粗粒土拌和,含水量要较最佳含水量大 0.5%～1.0%。

【例4-4】 为提高抗冲刷性能,预防或减轻水泥稳定碎石基层的收缩裂缝,可以采取哪些措施?

【解】 (1)严格控制集料中细料的含量和塑性指数,尽可能减少水泥稳定集料中的黏土含量。合成级配通过孔径为0.075 mm的筛孔的颗粒含量控制在5%以下,塑性指数控制在4.5以下。

(2)限制水泥稳定基层材料的强度和水泥用量。强度高,基层内出现的收缩裂缝间距就大,裂缝的宽度也大。宽度大的裂缝传荷能力差,容易促使沥青面层开裂,产生反射裂缝。应在达到强度标准的前提下,采用最小水泥剂量。

(3)严格控制施工碾压时的含水量。碾压时混合料含水量宜较最佳含水量大0.5%~1%,以满足水泥水化的需要,同时弥补碾压过程中含水量的损失,但不宜较最佳含水量大1%以上。

(4)从加水拌和到碾压终了的延迟时间对强度和干密度有明显影响,延迟时间越长,水泥稳定碎石的强度和密度的损失越大。根据试验结果得出延迟时间控制在2.5~3 h。

(5)水泥稳定碎石基层施工结束后要及时进行养护,常采用塑料膜养生或其他保湿养护措施。

(6)施工现场进行配合比的检验和数据的采集,使配合比符合设计要求。

(7)试验室对施工过程中的各环节进行质量控制。

案例分析

路面底基层水泥稳定碎石配合比设计实例

(1)设计依据。

① 公路路面基层施工技术规范(JTJ 034—2000)。

② 公路工程无机结合料稳定材料试验规程(JTG E51—2009)。

③ 公路工程集料试验规程(JTG E42—2005)。

④ 公路工程水泥及水泥混凝土试验规程(JTG E30—2005)。

(2)原材料的选用。

① 石料:选用5种单级配集料。

② 水泥:采用复合硅酸盐水泥(P·C 32.5级)。

(3)相关技术要求。

① 强度:无机结合料设计无侧限抗压强度(7 d)为2.0 MPa。

② 压实度:现场压实度要求不小于97%,制作无侧限强度试件时试件质量计算按97%控制。

③ 材料要求。

a. 粗细集料。

集料规格:5#(19~26.5 mm),4#(9.5~19 mm),3#(4.75~9.5 mm),2#(2.36~4.75 mm),1#(0.075~2.36 mm)。

级配:符合招标文件要求;压碎值小于26%;针片状含量不大于20%;塑性指数小于9%;砂含量不小于60%;1#料中的0.075 mm通过率不大于12.5%。

b. 水泥。

规格型号:P·C 32.5级缓凝,3 d胶砂强度不小于11 MPa,28 d胶砂强度为32.5~35.0 MPa。

初凝时间不小于3 h;终凝时间不小于6 h;细度不大于10%;安定性必须合格。

(4)配合比设计过程。

① 确定级配走向。

在底基层材料生产之前,对石料生产厂家进行技术交底,明确了筛板尺寸和质量要求,并在试生产过程中随时进行抽查。

经过多次筛分及相关检测,在集料级配稳定和质量符合要求的前提下,对选用的原材料进行了取样试配,确定了以下3种级配的走向(表4-25)。

级配比例如下。

中值偏上:5# : 4# : 3# : 2# : 1# = 17 : 37 : 15 : 5 : 26;

中值:5# : 4# : 3# : 2# : 1# = 25 : 28 : 17 : 6 : 24;

中值偏下:5# : 4# : 3# : 2# : 1# = 28 : 28 : 17 : 8 : 19。

表 4-25　　　　　　　　　　　　　　　取样试配结果

筛孔尺寸/mm	5#料 (19~26.5 mm) 通过率/%	4#料 (9.5~19 mm) 通过率/%	3#料 (4.75~9.5 mm) 通过率/%	2#料 (2.36~4.75 mm) 通过率/%	1#料 (0.075~2.36 mm) 通过率/%	合成级配 中值偏上	合成级配 中值	合成级配 中值偏下	设计要求级配中值/%	设计要求级配范围/%
31.5	100	100	100	100	100	100	100	100	100	100
26.5	92.2	100	100	100	100	98.7	98.1	97.8	95.0	90~100
19	14.7	96.4	100	100	100	84.2	77.7	75.1	80.5	72~89
16	4.2	73.6	100	100	100	73.9	68.7	65.8	67.5	60~75
13.2	0.4	42.4	100	100	100	61.8	59	56.0	58	50~66
9.5	0.6	11.6	97.8	100	100	50.0	50.0	47.0	49.5	44~55
4.75	0.4	0.6	12.5	90.6	100	32.7	31.8	28.7	32.0	27~37
2.36	0.4	0.6	2.4	7.8	83.9	22.9	21.3	17.3	20.0	15~25
1.18	0.4	0.6	0.7	0.9	62.7	16.7	15.5	12.4	16.0	12~20
0.6	0.4	0.6	0.7	0.9	40.5	11.0	10.2	8.2	11.0	7~15
0.3	0.4	0.6	0.7	0.9	25.4	7.0	6.5	5.3	8.5	5~12
0.15	0.4	0.6	0.7	0.9	17.4	5.0	4.6	3.6	7.0	4~10
0.075	0.2	0.3	0.5	0.7	12.0	3.4	3.1	2.6	3.5	2~5

② 配料进行标准击实试验。

针对 3 种不同的级配走向分别选用 2.5%、3.0%、3.5%、4.0%、4.5%的水泥剂量,含水量预计按照 2.5%、3.0%、4.0%、5.0%、6.0%的配料进行击实试验,从而确定每种剂量下的混合料最大干密度和最佳含水量(表 4-26)。

表 4-26　　　　　　　　　　　混合料最大干密度和最佳含水量

水泥剂量/%		2.5	3.0	3.5	4.0	4.5
最大干密度/(g/cm³)	中值偏上	2.29	2.29	2.31	2.32	2.33
	中值	2.28	2.28	2.30	2.32	2.33
	中值偏下	2.27	2.27	2.29	2.31	2.32
最佳含水量/%	中值偏上	4.5	4.5	4.6	4.7	4.6
	中值	4.5	4.5	4.6	4.6	4.6
	中值偏下	4.6	4.5	4.6	4.6	4.7

③ 制备无侧限抗压强度试件。

根据 3 种级配曲线的击实试验结果确定的最大干密度和最佳含水量,按规定要求 97%的压实度,计算出制备无侧限试件所需的试件质量,并成型无侧限强度试件。混合料从加入水泥拌和到成型完试件控制在 1 h 以内,超过 1 h 的混合料应予以废弃。

经静力压实成型的无侧限试件一经脱模称重后,立即采用塑料薄膜包裹放入养护室内养护,养护室温度保持在(20±2)℃,湿度不低于 95%。养护 6 d 后取出试件,去掉薄膜将试件浸入水中,在试压前将试件拿出用软布擦掉表面自由水后,待表面稍干称重后试压,得出 7 d 无侧限抗压强度(表 4-27),根据路面施工指导意见要求,$R_{代}$(强度代表值)应大于 2.0 MPa。

表 4-27　　　　　　　　　　　　　7 d 无侧限抗压强度

水泥剂量/%		2.5		3.0		3.5		4.0		4.5	
	强度值	R	$R_{代}$	R	$R_{代}$	R	$R_{代}$	R	$R_{代}$	R	$R_{代}$
曲线类型	中值偏上	3.0	2.6	3.6	3.2	4.4	3.7	4.9	4.2	5.6	4.9
	中值	2.5	2.1	3.3	2.7	4.2	3.5	4.7	3.8	5.4	4.4
	中值偏下	1.8	1.6	2.2	1.8	2.5	2.2	3.9	3.2	4.7	4.1

　　从以上汇总表可以看出,无侧限抗压强度随着级配的变化而变化。中值偏下的级配在相同水泥剂量下的无侧限抗压强度最低;中值偏上的抗压强度最高;中值的抗压强度处于中间。

　　在制强度试件的过程中,由于中值偏上的级配中细集料比例较多(占集料总量的 26%),多次出现试件缺角和散落的现象;中值偏下的级配中细集料比例较少(占集料总量的 19%),造成强度试件表面空隙过大。

　　④ 确定水泥剂量与 EDTA-2Na 消耗量对应曲线(表 4-28)。

　　分别以 0、1.0%、3.0%、5.0%、7.0% 的水泥剂量配料进行标准曲线试验。以水泥剂量为横坐标,以同一水泥剂量稳定材料 EDTA-2Na 标准溶液消耗量(mL)的平均值为纵坐标,绘制出 EDTA-2Na 标准曲线图。同时采用内插法计算出每间隔 0.1 mL 的 EDTA-2Na 标准溶液消耗量所对应的水泥剂量,作为施工时的控制依据。

　　本次标准配比试验 EDTA-2Na 滴定曲线试验方法:取混合料 1000 g 滴定。

表 4-28　　　　　　　EDTA-2Na 消耗量与不同级配曲线下的水泥剂量对照表

水泥剂量/%		0	1.0	3.0	5.0	7.0
EDTA-2Na 消耗量/mL	中值偏上	1.5	4.0	8.3	12.4	16.3
	中值	1.5	4.1	8.4	12.3	16.2
	中值偏下	1.4	4.2	8.4	12.3	16.3

　　(5)配合比结果的选定。

　　结合 3 条级配曲线配比的 7 d 无侧限强度试压及试件的骨架组成情况,推荐选取趋于骨架密实型的中值级配组成结构。该配比水泥剂量为 3.0% 时无侧限抗压强度 $R_{代}$ 为 2.7 MPa,大于 2.0 MPa 时,强度适宜,故推荐选取此配合比方案作为施工标准配合比。

4.5　创新性试验　》》》

4.5.1　创新性试验的设计原则

　　创新性试验的目的是根据教学过程中涉及的试验问题,通过对创新性试验方法的设计与开发来激发学生的学习兴趣和探究问题的意识,并结合具体实践活动来培养和锻炼学生的创新能力。创新性试验课程的培训过程主要采用课堂教学渗透、创新意识的启发、创新方案的设计、创新情境的设置、创新实践活动等教学手段来实现。

　　创新性试验设计要以主动学习和创新能力发展为原则,在本质上应该以学生全程体验学习过程、获得探究能力的发展为标志。在进行创新性试验的实施过程中,除了遵循试验设计的一般性原则(如尝试性、实践性、安全性等)以外,还应侧重遵循以下原则:

(1)科学性。

创新性试验必须遵循试验教学自身和学生认识程度的规律性,要在不违背科学性的前提下进行。因此,在创新性试验设计过程中,一定要认真考虑试验的设计或改进是否具有应用价值,是否有助于研究对象概念的形成和原理的说明。

(2)探索性。

在进行创新性试验时,学生需要具有勇于探索的精神,通过不断地尝试和改进来完善试验设计,优化试验方案,以达到预期的效果。

(3)可行性和简便性。

任何试验方法都要尽可能地简便可行,易于操作和完成。过于复杂的试验方法不仅难以实现(费时、费工和费料),还有可能带来更多的试验误差,并且试验的可重复性和可操作性不强,试验效率也受到影响。

(4)实际性和实用性。

创新性试验必须尽可能符合实际情况,能够更好、更贴切地反映研究对象在实际工程中的使用状态。这样设计出来的试验才能具有更好的实用性,为实际工程的设计与研究服务。

创新性试验的整个开展过程可以根据图4-5所示的流程图来整理思路。

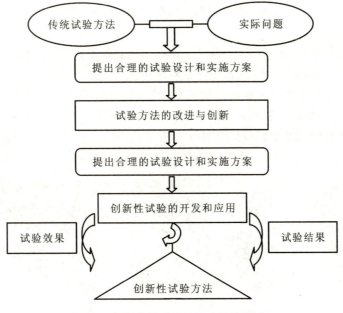

图4-5　创新性试验开展过程流程图

4.5.2　创新性试验应用实例

(1)沥青混合料空心圆柱试验。

① 问题描述。

沥青混合料是一种典型的粘弹性材料,也是一种无定形的并具有相当复杂的内部结构的材料。由于沥青混合料在道路工程中的广泛应用,当前世界上许多国家都在积极地研究沥青以及沥青混合料的力学性能,并取得了一定的成果。目前,关于沥青混合料力学性能的试验方法很多,这些试验主要是加载方式不同,应用较广泛的加载方式有轴向压缩、轴向拉伸(直接拉伸)和间接拉伸,如图4-6所示。

由于操作简单、方便,轴向压缩试验应用最为广泛。美国国家公路合作研究计算项目(NCHRP)9-19中也广泛地采用轴向压缩方式下的试验方法对沥青混合料的多种力学性能进行了评价和研究,并取得了大量的研究成果。这些试验主要包括轴向压缩动态模量试验、轴向压缩静态蠕变试验(流动时间),以及单轴和三轴重复荷载永久变形(流值)试验。

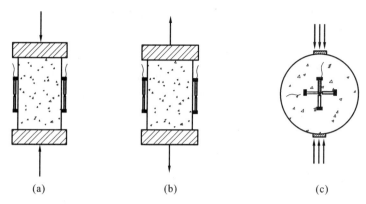

(a)   (b)   (c)

图 4-6　沥青混合料力学性能试验方式示意图

(a)轴向压缩；(b)轴向拉伸；(c)间接拉伸

实际调查结果显示,在重复交通荷载的作用下,路面的实际受力状态表明沥青混合料抵抗拉应变的能力对沥青混合料的路用性能有着至关重要的作用。与实际路面情况相同,不同加载方式下得出的试验结果也存在着一定的差异。因为在压缩方式下,沥青混合料所受到的应力主要由其骨架结构承担,而在拉伸模式下,沥青混合料的强度则主要取决于沥青胶结料和骨料的黏结强度。由此可见,采用不合适的加载方式进行试验可能会导致得出不准确的结论和不合理的设计参数。因此,开发出一种沥青混合料粘弹性性能的测试方法,对于研究沥青混合料的粘弹性特性、评价其路用性能和进行合理的设计都具有重要的意义。

② 试验方法。

沥青混合料空心圆柱试验(Hollow Cylinder Tensile Test,HCT 试验)是通过弹性很好的橡胶膜向空心圆柱试件(图 4-7)内壁施加均匀的压应力,试件在这样的压应力作用下会产生均匀的环向拉应力。通过测量试验中试件在环向拉应力的作用下产生的拉伸变形,我们就可以得到沥青混合料的应力-应变关系,从而评价沥青混合料的一些基本力学性能(该试验方法的相关资料来源于参考文献[1]、[2]和[3])。HCT 试验的空心圆柱试件通常是通过对原状的圆柱体沥青混合料试件取芯后得到的。从图 4-7 可以看出,取芯后的小圆柱体试件可以用于动态模试验,而剩下的空心圆柱体则可用于进行 HCT 试验。

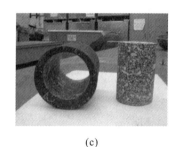

(a)   (b)   (c)

图 4-7　HCT 试验中空心圆柱试件

根据图 4-8 的力学计算示意图,空心圆柱试件在内壁压力的作用下受到的环向拉应力和径向压应力可以按照以下公式计算得到。为了消除沥青混合料骨料颗粒尺寸与空心圆柱壁厚比例对试件均匀性的影响,空心圆柱试件应该采用较大的壁厚。

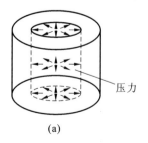
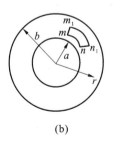
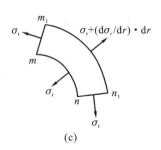

(a)   (b)   (c)

图 4-8　空心圆柱试件力学计算示意图

$$\sigma_t = \frac{a^2 p_i}{b^2 - a^2}\left(1 + \frac{b^2}{r^2}\right) \tag{4-9}$$

$$\sigma_r = \frac{a^2 p_i}{b^2 - a^2}\left(1 - \frac{b^2}{r^2}\right) \tag{4-10}$$

式中　p_i——在试件内壁施加的压应力；

　　　　σ_t——环向（切向）拉应力；

　　　　σ_r——径向压应力；

　　　　a——空心圆柱内径；

　　　　b——空心圆柱外径；

　　　　r——试件中某点至空心圆柱中心轴的距离。

通过试验时测试得到了试件的径向变形，然后可通过以下公式计算试件的径向应变：

$$\varepsilon_r = \frac{\Delta r}{r} \tag{4-11}$$

根据径向应变，可以通过以下公式计算试件的模量：

$$E = \frac{\sigma_r}{\varepsilon_r} = \frac{a^2 p_i \cdot r}{\Delta r \cdot (b^2 - a^2)}(1 - \frac{b^2}{r^2}) \tag{4-12}$$

采用对中空圆柱体试件施加内压、外压荷载的试验方法还可以用于研究中间主应力、初始应力各向异性、强度各向异性以及应力不变量的影响。与仅能控制两个方向正应力的三轴试验法相比，此方法能模拟更为复杂的应力状态和应力路径。

③ 方案分析。

如图4-9所示是利用HCT试验进行沥青混合料动态模量试验的试验装置（资料来源于参考文献[4]）。试验前，先将试件加压器装入试件中，然后将其浸入冷却液中，加压器一端密封，另一端留有与压力活塞相接的接口；试验时，通过压力活塞向加压器中施加压力，加压器通过包裹在其周围的橡胶膜对空心圆柱试件施加内压应力，在内压应力的作用下，试件则会产生均匀的环向拉应力和径向压应力。

(a)

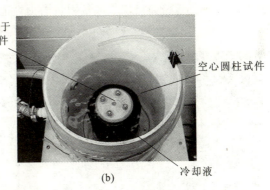

加压器(用于对空心试件加内压)

空心圆柱试件

冷却液

(b)

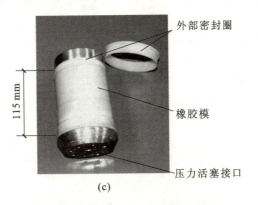

外部密封圈

橡胶模

压力活塞接口

115 mm

(c)

图4-9　HCT试验装置

(a)试验装置；(b)试件设置；(c)加压器

相对于其他几种目前常用的试验方法,HCT 试验具有如下优点:a.试验所需的仪器设备简单,试验过程简便易行;b.因为 HCT 试验时试件是在受到均匀的内压力作用下而产生的拉应力,所以相对于其他的试验方法,HCT 试验时试件在受力时产生的应力集中现象不明显,试验结果受到不均匀应力的影响较小。

同时,HCT 试验也存在如下几个方面的问题:a.骨料粒径大小与试件壁厚之间的关系,对于骨料粒径较大的沥青混合料,需要采用较大壁厚的试件来满足均匀性的要求;b.原状试件在旋转压实成型过程中不同部位的密实度和孔隙率的差别会对试验结果造成影响;c.试验过程中密封系统的好坏会对内压应力的均匀性产生一定影响。

与其他的一些创新性试验方法相似,HCT 试验虽然存在许多尚待解决的技术问题,目前还不能推广应用,但是,这种创新性试验方法的设计思想却能给大家很多启发。相信随着试验设备和加工技术的发展,众多诸如 HCT 试验的创新性试验方法都会得到不断的改进和完善,同时也会为其他试验方法的设计与开发提供很好的参考。

(2)透水混凝土路面抗磨损性能试验。

① 问题描述。

在进行配合比设计时,为了让透水混凝土获得较大的孔隙率和透水性,通常在透水混凝土中只加入少量或者不加入细骨料。与普通混凝土相比,透水混凝土中用以包裹骨料的水泥砂浆较少,粗骨料颗粒之间通常是通过接触的摩擦力来相互咬合在一起,而不是像常规水泥混凝土那样被嵌挤和握裹在水泥浆液中。因此,通常透水混凝土的抗压强度和劈裂抗拉强度都要远远低于普通水泥混凝土,同时其他与强度相关的性能也受到影响。当透水混凝土用于道路路面时,由于其骨料间的黏结强度较差,导致其表面在高速移动车辆荷载作用下很容易产生磨光、松散掉粒甚至大面积剥落等病害。因此,能否及如何提高透水混凝土的抗磨损性能是将透水混凝土应用于大交通量的道路路面的关键所在。

目前,透水混凝土还只能应用于停车场、人行道、休闲广场、路基基础等低交通量和辅助道路工程中。如图 4-10 所示为一条使用水泥透水混凝土作为路面材料的高速公路。从图 4-10(a)中可以清楚地看出,在公路新建成时,路面平整,与普通混凝土相似,路面与周围的自然环境相得益彰,十分美观。但经过几年的使用后,如图 4-10(b)所示,路面出现了大量因抗磨损性能较差而导致的表面松散、坑槽等破坏,需要进行大面积的修补。

表面磨
损破坏

(a)　　　　　　　　　　　　　　(b)

图 4-10　透水混凝土道路
(a)新建成时;(b)经过几年使用之后

目前,已经有许多试验方法和设备可以用来评价普通水泥混凝土的抗磨损性能,这方面的研究也已开展多年。虽然这些方法已经发展成为较为成熟的试验方法并被写入规范,但由于透水混凝土与普通混凝土在表面特性、内部孔隙构造和使用功能上都存在巨大的差异,因此用于测试普通混凝土的试验方法并不能很好地适用于透水混凝土。

② 试验方法。

a.肯塔堡飞散试验。

近些年来,一些研究者将测试粗骨料抗磨耗性能的洛杉矶磨耗仪应用到多孔隙开级配混合料的抗磨损性能评价试验中。这个试验一般也被称为肯塔堡飞散试验,如图 4-11 所示。试验时,将圆柱形的试块置于不加钢球的洛杉矶磨耗仪中,然后让试件随着磨耗仪的旋转而被带到一定的高度然后落下,通过试件与磨耗仪的撞击产生的质量损失来评价开级配的混合料试件的抗磨耗性能(资料来源于参考文献[5])。

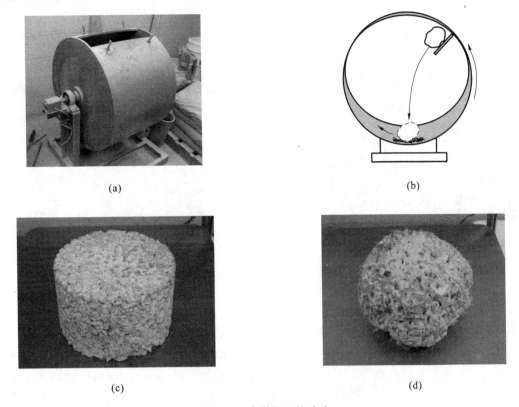

图 4-11　肯塔堡飞散试验

(a)洛杉矶磨耗仪;(b)肯塔堡试验示意图;(c)试验前;(d)试验后

b. 旋转切割磨耗试验。

除此之外,人们根据《用旋转切割机法对混凝土或砂浆表面耐磨性的试验方法》(ASTM C944—1999)中介绍的试验方法,利用改进的旋转切割机测试了透水混凝土的表面抗磨损性能(资料来源于参考文献[6])。该方法是在旋转装置的加载头上安装旋转切割头,并通过一定的压力荷载将其作用于试件表面,通过试件表面的磨损程度来评价透水混凝土的表面抗磨损性能(图 4-12)。

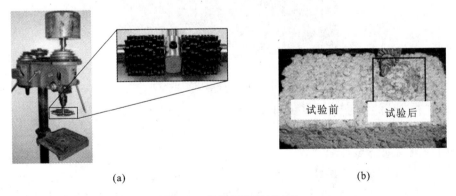

图 4-12　旋转切割磨耗试验

(a)旋转切割机;(b)试验前和试验后试件

c. LWT 磨损试验。

根据透水混凝土路面的磨损和破坏机理,为了更好地模拟车轮与路面间的相互作用效果,考虑车轮对路面的冲击、剥落和磨损的综合作用,人们开发出了一种专门用于测试透水混凝土的抗磨损性能的试验方法。由于该方法是以轮载试验仪(Loaded Wheel Tester,LWT)为平台开发的,因此也将这种试验方法称为LWT 磨损试验(资料来源于参考文献[5])。

　　如图 4-13 所示,试验采用尺寸为 300 mm×125 mm×50 mm 的梁形试件。试验前,先将成型好的试件置于温度为 25 ℃、湿度为 98% 的养护室中养护至 28 d,取出后置于室温下风干 24 h,接着在 40 ℃ 的环境中烘干12 h。试验前,采用钢刷将试件表面的松散颗粒去掉,并称取试件的初始质量,然后将试件装入模具并放进 LWT 的测试箱内。试验中,利用钢轮对梁试件施加往复荷载来模拟实际交通荷载对透水混凝土路面的作用。

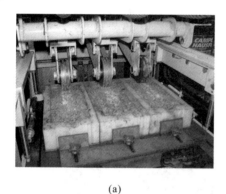

(a)　　　　　　　　　　　　　　　　　　(b)

图 4-13　LWT 轮载磨损试验

(a)试验中;(b)试验后

③ 方案分析。

　　考虑到透水混凝土的主要功能和模拟透水混凝土路面在服役过程中可能出现的恶劣条件,试验设计时还进行干燥和浸水两种环境下的尝试性试验。因为在浸水环境中试件在移动轮载作用下产生的动水压力会对透水混凝土骨料间的黏结强度造成影响,从而加速试件的磨损破坏,所以可以通过对比干燥和浸水环境下的试验结果来评价动载作用下水损害对透水混凝土抗磨损性能的影响。试验时,如果需要在浸水条件下试验,则需要确保试验时水箱中的水能够淹没试件表面,如图 4-14 所示。

图 4-14　浸水环境中的试验

　　另外,在进行试验设计的过程中,为了验证试验中加载轮对透水混凝土表面的磨损效果,首先采用了直径为 120 mm、表面光滑的钢轮作为加载轮,在干燥的环境下对试件施加重复的移动荷载。然而试验结果显示,在 10000 次的加载周期下试件表面仅产生了很小的磨损量,磨损深度普遍低于 2 mm,质量损失小于 1%,这与通过对实际透水混凝土道路路面观察得出的磨损情况不相符,并且不同配合比试件的测试结果差异不明显,不能很好地区别不同透水混凝土的抗磨损性能的差异。结合透水混凝土路面磨损机理分析其原因,车辆行驶在透水混凝土路面上时,产生磨损破坏的第一步是剪切磨损,然而表面光滑的钢轮无法模拟表面粗糙纹理丰富的实际车轮,因而无法在透水混凝土试件表面产生预期的剪切应力。为充分模拟车轮对路面的剪切磨损效果,试验设计过程中又对加载钢轮进行了改进,在钢轮表面焊接了多个钢钮以增加其表面粗糙度来加大对试件的磨耗效果。其中,钢钮的直径为 7.5 mm,高度为 1.5 mm,等间距交错焊接在钢轮表面,其实际照片如图 4-15 所示。

　　如上所述,带钢钮的钢轮在 LWT 加载系统的带动下,以一定的荷载频率作用于试件表面,可较好地模

 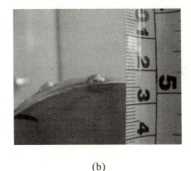

(a)   (b)

图 4-15 LWT 磨损试验中改进后的钢轮

(a)焊接了钢钮的测试车轮;(b)焊接的钢钮

拟一定行驶速度下车辆荷载对透水混凝土路面(包括剪切磨损、切削磨损和冲击磨损)的综合作用,其模拟效果示意图如图 4-16 所示。

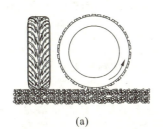 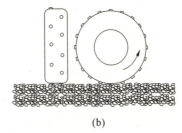

(a)   (b)

图 4-16 LWT 磨损试验示意图

(a)车轮对路面的作用;(b)LWT 磨损试验模拟

总结试验设计和试验方案分析时期的一些尝试性试验结果,为了对透水混凝土试件提供足够的冲击荷载和磨损力,并考虑试件在长期荷载作用下的破坏机理,试验时设定加载轮的荷载为 800～1000 N,每次试验的循环加载次数为 10000～15000 次(这些试验参数需要根据尝试性试验来加以确定),加载频率为 2 Hz(加载轮作用于试件的一个来回为 2 个周期,即 1 s)。后期的试验结果证明,在这些测试条件下,试验车轮对透水混凝土试件起到了很好的磨损效果,不同配合比的试件之间的差异比较明显,可以很好地用来评价透水混凝土路面的抗磨损性能。

4.5.3 创新性试验报告的撰写

创新性试验报告应该包括但不仅限于以下内容:

(1)试验概况。

介绍该创新性试验方法的设计背景和拟解决的关键问题,并说明与目前的试验方法相比该试验方法存在的优缺点。

(2)试验目的。

说明该试验方法能够解决的实际工程问题,或可以反映的工程现象,以及通过试验能够获得的有价值的结论。

(3)试验原理。

说明该试验方法所涉及的主要的物理力学原理,以及在利用这些物理力学原理进行试验设计时所做的假设、简化和考虑的相关试验条件。

(4)主要试验仪具。

列举试验中需要使用的主要仪器和工具,并说明这些仪器和工具在试验中的主要功能。

(5)试验方法。

介绍试件的准备和制作方法,以及详细的试验步骤和试验中需要注意的事项。

(6)试验结果。

对试验中得到的试验结果进行采集与分析,说明试验结果的处理和误差分析方法。

(7)试验方法评价。

对该创新性试验方法的有效性和合理性进行评价,以对试验方法进行改进和完善,并说明试验存在的问题和产生这些问题的原因。

(8)总结。

对该创新性试验方法的设计过程、试验效率、试验结果的有效性和可靠性、试验需要改进和完善的问题进行总结。

知识归纳

> (1)矿质混合料级配设计的两个方法:试算法和图解法。
>
> (2)水泥路面混凝土配合比设计的两种类型:普通混凝土配合比设计和钢纤维混凝土配合比设计。
>
> (3)热拌沥青混合料配合比设计。
>
> (4)无机结合料稳定类配合比设计,主要介绍了水泥稳定土配合比的设计步骤和水泥稳定碎石配合比设计。
>
> (5)创新性实验:沥青混合料空心圆柱试验、透水混凝土路面抗磨损性能试验。

独立思考

4-1　对矿质混合料进行组成设计的目的是什么?

4-2　采用何种方法进行矿质混合料的设计?

4-3　如何确定混合料组成配合比满足设计要求?

4-4　当用多种矿质集料配制混合料时,用什么方法来进行设计?

4-5　水泥路面混凝土配合比设计参照的依据是什么?

4-6　对混凝土用骨料在技术上有哪些基本要求?为什么?

4-7　简述碎石和卵石拌制混凝土的优缺点。

4-8　影响混凝土强度的内在因素有哪些?试结合强度公式加以说明。

4-9　试从混凝土的组成材料、配合比、施工、养护等几个方面考虑,提出提高混凝土强度的措施。

4-10　与普通混凝土相比,钢纤维混凝土有哪些优点?

4-11　沥青混合料按其组成结构可分为哪几种类型,各种结构类型沥青混合料的路用特性?

4-12　什么是沥青混合料的黏结力,影响黏结力的主要因素有哪些?

4-13　简述沥青混合料高温稳定性的评定方法和评定指标。

4-14　采用马歇尔法设计沥青混凝土配合比时,为什么由马氏试验确定配合比后还要进行浸水稳定度和车辙试验?

4-15　沥青混合料的空隙率是如何确定的?

4-16　什么是常温沥青混合料?它是由什么材料组成的,在技术性能上有何特征?

4-17　简述石灰稳定土强度的形成机理,并分析影响强度的主要因素。

4-18　水泥稳定土与水泥混凝土在组成材料、技术性质及用途等方面有何不同?

4-19　简述石灰稳定土、二灰稳定土和水泥稳定土混合料对其组成材料的技术要求。

4-20　稳定类混合料击实试验的目的是什么?

4-21 简述石灰土、水泥土中石灰剂量、水泥剂量的确定方法。

4-22 稳定类混合料的主要技术要求是什么？

4-23 创新性试验的设计应遵循哪些基本原则？

参考文献

[1] Buttlar W G, Al-Khateeb G G, Bozkurt D. Development of a Hollow Cylinder Tensile Tester to Obtain Mechanical Properties of Bituminous Paving Mixtures. Journal of the Association of Asphalt Paving Technologists, 1999(68):369-403.

[2] Al-Khateeb G G. Development of a Hollow Cylinder Tensile Tester to Obtain Fundamental Mechanical Properties of Asphalt Paving Mixtures. Illinois: University of Illinois at Urbana-Champaign, 2001.

[3] Al-Khateeb G G, Buttlar W G. Hollow Cylinder Tensile Tester for Asphaltic Paving Mixtures. Proceedings of the Mid-continent Transportation Symposium, 2000.

[4] Buttlar W G, Bauer J M, Sherman D S. Dynamic Modulus of Asphalt Concrete with a Hollow Cylinder Tensile Tester. Journal of the Transportation Research Board (TRB), 2002, 1789(1):183-190.

[5] Wu H, Huang B, Shu X, et al. Laboratory Evaluation of Abrasion Resistance of Portland Cement Pervious Concrete. Journal of Materials in Civil Engineering, 2010, 23(5):697-702.

[6] Kevern J T. Advancements in Pervious Concrete Technology. Iowa: Iowa State University, 2008.

5

数值模拟试验

课前导读

▽ 内容提要

　　本章的主要内容包括数值试验的特点和解决工程问题的基本思路、数值试验技术在道路工程中的应用概况、数值试验技术在道路工程中的应用实例。本章重难点为利用数值试验方法解决工程问题的基本思路和如何根据实际工程问题选择合理有效的数值试验方法。

▽ 能力要求

　　通过本章的学习，学生应了解目前常用的数值试验方法的特点和应用范围；能够明确数值试验解决问题的基本目的与思路；能够利用力学的基本概念对实际问题进行适当的简化；能够利用专业知识、力学的基本概念与理论对数值试验结果进行解释和分析，提炼出有参考价值的结论；能对数值试验过程中遇到的问题进行分析，提出解决方案，对试验过程进行优化，提高数值试验效率。

5.1　简　介　>>>

　　数值试验,也可称为数值模拟试验,是利用数值计算方法研究工程中遇到的各种物理力学问题,并对这些问题的分析过程和分析结果进行仿真和图像显示的一种虚拟试验。数值试验不仅可以对某些已知和未知现象进行虚拟的显现,还可以对一些受到经费、时间和可重复性等因素制约而难以实施的实体试验进行模拟分析。

　　与传统室内或现场实体试验相比,数值模拟试验不受设备和边界条件的限制,具有成本低、试验周期短、便于变更试验方案和重复性强等特点。数值试验通常只需要较少的人力和物力投入,能够比较简便地处理具有复杂应力状态、边界条件和几何形状的工程问题,并且还可以在获得结构的宏观力学性能的同时对其材料的微观力学机理进行解释与分析。

　　目前,数值试验技术已成为现代结构、材料分析与设计的重要手段,并被广泛应用到航天、力学、材料科学、化学工程、生物工程、土木工程等各种工程领域,在科学技术发展中发挥着重要作用。随着现代力学、计算数学和计算机技术的进步,数值模拟技术也得到了不断地发展和完善,数值试验方法的优越性亦愈加明显,数值模拟技术的应用领域越来越广,所能处理的工程问题也越来越复杂。目前,在土木工程领域,无论是在工程结构的设计和验算,还是在材料的性能评价和分析上,数值试验方法都有了深入的应用,极大地丰富了科研和工程技术人员解决问题的手段。

5.1.1　数值试验与实体试验

　　数值试验在工程中的应用是力学与计算技术发展到一定阶段的产物。实体试验可以锻炼人的动手能力,增加感性认识,而数值试验可以从复杂的工程实际中抽象出理论模型,并对模型进行求解,从而以较低的成本模拟各种工况。数值试验有利于建立理论算法与工程实际之间的联系,拓展思维,发挥想象力与创造力,是理论学习和实体试验都不可替代的一个重要方面。土木工程专业的学生进行数值试验的学习,不仅能加深对基础知识的掌握,提高对专业学习的兴趣,还能了解一种工程应用软件的使用,对理解工程问题以及今后的学习和工作都是有所裨益的。

　　根据数值试验和实体试验的特点,两者的区别主要表现在如下几个方面:

　　(1)实体试验主要采用一系列的试验设备,对工程材料或结构的某种特性或特征在特定条件下进行测试,然后观察试验现象,得出试验结论;而数值试验则靠计算机和应用数学与力学原理编制的计算程序,或者利用目前已有的商业软件,对某一对象进行力学分析,通过分析结果,得到一些对实际工程有指导价值的结论。

　　(2)实体试验在试验之前必须有一个具体的试验物体,而数值试验可以根据待解决问题的要求构建一个虚拟的试验对象,通过虚拟的试验来了解某种现象和特征,或是验证相关的原理与方法。因此,大型的结构试验和试验条件比较难于实现的实体试验,往往需要耗费大量的物力和人力,而数值试验则可以通过计算机建立的计算模型对研究对象在不同条件、不同形式下的各种情况进行分析。与实体试验相比,数值试验具有更好的重复性和适用性。但是,数值试验在某些条件下还是与研究对象在真实状态下的受力特点有所差别,所以数值试验的结论往往只具有参考价值,不能取代实体试验来作为主要评价手段。

　　(3)在进行实体试验之前,试验的设备和试验内容基本已经确定下来,即使是设计性试验,试验的对象也是非常明确的,试验人员的主动性和创造性的发挥受到了很大限制;数值试验则可以充分发挥试验人员的主动性和创造性,根据数值计算方法编制相应的程序,或是利用商业软件的某些功能自由设计试验,模拟各种试验条件,对想要了解的问题进行充分的分析,然后得到具有参考价值的结论。

需要着重指出的是,虽然数值试验具有如上所述的诸多优点,但还是不能完全取代实体试验,在更多的情况下只能作为实体试验的有力补充和检验工具。因此,将实体试验和数值试验有机结合起来,灵活运用,才能找到解决问题的最有效的途径。从学生的学习角度上讲,在学好实体试验方法的基础上,适当地接触和了解数值试验方法,对更好地学习专业知识和丰富解决问题的手段都有所帮助。

5.1.2　数值试验方法在工程中的应用特点

数值试验在工程中应用的主要特点可以概括为以下几个方面。

(1)通过数值试验方法可以再现一些在实体试验中难以清晰观察到的现象和特征(如裂纹扩展特征、破坏形式、结构失稳模式和损伤演变过程等)。数值试验既保留了实体试验直观性的优点,又克服了实体试验中观测难、分析难、重复难、费用高、周期长的缺点,还能够获得许多在实体试验中观察不到或难以观察到的重要信息(如材料的应力-应变曲线、结构破坏时塑性区的扩展形态等)。

(2)由于一些工程现象通常都涉及尺度更大的结构,通过普通实验室小尺寸试验往往难以直观地理解,试验结果也难以反映真实情况,而大尺寸或全尺寸试验又费时费力,且重复性差。而通过数值试验则能够实现这些实验室无法真实再现的工程现象(如边坡的失稳、路面裂缝的开展、强夯法对地基土的加固效果等)。显然,数值试验可以加深对工程现象和试验结果的正确理解和解释。

(3)数值试验还可以用于对实际工程问题开展科学研究。通过数值试验,人们可以对材料、工程结构的破坏和工程灾害发生机制等进行系统的研究与探索,为材料的力学性能或工程稳定性设计提供理论依据,如利用数值试验来分析试验加载方式、边界条件和试样几何形状对试验结果的影响、试验中材料性质非均匀性的影响、复杂条件下材料或结构的受力和变形特征等。目前,先进的数值试验系统已成为研究工作的一种强有力的工具和手段,是提高科研和工程技术服务水平、提升科技服务的社会竞争力的又一途径。

5.2　道路工程数值试验思路及常用方法　　》》》

5.2.1　数值试验思路

利用数值试验解决工程问题可以自己编制程序或者利用已开发出的商业软件来实现,通常包括以下几个基本过程:

(1)首先要根据实际问题(工程问题、物理力学问题等)的特点和需要,选择合理有效的数值模拟方法。目前,在土木工程领域较常用的数值模拟方法包括有限单元法、离散单元法、有限差分法和边界元法等。

(2)建立反映问题本质的数值分析模型,要明确模型的尺寸、材料的参数、约束和荷载施加条件。这是数值模拟的基础,没有正确合理的分析模型,数值模拟就无从谈起。

(3)在建立了数值模型之后,就可以对模型进行计算。这一部分工作是整个工作的主体,占绝大部分时间。因为求解的问题比较复杂,所以需要通过反复的试验来加以验证,必要时还需要对模型进行优化。正是从这个意义上讲,数值模拟又叫数值试验。

(4)在计算工作完成后,需要对数值试验结果进行提取和分析,并通过图像将结果形象地显示出来。数值试验的数据提取和图像显示也是一项十分重要的工作。目前,许多数值模拟软件已经能够通过计算机的图像处理技术将整个计算过程动态地显示出来,让使用者更加直观地看到数值模拟试验的整个试验过程。随着计算机技术的发展,数值试验的模拟水平也越来越高,计算的精度也越来越高,显示的效果也越来越逼真。

其实,利用数值试验方法来解决实际问题并没有固定的步骤和统一的思路,基本的实现过程可以参见以下的流程图(图 5-1)。

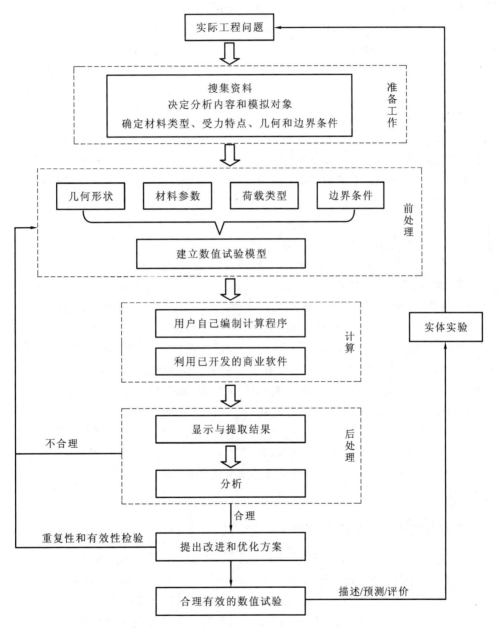

图 5-1　数值试验方法解决问题的基本思路

5.2.2　常用的数值试验方法简介

目前,道路工程中常用的数值试验方法主要有有限单元法、离散单元法、边界元法、有限差分法以及将几种不同数值方法合并使用的综合法。而就实用性和应用的广泛性而言,有限单元法和离散单元法更为突出一些。这些数值方法的学习资料很多,在此就不作详细介绍了。

5.2.2.1 有限单元法

有限单元法(Finite Element Analysis,FEA)的基本概念是用较简单的问题代替复杂的问题后再求解。有限元方法的基础是变分原理和加权余量法,其基本求解思想是把计算域划分为有限个互不重叠的单元,在每个单元内,选择一些合适的节点作为求解函数的插值点,将微分方程中的变量改写成由各变量或其导数的节点值与所选用的插值函数组成的线性表达式,借助于变分原理或加权余量法,将微分方程离散求解。采用不同的权函数和插值函数形式,便构成不同的有限元方法。有限元方法最早应用于结构力学,后来随着计算机的发展慢慢用于流体力学的数值模拟。在有限元方法中,把计算域离散剖分为有限个互不重叠且相互连接的单元,在每个单元内选择基函数,用单元基函数的线形组合来逼近单元中的真解,整个计算域上总体的基函数可以看为由每个单元基函数组成的,则整个计算域内的解可以看作是由所有单元上的近似解组成。

5.2.2.2 离散单元法

离散单元法(Discrete Element Method,DEM)是一种非连续介质研究方法,一种有效的计算大量非连续颗粒(如散体材料)运动的数值分析工具。它最早由 Cundall 教授于 1971 年提出,并被用于分析岩石力学问题。在 1979 年,Cundall 和 Strack 又将离散单元法应用于土力学分析之中。与传统连续介质力学计算方法不同,离散单元法中各单元是相互分开的,并可以各自独立运动。所有的颗粒都被假设为不可变形的刚体,并且颗粒间的相互作用只发生于接触点或接触表面。在接触点处采用软接触方法,即不可变形的刚性颗粒之间在接触点处允许有相互重叠。根据接触应力-变形法则,在每个接触点处的重叠量将产生一个作用于彼此颗粒上的力。所有作用在颗粒上的接触力和外部力(如重力)叠加在一起将会使颗粒产生运动,而颗粒的运动则由经典的牛顿第二运动定律来进行计算。运动后的颗粒会在空间上产生相应的位置变化,从而改变了颗粒间的接触状态,相应地也改变了颗粒间的接触作用力,进而引起颗粒新的运动。

与有限单元法不同,离散单元法无须满足位移连续和变形协调条件,各离散的单元可发生平动、转动,各单元可接触或分离,因而离散单元法的计算过程更加接近于颗粒材料的实际情况,特别是在处理散体材料大变形时具有其他数值分析方法无可替代的优势。离散单元法在处理散体等非连续介质力学问题上所具有的独特优势,使其可以很好地考虑到散体材料的离散本质,因而在过去几十年里离散单元法发展非常迅速,并被广泛应用于岩土、农业、材料等工程研究领域。

除了有限元法和离散元法,有限差分法和边界元法也在工程中有较广泛的应用。这些数值分析方法虽然都基于不同的力学计算基础,但是它们分析和解决问题的过程都是相似的。其实,任何一种数值试验方法都无法做到尽善尽美,都需要根据该方法的特点,并结合需要解决的问题的本质特征来选择,才能得到合理有效的数值试验结果。

5.2.3 常用数值模拟软件及基本功能

目前,国际上应用较多的有限元通用程序有 ANSYS、ABQUS、ADINA、MCS. PATRAN、MCS. NAS-TRAN、MCS. MARC、MIDAS 等。它们多采用类 Fortran 语言编写,不仅包含多种条件下的有限元分析程序,还带有强大的前处理和后处理程序。而比较常用的离散元程序有 PFC、UDEC 和开源的 YADE 程序等;另外,还有基于有限差分法的 FLAC 等。大多数的数值试验的通用软件都拥有良好的用户界面,使用方便、功能强大。这些软件通常具有以下几个基本功能:①都具有简单而直观的用户界面,用户可以通过编制程序或菜单操作来实现命令的输入;②具有许多计算模块,用户可以通过选择不同的模块同时进行几个物理场组合的耦合分析;③具有强大的后处理功能,方便用户根据需要提取相应的计算结果,并对计算结果进行分析。在当今强大的硬件基础的支持下,数值试验在工程校验、仿真计算、复杂工程现象的模拟等方面有着广阔的应用前景。

5.3　数值模拟试验在道路工程中的应用　>>>

本节通过各种实例向大家介绍数值试验在道路工程中的应用,主要包括两个部分的内容:第一部分是针对道路工程材料的物理特性和力学性能的数值试验,主要是利用数值试验方法来评价常用道路工程材料的某些物理力学性能,以及通过数值试验来模拟和仿真,分析某种室内试验,解释某种现象和某种特征;第二部分是针对道路工程中遇到的一些实际工程问题,说明如何利用数值试验来分析和解决这些工程问题,主要是通过数值试验方法模拟道路工程结构在实际服役条件下的受力状态,分析其力学响应和评价其力学性能,并探讨某些因素对这些性能的影响,为实际工程的施工、设计和检测提供有价值的信息。

此部分内容中提供的数值试验实例均选自于国内外的研究学者。作者将这些实例提炼出来,目的是更形象地向读者展示数值试验在道路工程中的应用效果,让读者更好地了解利用数值试验方法解决实际问题的思路。

5.3.1　道路工程材料物理特性数值试验

本节着重向大家介绍与道路工程材料物理特性相关的几个数值试验实例,其中,实例一来源于参考文献[1]和[2]、实例二来源于参考文献[3]和[4]、实例三来源于参考文献[5]。

5.3.1.1　实例一:骨料筛分数值模拟试验

骨料筛分试验是道路工程原材料的一项基本试验(实体试验如图 5-2 所示),是根据工程的实际需要,通过筛分机具(标准筛)将砂、石等骨料分选成符合设计要求的级配。该试验也可以用于确定已有骨料的级配和骨料颗粒的粗细程度。

(a)　　　　　　　　　　(b)　　　　　　　　　　(c)

图 5-2　室内骨料筛分试验

在试验室内进行骨料筛分试验是简便易行的,所以从某种意义上就骨料筛分问题来进行数值模拟试验并不能完全地体现数值试验的特点和优势。但是,对于那些需要通过反复的试验来揭示某种现象或者规律的工作,数值试验可以通过简单的参数调整来更加快捷地实现,并且具有很好的可重复性和稳定性。例如,通过数值试验,可以更加方便地探讨骨料筛分试验中筛分机的振动频率、振动幅度和振动时间对筛分结果的影响,以及更加直观地了解在筛分过程中骨料与不同规格筛网接触时的振动状态与通过情况。

图 5-3 是通过离散元法(DEM)对骨料筛分过程进行的数值模拟试验。我们从图中可以看出骨料在筛

分试验过程中通过不同大小筛网时的情况,并且可以通过提取不同筛网上残留骨料的质量来计算该骨料的级配。

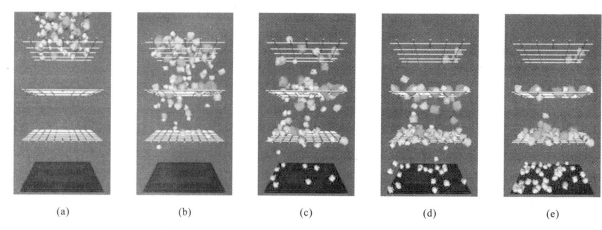

图 5-3　骨料筛分过程数值模拟试验

以上实例能够让大家认识到数值试验是如何描述和模拟一个试验过程的。整个试验过程与实体试验相似度很高,直观清楚地呈现了骨料在自重作用下下落,然后与筛网接触,经过筛网的振动而通过筛网,又落入更下一层筛网的过程。

这个实例虽然看似简单,其实包含了很多的工作,我们看到的只是程序呈现给我们的仿真结果,也只是数值试验后处理的一部分。在进行数值试验之前,要做好数值试验的前处理工作其实是很不容易也是至关重要的。以这个试验为例,首先我们需要通过实体试验了解整个试验过程,明确数值试验的目的;然后,要根据骨料、筛网的形状和尺寸以及材料属性来生成数值模型中的虚拟骨料单元和不同规格的筛网,并设置合理的参数;另外,在进行数值试验时,还需要考虑筛网的振动、骨料的重力以及骨料与筛网之间的接触等试验条件。试验中骨料的形状与大小、材料所取的参数、筛网的振动频率与幅度以及筛网与骨料的接触关系都会对试验结果有很大的影响。因此,合理地设置和考虑这些因素的影响是得到有效的数值试验结果的前提。

5.3.1.2　实例二:自密实水泥混凝土流动性数值模拟试验

水泥混凝土的流动性是指混凝土拌和物在自重或机械振捣作用下能流动并密实填充的性能。新拌混凝土的流动性较差则在浇筑过程中难以密实均匀;较好的流动性不仅有利于混凝土构件的施工,并且对混凝土硬化后的强度也有一定的影响。

自密实混凝土(Self-compacting Concrete,SCC)与普通混凝土相比具有高流动度、不离析、良好的均匀性和稳定性的特点,浇筑时无需振捣,依靠其自重流动就可以达到均匀、密实的填充效果。随着工程结构对混凝土施工技术要求的提高,越来越多的工程需要采用自密实混凝土(图 5-4)。自密实混凝土良好的施工性能能够保证混凝土在不利的浇筑条件下密实成型,避免出现因振捣不足而造成的质量缺陷,并且可简化施工工序、消除振捣造成的噪声污染,从而提高混凝土施工速度并改善施工环境。

自密实混凝土硬化后的性能与普通混凝土相似,而新拌混凝土性能则与普通混凝土相差很大。目前,对于普通混凝土拌和物,国内外主要是通过坍落度试验来评价其流动性。我国现行的《普通混凝土拌和物性能试验方法标准》(GB/T 50080—2002)规定,塑性水泥混凝土的流动性采用坍落度与坍落扩展度表示,干硬性水泥混凝土采用维勃稠度表示。坍落度与坍落扩展度试验就是将新拌混凝土分三层装入标准圆锥筒中,经过逐层插捣和抹平后,垂直提起圆锥筒,混凝土会在自重作用下向下坍落,量出坍落的高度就是所谓的坍落度。对于大流动度的混凝土,当坍落度大于 220 mm 时,应用钢尺测量混凝土向四周摊开扩展成圆面后的最大直径和最小直径,取其平均值作为坍落扩展度。而对于自密实混凝土,除了可以采用坍落度(带 J 环和不带 J 环)和坍落扩展度来评价其流动性能之外,还可以采用 V 形漏斗、L 形箱和 U 形箱等试验工具来进行测试(图 5-5)。其中,V 形漏斗试验主要是用于检测自密实混凝土流动时的抗离析性能,而 L 形箱和 U 形箱试验则可以用于评价自密实混凝土流动时通过钢筋间隙,并自行填充到箱内各个部位的能力。

 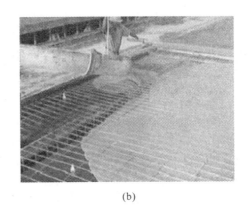

(a)　　　　　　　　　　　　　　　　　(b)

图 5-4　自密实混凝土(SCC)施工现场

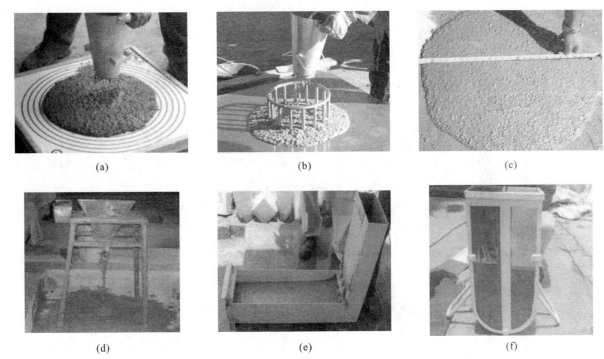

(a)　　　　　　　　　　(b)　　　　　　　　　　(c)

(d)　　　　　　　　　　(e)　　　　　　　　　　(f)

图 5-5　自密实混凝土(SCC)流动性测试方法

(a)不带 J 环的坍落度试验;(b)带 J 环的坍落度试验;(c)坍落扩展度试验;(d)V 形漏斗试验;(e)L 形箱试验;(f)U 形箱试验

由于新拌混凝土本身的非均质性,大量的试验需要耗费很多的人力、物力和时间成本,且试验结果的稳定性也得不到保证。若是能建立适当的力学模型,并借助数值分析的方法来预估试验结果,则不仅能节约试验成本,提高试验效率,还能增进对材料微观特性的了解。

根据前面介绍的常用数值试验方法,对泥浆、粒料、水泥砂浆、新拌水泥混凝土等由散体颗粒黏结或者拌和而成的混合物,DEM 具有较好的模拟和仿真效果。以下就向大家介绍一个利用 DEM 进行的 SCC 流动性能评价的数值试验。

对自密实混凝土来说,其流动性主要由其中的水泥砂浆决定,所以要对自密实混凝土的流动状态进行模拟,就必须根据室内实体试验的结果来标定数值模型中能够反映砂浆流动度的参数,这样才能将砂浆与粗骨料结合起来合理地描述自密实混凝土的流动性能。也就是说,选择合理的参数对获得与实际相符的自密实混凝土流动性能的数值模拟试验结果是至关重要的。

自密实混凝土砂浆是由细骨料、水泥、水、化学添加剂等材料混合而成的,其粒径分布为 0.1～1 mm。因为这些混合物组分之间的微观互动机制复杂,所以在进行数值试验时需要对这些材料的参数和属性进行一定的假设和简化,以提高计算效率。此数值试验中假设虚拟的砂浆单元为具有单一粒径和单一物理性质的球形颗粒。

图 5-6 和图 5-7 分别是自密实混凝土砂浆 V 形漏斗和 L 形箱数值模拟试验,反映了不同流动度和不同流动时间下自密实混凝土砂浆的流动状态。其中,砂浆流动性的差异可以通过定义不同的砂浆颗粒间的键结力(键结强度)来进行模拟。离散颗粒体间不同的键结力可以使需要模拟的砂浆表现出不同的稠度(黏度),从而实现对自密实混凝土砂浆在流动过程中的不同流动状态和流动速度的模拟。图 5-6、图 5-7 中右侧的标尺表明砂浆颗粒从 V 形漏斗和 L 形箱中下落和流出的速度,根据砂浆颗粒的下落和流出速度可以基本判断出砂浆的流动度大小。

根据上述砂浆流动性的数值模拟试验,可以在加入粗骨料的情况来进行自密实混凝土的流动性能的数值模拟。在数值试验中,粗骨料采用粒径不同,但具有单一物理性质的球形单元,定义骨料级配为正态分布,并且只考虑未能通过 4# 标准筛的骨料为粗骨料。如图 5-8 所示为颗粒间具有不同键结力(0.02 N 和 0.002 N)时自密实混凝土流动度的数值模拟试验。当组成自密实混凝土的颗粒间的键结力较大时(0.02 N),新拌混凝土的流动性相对较小且更加黏稠,在从 V 形漏斗下落的过程中更容易黏结成团。另外,对应不同下落时间的结果,可以看出颗粒键结力对新拌混凝土的下落速度也有影响,键结力越大,下落速度越慢;键结力越小,则颗粒下落速度越快。

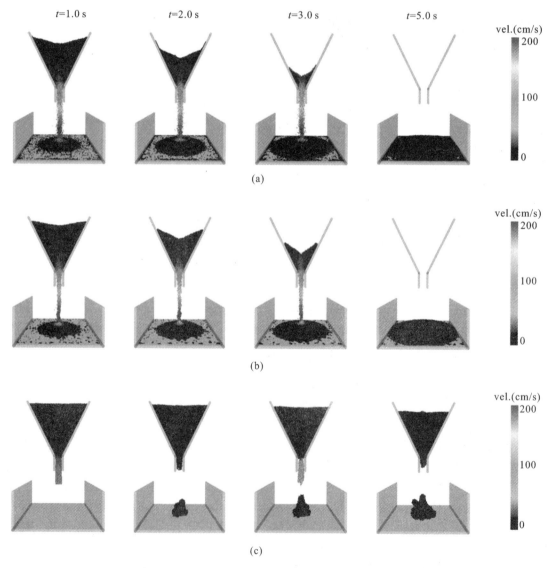

图 5-6 自密实混凝土砂浆流动度 V 形漏斗数值模拟试验

(a)砂浆颗粒间键结力为 0.001 N;(b)砂浆颗粒间键结力为 0.01 N;(c)砂浆颗粒间键结力为 0.1 N

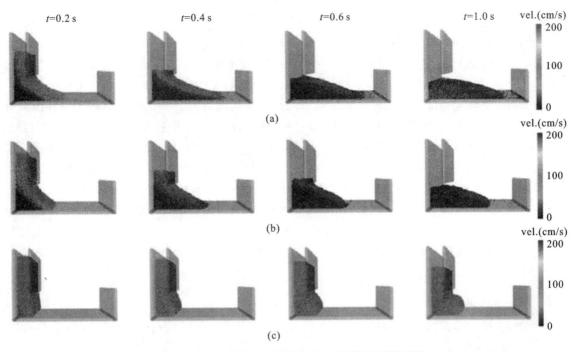

图 5-7 自密实混凝土砂浆流动度 L 形箱数值模拟试验

(a)砂浆颗粒间键结力为 0.001 N；(b)砂浆颗粒间键结力为 0.01 N；(c)砂浆颗粒间键结力为 0.1 N

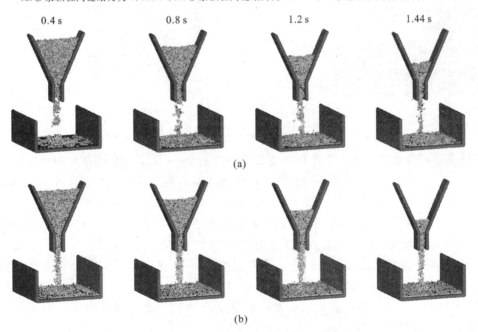

图 5-8 自密实混凝土流动性能数值模拟试验

(a)砂浆颗粒间键结力为 0.02 N；(b)砂浆颗粒间键结力为 0.002 N

5.3.1.3 实例三：沥青混合料旋转压实成型数值模拟试验

在进行沥青混合料室内试验时，常常需要根据设计方法和试验要求选取不同的沥青混合料试件成型方法。在进行沥青混合料配合比设计和相关性能试验时，通常采用马歇尔击实成型法和旋转压实成型法；在进行沥青混合料车辙试验时，通常采用轮碾成型法和振动压实成型法。

不同的成型方法对成型后的沥青混合料的均匀性、孔隙率、孔隙分布状况、密实度、透水性等物理力学性能都有不同程度的影响，同时试验结果也会受到影响。因此，了解不同成型方法对沥青混合料基本物理力学性能的影响对合理使用成型方法、正确对待试验结果有很重要的作用。

Superpave 沥青混合料设计方法是美国高速公路战略研究计划（Strategic Highway Research Program，

SHRP)的一个重要研究结果。Superpave 沥青混合料设计方法考虑了气候条件和预计交通荷载等因素,采用该法设计的路面抗车辙性能好、耐久性好,从而改善了路面的使用性能,延长了路面的使用寿命并降低了使用维修成本,目前已被美国大部分州认可,自 1993 年提出以来在全世界范围内被广泛采用。旋转压实仪是 Superpave 沥青混合料设计方法中最为核心的设备,用于压实成型沥青混合料试件。沥青混合料设计过程中非常重要的一环就是要能在室内较好地模拟路面铺筑现场沥青混合料的压实过程。与其他沥青混合料设计方法相比,Superpave 沥青混合料设计方法的一个重要优点就是通过 Superpave 旋转压实仪(Superpave Gyratory Compactor,SGC)成型沥青混合料试件,试件的压实成型过程可以较好地模拟压路机的现场碾压状态,成型后的沥青混合料试件与实际路面在密度、集料排列和结构组成等方面都比较接近。相比较而言,马歇尔沥青混合料设计方法和 Hveem 沥青混合料设计方法在模拟沥青混合料的现场压实方面都不够完善。同时旋转压实仪在成型沥青混合料试件过程中输出的结果可以用于监测在试件制作过程中的压实程度与混合料的压实特性,也可以应用于沥青混合料生产过程中的现场控制。因此,旋转压实仪不仅仅被应用于 Superpave 沥青混合料设计方法中,它也成为室内制作沥青混合料试件的常规压实工具之一。图 5-9 所示为旋转压实仪及其组成结构示意图。

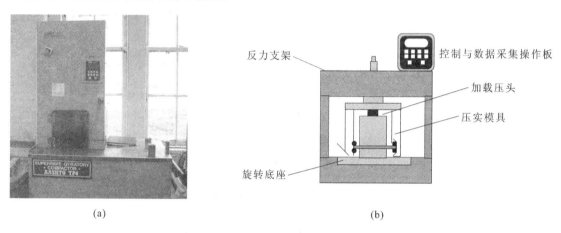

(a)   (b)

图 5-9 Superpave 旋转压实仪(SGC)及其组成结构示意图

　　旋转压实成型法就是通过旋转压实仪对沥青混合料进行旋转、挤压、揉搓的方式来成型试件的。在进行沥青混合料旋转压实试验之前,先将均匀搅拌的松散沥青混合料和钢制压实模具放入烘箱,在指定的压实温度下加热一段时间。加热完成后,先将计算好质量的松散沥青混合料倒入圆柱形的钢制压实模具之中[图 5-10(a)],然后将沥青混合料压实模具放置于旋转压实仪的试验箱中,并安放在旋转底座上[图 5-10(b)]。在压实过程中,加载系统推挤反作用力支架,通过加载压头对模具中的松散沥青混合料施加一个压实力,在此过程中测力系统会量测加载压头施加的力大小,保证在压实过程中能够对沥青混合料施加一个恒定的压实力。压实模具内沥青混合料受到旋转压实作用的影响在压实过程中同时受到两个应力的作用,一个应力是施加在沥青混合料上恒定的压实力,另一个应力是旋转过程中作用于沥青混合料的剪切应力,该剪切应力会对模具内的沥青混合料产生揉搓作用。

　　旋转压实仪可以自动施加恒定压实力,同时压实仪底座于压实开始之前,在压力轴线与混合料旋转轴线之间会产生一个有一定倾斜的压实角,试验开始后则以一定的旋转速度旋转,以此来模拟压路机对现场路面的搓揉、碾压作用。在旋转压实过程中,施加在沥青混合料上的压实效果主要由竖向旋转压实力、旋转压实倾斜角和旋转速率 3 个压实参数来控制。对于常规的 Superpave 沥青混合料设计方法,其标准的压实倾斜角为 1.25°,施加于沥青混合料上的竖向压力是 600 kPa,通常情况下的旋转速率为 30 r/min[图 5-10(c)]。旋转压实的次数则可以根据实际的交通量水平而变化。当沥青混合料试件达到指定的高度或压实到达指定的旋转次数时,旋转压实过程会自动停止。常规的旋转压实仪一般都可以制作直径为 150 mm 或 100 mm 的圆柱形沥青混合料试件[图 5-10(d)]。旋转压实仪在沥青混合料的压实过程中,会自动记录每一旋转压实次数的沥青混合料试件高度,用于估算沥青混合料在压实过程中试件的密实程度,并绘制出沥青混合料的压实曲线,对沥青混合料的压实性能进行分析。试件高度的测量主要是通过记录在压

图 5-10　旋转压实法成型沥青混合料试件

(a)加料；(b)旋转压实成型；(c)成型过程示意图；(d)成型后的试件

实过程中加载压头的高度实现。通过分析旋转压实次数与沥青混合料试件高度的关系，可以对沥青混合料体积特性进行评价，并可以了解沥青混合料的压实性能。

由于室内沥青混合料压实方法在制作沥青混合料试件时耗时较长，需要耗费大量的人力、物力和财力，且在模拟现场路面压实状况时仍存在一些不足或难以克服的问题，一些研究学者开始尝试使用一些更为简单有效的方法来研究和分析沥青混合料的压实问题。通过离散元法对沥青混合料这种散体混合物的成型方法进行模拟是目前较为常用的数值试验手段。在沥青混合料压实过程中，混合料处于较高温度环境，且较为松散，其骨料之间存在相互滑动、翻滚等较大位移的运动，此时的沥青混合料是较为典型的非连续介质材料，而离散单元法在处理非连续介质材料大变形问题上具有与生俱来的优势，因此，离散单元法更加适用于松散沥青混合料的分析研究。与其他数值模拟方法相比，离散元法能更好地模拟沥青混合料的压实成型过程。

图 5-11 所示是利用离散元进行的沥青混合料旋转压实成型方法的数值模拟试验。试验中根据沥青混合料的实际级配生成了不同大小的散体颗粒，并将这些散体颗粒通过 V 形漏斗加入到成型试件的试模当中，然后模拟实体试验中通过旋转压实仪成型沥青混合料试件的整个过程。沥青混合料中一定粒径范围内集料的尺寸、空间位置等具有不确定性，在离散元数值模拟的建模过程假定在特定粒径范围和空间范围内集料的大小尺寸和几何位置符合随机分布的特点。沥青混合料旋转压实的离散元数值模拟过程及步骤可以大体总结为以下几部分：

① 生成沥青混合料圆柱形压实模具及漏斗[图 5-11(a)]；

② 根据骨料级配曲线计算每一级配区域内的集料颗粒数目；

③ 在特定的空间内随机生成集料颗粒，包括集料颗粒的尺寸和空间位置[图 5-11(b)]；

④ 集料颗粒在重力作用下自由下落至试模的模型中，逐渐密实直到所有颗粒达到稳定状态[图 5-11(c)、(d)]；

⑤ 生成旋转压力板，然后在恒定的压力和旋转速率下压实试模中的松散沥青混合料[图 5-11(e)、(f)]；

⑥ 在沥青混合料虚拟压实过程中，记录并输出指定时间下旋转压力板及集料颗粒的几何位置等信息用于分析；

⑦ 根据离散元数值模拟过程中输出的旋转压力板及集料颗粒的几何位置等数据计算沥青混合料的整

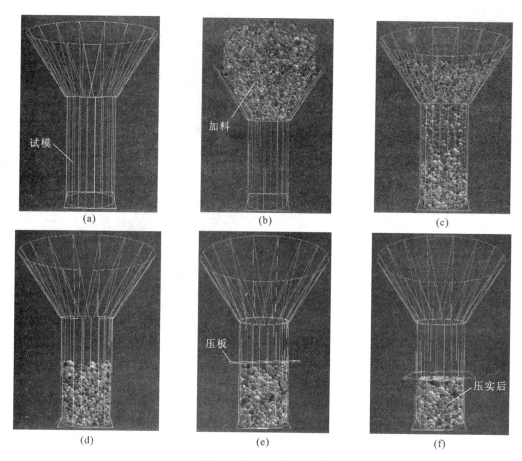

图 5-11 沥青混合料旋转压实成型数值模拟试验

体孔隙率和分层孔隙率。

通过离散元数值模拟试验成型然后经切割、取芯处理后的沥青混合料虚拟数值试件如图 5-12 所示。根据上述数值试验得到的相关数据(孔隙率等),这些虚拟试件又可以用于模拟其他的室内实体试验。这也体现了数值模拟试验的特点和一大优势。

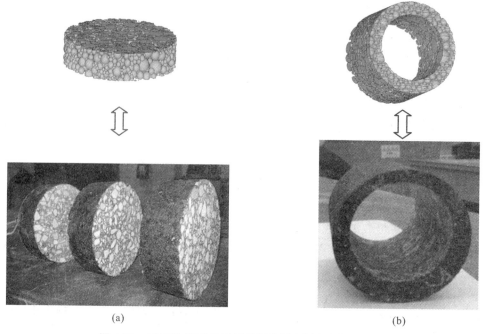

图 5-12 经切割、取芯处理后的沥青混合料虚拟数值试件

(a)切割后的圆饼形试件;(b)取芯后的环形试件

沥青混合料试件由于在成型过程中孔隙分布状况的不同而会表现出截然不同的物理力学性能,如密实度、孔隙间隔系数和连通孔隙率等;并且,这种孔隙分布状况的不同会引起从这些成型试件不同部位切割或取芯得到的用于其他试验的试件的物理力学性能的差异,从而增加其他相关试验结果的离散性。因此,通过数值试验方法不仅可以对成型后试件的孔隙分布状况进行分析,还可以对沥青混合料旋转压实中的一些相关压实因素进行敏感性分析,讨论各种因素对沥青混合料旋转压实过程的影响,如骨料形状和级配、旋转压实次数、旋转角度及压实温度等。这对于帮助指导沥青混合料设计具有巨大的潜在价值,可以大大地降低进行室内压实试验的工作量,提高试验效率,节约人力、物力及试验时间。

5.3.2 道路工程材料力学性能数值模拟试验

对于某种工程材料,我们往往需要根据它在实际工程中的受力状态,通过各种室内和现场试验去了解这种材料在不同应力状态下的力学性能。通常情况下,一个试验方法可以测试这种材料在某一特定应力状态下的某些性能参数。例如,传统的三轴试验可以用来测试材料在一定轴向应力和围压作用下的力学响应,而弯曲拉伸试验则能够反映材料在拉伸应力作用下的力学行为。实际上,在实际的道路结构中,这几种应力状态都存在。这些材料在实际道路中的受力状态难以用其中任何一种室内小尺寸的实体试验加以模拟,而大尺寸或足尺试验又费时费力,而且重复性差。因此,目前道路工程材料试验方法最关键的问题就是如何利用和结合这些不同的试验方法去分析和预测这些材料在复杂应力状态下的工程特性。而对于那些处于复杂应力状态下的材料的力学行为,数值模拟试验具有其先天优势,为解决这类问题开辟了新的途径。

5.3.2.1 实例一:抗压强度数值模拟试验

抗压强度是材料在无侧限条件下受轴向压力作用破坏时单位面积所承受的荷载。抗压强度是道路工程面层和基层材料力学性能最重要的评价指标之一,是从事道路工程设计、研究、施工和检测等工作时需要考虑的最基本力学参数指标。

抗压强度试验通常是将试件放在压力机的上、下压板之间通过一定的加载速率进行加压,直至试件被压坏(图5-13)或是失去进一步抵抗荷载的能力,记录试件破坏时的极限压力值,然后便可计算得到试件的抗压强度。在进行抗压强度试验时,加载速率、加载方式、试件的约束状态和试件的尺寸效应等因素都会对试验结果有一定的影响。

图 5-13　抗压强度试验中试件的破坏形态

在抗压强度试验中,混凝土的破坏形态与试件两端的约束条件有很大关系。这些规律和影响可以通过进行大量的实体试验来寻找和发现,但是对于重复性较强的试验,因为试验设备、试验条件、试件的差异以及材料特性的不同所得到的试验结果离散性比较大,而且对于混凝土这种脆性材料,从裂缝开展到最后完全破坏的过程时间很短,所以通过实体试验有时难以清楚地观察到试件在加载受力直至破坏的整个变化过程。数值模拟试验则可以弥补实体试验稳定性和重复性不足的缺点,并且可以更加方便、直观地呈现出试验中试件的裂缝扩展和破坏的整个形态。

利用数值模拟试验可以了解工程材料在不同加载模式、不同荷载类型、不同约束条件、不同材料属性等情况下的破坏特征和破坏过程(资料来源于参考文献[6])。如图5-14所示为混凝土试件在拉伸和压缩荷载模式下的典型破坏形态。从图中可以看出,虽然都是轴向加载,但是不同加载方式下试件的破坏形态和破坏时的荷载大小各不相同。

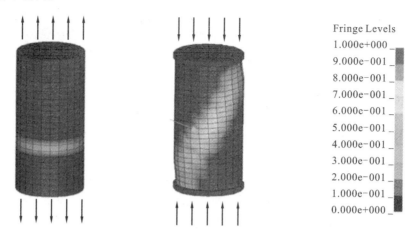

Fringe Levels

1.000e+000
9.000e-001
8.000e-001
7.000e-001
6.000e-001
5.000e-001
4.000e-001
3.000e-001
2.000e-001
1.000e-001
0.000e+000

图 5-14　不同加载方式下的抗压强度数值试验

众所周知,在进行抗压强度试验时,试件上、下两端的约束方式不仅会对试验结果有很大的影响,同时也会使试件的破坏形态有所不同。对于只有一端约束的试件,在其破坏时,试件中部通常会出现一条斜向的成对角分布的剪切破坏带;而对于两端均不被约束的试件,在其破坏时,试件会出现沿中轴线开裂和破坏的情况。这种情况在实体试验时往往不会出现,但是却能反映约束条件对试件破坏形态的影响。

下面以抗压强度试验时试件上、下两端不同的约束方式为例来说明如何利用数值模拟试验探讨不同约束方式对试件破坏形态的影响。

(1)两端均约束。

图 5-15 为混凝土抗压强度试验中圆柱体试件在两端均约束住时的变形和内部破坏情况。其中,图 5-15(a)、(b)、(c)是从试件中部将试件切开后的剖面图情况,图 5-15(d)是从试件外部直接观看时呈现的结果。我们可以清楚地看出,随着加载时间的增长,试件中的损伤(破坏)面积逐渐增大并连通成明显的破坏带。

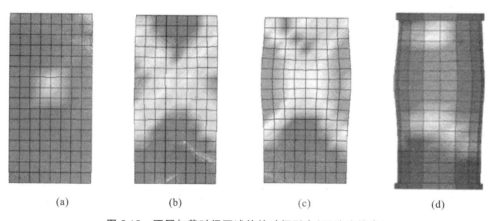

(a)　　　　　(b)　　　　　(c)　　　　　(d)

图 5-15　不同加载时间下试件的破坏形态(两端均约束)

(a)400 ms;(b)1 s;(c)3 s;(d)3 s(外部)

从图 5-16 中加载时间为 1.5 s 时试件的破坏形态可以看出,对于两端固定(限制了试件端部的转动和侧向滑移)的试件,在其破坏时试件中部会出现类似 X 形的破坏带(从侧面看则会呈现类似 O 形的破坏带);由于摩擦约束力对试件端部的限制作用,试件中部会产生明显的侧向挤出变形。

(2)两端均不约束。

与两端固定的情况不同,若试件两端均不施加约束,即不限制试件两端的移动和转动,试件破坏时会出现明显的斜向剪切破坏带,如图 5-17 所示,这与试验室内的实体试验所观察到的结果相似。

同样,对于硬化后的混凝土也可以利用离散元法进行抗压强度试验的数值模拟。试验中需要采用大量的散体颗粒黏结起来生成虚拟试件模型,并通过定义颗粒间的接触准则和接触力来描述由这些颗粒所组成的整体结构在荷载作用下的变形特征。整体结构的变形是由组成这个整体结构的颗粒的相互作用而产生位移来实现的,也就是通过颗粒在力的作用下的转动和移动来反映试验时试件出现的变形和破坏情况。

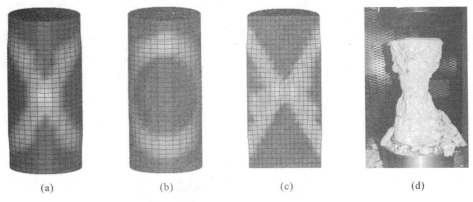

(a)　　　　　　　　(b)　　　　　　　　(c)　　　　　　　　(d)

图 5-16　两端固定(约束)时试件的破坏形态(加载时间为 1.5 s 时)

(a)X 形破坏带;(b)O 形破坏带;(c)剖面图;(d)实体试验

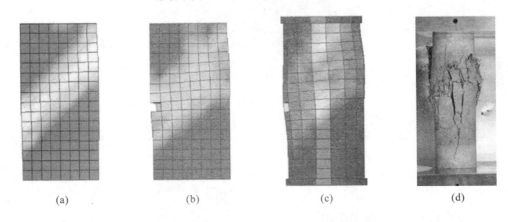

(a)　　　　　　　　(b)　　　　　　　　(c)　　　　　　　　(d)

图 5-17　两端均不约束时试件的破坏形态

(a)400 ms;(b)1 s;(c)3 s;(d)实体试验

　　如图 5-18 所示是通过离散元法进行脆性材料抗压强度试验的三维数值模拟(资料来源于参考文献[7])。该模型中采用的散体颗粒具有同样的大小,并且考虑了颗粒间的转动与滑动刚度。组成该模型的三维散体颗粒具有 6 个自由度,相邻的散体颗粒间通过弹簧单元黏结以传递颗粒间的相互作用力。从图中可以看出,在轴向压应力的作用下,颗粒之间产生了滑移和滚动。颗粒的颜色反映了它的竖向位移大小。从图中可以看出,试件的破坏形式为典型的脆性材料的受压破坏,与实体试验中试件的破坏形态相似。因为在试验室进行实体试验时脆性材料试件的破坏非常迅速,难以清楚地观察到试件的整个破坏过程,所以可以通过数值试验来模拟整个试验过程,了解试件在整个过程中的变形和破坏形态。

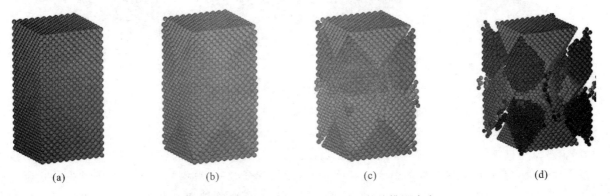

(a)　　　　　　　　(b)　　　　　　　　(c)　　　　　　　　(d)

图 5-18　脆性材料单轴受压破坏过程数值模拟试验

5.3.2.2　实例二:半圆弯拉数值模拟试验

半圆弯拉试验(Semi-circular Bending Test,SCB 试验)是源于美国和欧洲的一种试验方法,目前是评价道路工程材料在荷载作用下的拉伸强度、抗断裂性能和疲劳性能的一种常用试验方法。由于该试验方法能够很好地反映道路工程材料的实际受力特点,因此也被广泛用于研究道路工程材料在不同荷载类型作用下的裂缝扩展规律和损伤破坏特征。

半圆弯拉试验及其装置示意图如图 5-19 所示。半圆弯拉试验的典型试验装置包括半圆试件底部边缘的两个支撑滚轴与半圆弧中点位置处的一个加载滚轴。在进行半圆弯拉试验时,首先将试件置于底部滚轴支座上,然后通过上部的加载装置在试件中部加载,施加荷载的形式可以根据需要研究的性能和反映的实际工况来进行设置。

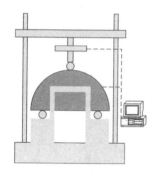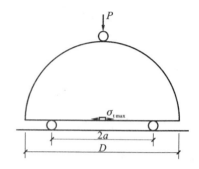

图 5-19　半圆弯拉(SCB)试验

半圆弯拉试验主要是通过在荷载作用下试件底部中间位置受到的拉应力和传感器测试得到的拉应变来分析其各种性能的。试验时,试件底部中间位置受到的最大拉应力可以按照式(5-1)计算得到(参考文献[8]和[9]):

$$\sigma_{\mathrm{tmax}} = 3.564\,\frac{P_{\mathrm{ult}}}{DT} \tag{5-1}$$

式中　σ_{tmax}——试件底部中间位置的最大拉应力,MPa;

　　　P_{ult}——试件受到的峰值荷载,N;

　　　T——试件的厚度,mm;

　　　D——试件的直径,mm。

在制作半圆弯拉试验试件时,首先可以通过旋转压实仪成型直径为 150 mm、高为 150 mm,或者直径为 100 mm、高为 150 mm 的圆柱体试件,然后用电锯切割成直径为 100 mm 或 150 mm,厚度为 30~50 mm 的圆饼形试件,再将其从中间切成两半,从而得到半圆弯拉试验所需的半圆形试件,如图 5-20 所示。

图 5-20　半圆弯拉试验试件的制作

图 5-21 为利用有限元法进行半圆弯拉数值模拟试验的整体分析模型(带切口)与试件受到的最大主应力分布情况(资料来源于文献[10])。试验中采用 1 mm 宽的黏结单元来模拟材料的开裂过程(在试件切口的上方)。从图中的不同裂纹扩展时期半圆弯拉试件受到的最大主应力分布情况来看,当试件底部的拉应力超过了模拟裂缝扩展的黏结单元的最大抗拉强度时,试件就会脱开(开裂),裂缝的开展首先是从试件底部的切槽尖端开始的,然后在荷载的作用下黏结单元持续脱开而使裂缝逐渐向上发展,最终使得试件完全断裂。

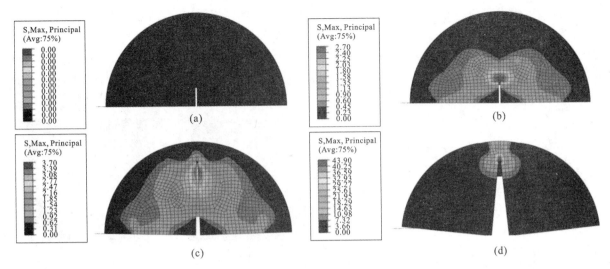

图 5-21 不同裂缝开展时期的试件最大主应力分布

半圆弯拉试件在 3 点加载条件下的受力状态非常复杂,通过经典弹塑性力学理论的方法求解是很困难的。图 5-22 是试件在 1 kN 和 2 kN 压应力作用下的 Von Mises 应力分布情况。Von Mises 应力是一种等效应力,它用应力等值线来表示模型内部的应力分布情况,可以清晰地描述出一种结果在整个模型中的变化,从而使分析人员可以快速地确定模型中的受力危险区域。图 5-22 中灰色的区域表示该处的应力已经超过了典型沥青混合料的屈服强度(此次数值试验取为 3.0 MPa),即试件在这些位置已经进入了塑性状态。塑性破坏区域主要集中在几个应力集中的位置,如试件切口处裂缝产生的尖端位置,受载位置和支座附近的区域;并且这些塑性区会随着荷载的增加而逐渐扩大,最后连接成大范围的塑性区。

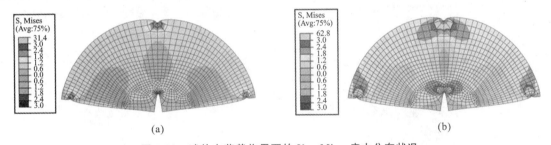

图 5-22 试件在荷载作用下的 Von Mises 应力分布状况

(a)1 kN 压应力作用下;(b)2 kN 压应力作用下

从上面的数值试验结果可以清楚地看到在半圆弯拉试验过程中试件在不同状态时应力分布和塑性区的扩展情况,而这些在试验室的实体试验(图 5-23)中是观察不到的。因此,在利用半圆弯拉试验对材料的力学性能进行分析时,将室内实体试验和数值模拟试验结合起来能够获得更加全面的信息。

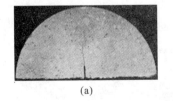  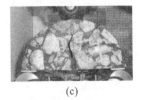

图 5-23 SCB 实体试验中试件典型破坏模式

5.3.2.3 实例三:间接拉伸数值模拟试验

虽然压缩试验比拉伸试验可操作性更强,效率更高,但是道路材料(沥青混合料、水泥混凝土和基层材料)在拉伸状态下的力学行为仍然是许多研究学者致力研究的对象。这是因为拉伸状态能更好地反映路面材料的实际受力特点,对道路的使用性能具有至关重要的作用。在这样的背景下,1992 年 Buttlar 和 Roque 提出了基于Superpave设计理念的间接拉伸试验(参考文献[11])。该试验方法曾在美国 SHRP 计划中被广泛用以测试沥青混合料的泊松比、蠕变柔量、回弹模量和劈裂拉伸强度等性能(参考文献[12])。

间接拉伸试验(Indirect Tension Test,IDT 试验)也可称为劈裂拉伸试验、圆盘劈裂试验和巴西圆盘试验,是对圆柱形(或圆饼形)试件沿直径方向施加竖向压应力,在该压应力作用下,试件中心部位会产生较为均匀的拉应力,当拉应力超过试件的拉伸强度(劈裂强度)时试件就会破坏,图 5-24 所示为沥青混合料间接拉伸试验的受力状态和实体试验的情况。因为该试验方法可操作性强,而且测试得到的试件性能指标是在拉应力的状态下得到的,所以它是目前世界范围内被认可的用于测试道路材料拉伸性能的试验方法。

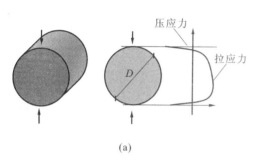 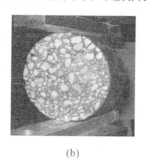 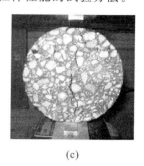

(a)　　　　　　　　　　　　(b)　　　　　　　　　　　(c)

图 5-24　沥青混合料间接拉伸试验

(a)试件受力示意图;(b)试验中;(c)破坏的试件

间接拉伸试验中试件所处的应力状态极为复杂,使得测试结果更为复杂,难以计算。目前,间接拉伸试件的力学计算主要是根据大量试验和力学计算所提出的经验公式。因为计算结果的误差无法估量,所以间接拉伸试验还只能用于定性地评价道路材料的相关性能,所得的材料性能指标还不能作为有效的输入参数用于道路的设计当中。而利用数值模拟技术可以比较简单地得到间接拉伸试验时试件的受力状态。

图 5-25 所示是根据基于有限差分法的商业软件 FLAC³ᴰ建立的三维 IDT 试验数值分析模型(资料来源于文献[13]),模型模拟的试件尺寸为直径 50 mm,厚度 25 mm。为了简化计算,假设试件的材料是各向同性和线性弹性的,材料的属性参数为弹性模量 $E=50$ GPa,泊松比 $\mu=0.24$,密度 $\rho=2.70$ g/cm³。

 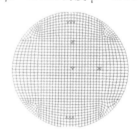

图 5-25　三维 IDT 数值试验模型

试验时,将竖向的均布荷载施加在试件的两端,同时将试件两端荷载作用位置处的节点的 X 和 Y 方向的位移约束住,只允许这些节点产生 Z 方向(竖向)的位移。如图 5-26 和图 5-27 所示分别为 IDT 数值试验在 $Y=1.0$ mm(试件表面区域)和 $Y=12.5$ mm(试件厚度的一半)时,试件的拉应力和拉应变结果。

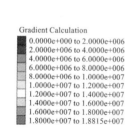 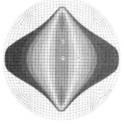 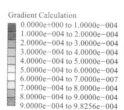 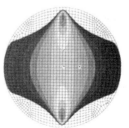

图 5-26　试件的拉应力和拉应变结果($Y=1.0$ mm)

(a)拉应力;(b)拉应变

从以上的数值试验结果可以清楚地看出,在试件两端受到压应力的作用时试件中部会出现明显的拉应力区。这一结果与实体试验和力学计算得到的结果相一致。

另外,利用有限单元法进行的间接拉伸数值模拟试验也可以得到与上面所介绍的利用有限差分法进行

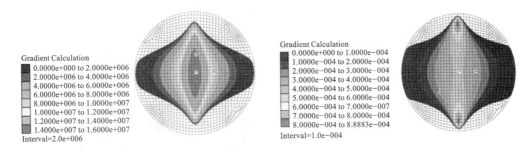

图 5-27　试件的拉应力和拉应变结果($Y=12.5$ mm)

(a)拉应力；(b)拉应变

的数值试验相似的试验结果。

从图 5-28 可以看出，由于加载头对试件端部的约束作用，试件两端会有小部分区域受到压应力的作用，并且在靠近试件表面的区域会出现明显的应力集中现象，而在靠近试件厚度的中间位置，这种应力集中现象则不明显。总的来说，试件中部还是受到比较均匀的拉应力的作用。

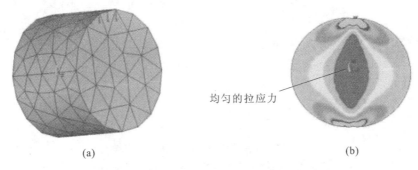

均匀的拉应力

(a)　　　　　　　　　　　　(b)

图 5-28　利用有限单元法进行的 IDT 数值试验

(a)整体模型；(b)应力分布云图

正是因为间接拉伸试验时试件在其中部受到了较为均匀的拉应力的作用，所以在实验室内通过间接拉伸试验方法进行沥青混合料的回弹模量和蠕变试验时，是在试件的中心部位安装竖向和水平向的位移传感器，以获得试件在荷载作用下的压缩变形和较为均匀的拉伸变形，如图 5-29 所示。

(a)　　　　　　　　　　　　(b)

图 5-29　IDT 模式下的沥青混合料实体试验

(a)试件正面；(b)试件侧面

因为间接拉伸试验为轴对称问题，所以也可以建立如图 5-30 所示的 1/2 模型来进行分析，所得到的试验结果也是关于对称轴对称的。如图 5-30 所示为试件在不同加载时间时应力场的分布情况(资料来源于参考文献[14])。

(1)当试验加载到 t_1 时刻时，试件中部受到了非常明显的拉应力的作用，而试件的上、下两端与荷载接触的位置则受到了压应力和剪应力的作用。

(2)当试验加载到 t_2 时刻时，试件在拉应力的作用下还没有破坏，但是试件两端在剪应力的作用下出现了明显的形变。

(3)当试验加载到 t_3 时刻时，由于试件已经在拉应力作用下产生破坏(被劈开)，因此试件中部不再有拉应力作用，此时试件出现很大的侧向变形。

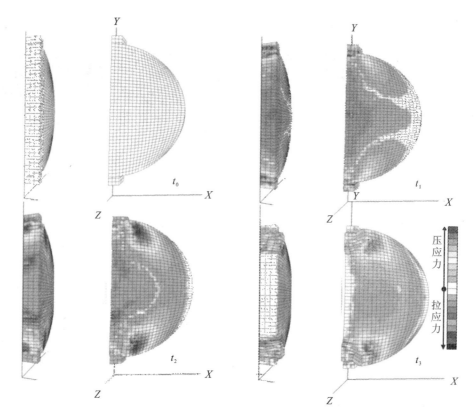

图 5-30   间接拉伸试验中试件受力状态

图 5-31 所示是通过位移非连续边界元法结合数值图像处理技术对半圆弯拉和间接拉伸试验中试件裂缝的扩展规律和模式进行的数值模拟(资料来源于参考文献[15])。这些数值模拟的结果可以让我们得到很多在实体试验中难以观察到的现象,能够为进一步的理论分析提供支持。

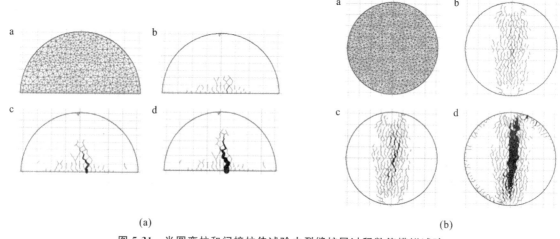

                    (a)   (b)

图 5-31   半圆弯拉和间接拉伸试验中裂缝扩展过程数值模拟试验

(a)半圆弯拉;(b)间接拉伸

根据以上的半圆弯拉和间接拉伸数值模拟试验,不仅可以清楚地了解在弯曲拉伸、劈裂拉伸条件下试件的受力、变形以及裂缝扩展情况,还可以分析不同粒径、不同加载速率、不同试件尺寸和不同荷载类型等因素对试验结果的影响,并且可以认识到试验中试件裂缝形成和破坏的动态过程(随时间的变化规律)。通过数值试验所预测的裂缝扩展规律和模式与实体试验的结果相似,表明数值试验能够有效地模拟裂缝的扩展,可以用于从微观上探求试验时试件裂缝扩展和破坏的规律,并根据数值试验结果通过断裂理论的方法分析其抵抗拉裂破坏的性能。

综上所述,数值模拟试验可以让我们看到很多在实体试验中难以观察到的现象,得到很多实体试验难以获取的信息,能够为更好地理解实体试验和进一步的理论分析提供更多的支持。

5.3.2.4 实例四：车辙数值模拟试验

随着高速公路在我国的大规模修建，沥青路面的使用性能越来越受到重视。车辙主要产生于高温时沥青混合料的永久变形，是沥青路面的主要病害之一。它不仅降低了路面的使用寿命，还严重影响着行车安全。车辙试验是目前国内外用于评价沥青混合料高温稳定性能最简单、最直接的方法。

车辙试验通常是通过移动的车轮荷载在板块状试件上做往复运动，使试块在车轮的重复荷载作用下产生压密、剪切、推移和流动，从而产生车辙（竖向永久变形）。室内车辙试验是一种工程试验方法，试验结果可用于建立经验公式来预测沥青路面的车辙深度，或用于检测沥青混合料的抗车辙能力。车辙试验最大的特点是能够充分模拟沥青路面上车轮行驶的实际情况，在用于试验研究时，还可以改变试验温度，荷载大小、试件厚度、尺寸、成型方法等，从而了解各种因素变化对车辙变形的影响。目前，世界上广泛采用的是室内小型往复式车辙试验（图5-32）。虽然车辙试验机的种类繁多，但是其机械原理和加载特点基本相似，只是在使用的试件形状和大小、加载速度以及加载轮的设计等方面稍有不同。相比于大尺寸和全尺寸的车辙试验，室内的小尺寸车辙试验具有试件成型简单、试验可操作性强、结果稳定、可重复性强、试验周期短等特点。

图 5-32 车辙试验机和试验后的试件

因为沥青混合料是一种时间相关性的工程材料，即加载时间的长短对其工程性质有着很重要的影响，所以车辙试验时的加载速率（加载轮的移动速率）会直接影响试件的受载时间，在同样的加载循环次数下，加载速率快，则试件受载时间相对较短，试件车辙深度也较小。另外，相对于汽车车轮的尺寸，实际道路路面的宽度和厚度是非常大的，为了能够更加合理地模拟实际情况，车辙试验时车轮和试件的相对尺寸、车轮的荷载大小等都会对试验结果造成影响。

图5-33所示是根据有限元法进行的车辙数值模拟试验的整体分析模型。该数值模拟试验是以目前国内外使用最为广泛的沥青路面分析仪（Asphalt Pavement Analyzer，APA）的车辙试验为原型来进行的，主要目的是讨论加载轮的加载速率、荷载大小和试件尺寸对车辙试验结果的影响（资料来源于参考文献[16]）。

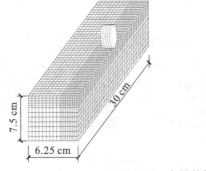
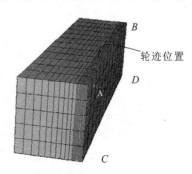

图 5-33 车辙数值模拟试验分析模型

根据数值试验结果,对于同样的加载循环次数,沥青混合料试件的车辙深度会随着加载速率的增大而减少,随着加载速率的降低而增大(图5-34)。这一点与实际沥青混凝土路面的情况相似,即对于同样的车辆,若行驶速度较慢,则其对路面造成的车辙损害更加明显。同样,数值试验结果表明荷载的大小也对车辙的深度有一定的影响。在同样的加载时间下,较大荷载作用下试件的车辙深度也较大,所以在实际道路上,重载交通也是造成沥青混凝土路面车辙破坏的主要因素之一。

另外,通过对比不同工况下的试验结果,还可以找出各个影响因素之间的相互关系,在此不再赘述。

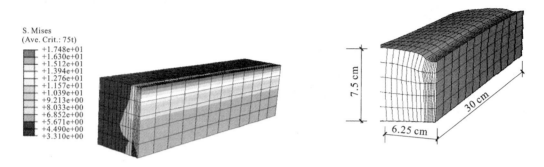

图 5-34　200 次加载循环后试件的应力分布图

5.3.2.5　实例五:粒状材料及混合料数值模拟试验

图5-35是一组通过离散元法对粒状材料或混合料的数值模拟试验,其中包括沥青混合料间接拉伸试验、沥青混合料三轴压缩试验、沥青混合料弯曲拉伸试验、路基压实试验和现场贯入试验。模型中采用了多边形和圆形颗粒单元来模拟粒状材料中的骨料,通过定义颗粒之间的黏结力来反映模型在外力的作用下抵抗变形的强度特征。试验结果表明离散元对这些试验有很好的模拟效果,试验过程与实际情况非常相似。

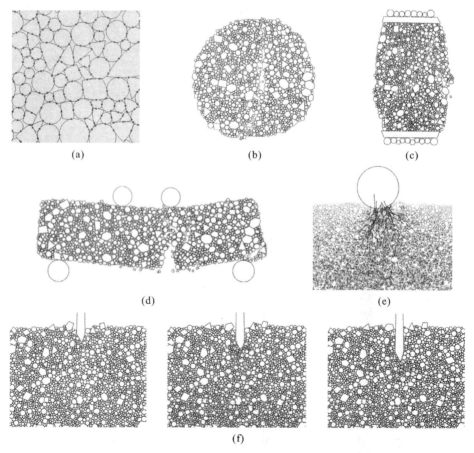

图 5-35　粒状材料或混合料的离散元数值模拟试验

(a)颗粒之间的黏结;(b)间接拉伸试验;(c)三轴压缩试验;(d)四点梁弯曲拉伸试验;(e)压实试验;(f)现场贯入试验

通过以上的实例,我们可以看出利用离散元法模拟散体颗粒或由散体颗粒混合而成的材料的诸多优点。许多在道路工程中常用的粒状颗粒材料的数值试验均可以通过离散元数值模拟技术来实现。因为对于这些材料,如果采用连续介质模型通过有限元法去进行数值试验,则不得不考虑模型单元受到的拉应力和拉应变,然而散体和粒状颗粒材料通常不具有抵抗拉应力和拉应变的能力。因此,用有限元数值模拟技术去实现对散体和粒状颗粒材料的模拟会比较复杂和难以实现。而通过离散元数值模拟技术,材料的拉伸变形就是几个颗粒在一定的应力作用下相互分离的过程,这在离散元模拟技术中可以很自然地实现,所以模拟这类问题会比较简单而且逼真。

5.3.3 道路典型工程问题数值模拟试验

许多工程中遇到的实际问题都可转化为在给定边界条件下求解其控制方程的数学问题,但能用解析方法求出精确解的只是方程性质比较简单,且边界条件相当规则的少数问题。然而,对于大多数的工程问题,研究物体的几何形状较复杂或者其某些特征是非线性的,再者,工程材料本身的特性也比较复杂和多样,所以很少可直接获得问题的解析解。目前用于解决这些问题的途径主要有(参考文献[17]):①假设和简化,即通过对研究问题在假设的条件下进行适当的简化,可以比较简单地获得问题的解,但是假设和简化只在有限的情况可行,过多的简化将可能导致不正确,甚至错误的结果。②借助计算机来获得满足工程要求的数值解,这就是数值模拟技术。

道路工程具有比较复杂的结构形式和材料特性,在实际工程中遇到的很多问题都无法利用力学计算或者实体试验的方法进行求解和分析,而数值试验技术为这些问题的解决提供了一种有效的途径。

前面介绍了道路工程材料的一些基本物理力学试验和测试方法的数值模拟,主要是在考虑材料本身物理力学特性的基础上通过数值分析的方法来探明该材料在某种状态下的表现和力学响应,从而了解这种材料在实际工程中的工作状态和可能出现的问题。这些分析更多的是针对不同试验条件下材料的某种物理力学特性,并从微观结构特征上对材料的这些物理力学特性和在实际工程中可能出现的问题进行解释。而对于道路工程结构,其使用功能和力学性能不仅与组成它的材料特性有关,还与其结构特征、受力状态和服役环境等因素相关。所以研究道路工程结构问题不仅要反映其材料特性,还需要考虑其所处的实际环境。

道路工程常见的问题有:沥青混凝土路面车辙、沥青混凝土路面在车辆荷载作用下的动态力学响应、道路结构在温度变化下的受力和变形特征、道路结构的疲劳破坏特征、道路结构裂缝的产生与发展规律、道路路基的加固与沉降机理、道路边坡的稳定性分析等。本节将通过实例着重向大家介绍数值模拟技术在处理和分析道路工程常见问题中的应用效果。其中,实例一、实例二和实例三均选自于参考文献[18];实例四选自参考文献[19];实例五选自参考文献[20]和[21];实例六选自参考文献[22];实例七选自参考文献[23]。

5.3.3.1 实例一:道路结构在车辆荷载作用下的变形特征

(1)问题描述。

某典型沥青混凝土路面(表 5-1),路面总厚度为 69 cm,在路面顶面作用标准行车荷载,即对路面的垂直压力为 0.7 MPa,分析在行车荷载作用下该道路路面的变形特征(模型深度取 3 m,宽度取 6 m)。

表 5-1　　　　　　　　　　　　　　沥青混凝土路面结构及厚度

结构层	材料名称	厚度/cm
表面层	沥青玛琋脂 SMA	4
中面层	沥青混凝土 AC20	6
下面层	沥青稳定碎石 ATB	24
上基层	级配碎石 GM	15
下基层	水泥稳定碎石 CTB	20
土基	压实 SG	—

（2）试验目的。

通过数值模拟技术对车辆荷载作用下的典型道路结构进行模拟分析，了解道路结构在荷载作用下的变形特征。

（3）注意事项。

对于这样一个问题，数值模拟试验的基本思路和需要注意的问题如下：

① 通过简单的力学分析，判断该问题可以简化为平面应变问题，可以建立二维的分析模型。

② 根据实际道路结构尺寸建立相应的整体分析模型；根据结构和荷载的对称性，可取整体分析模型也可以根据对称轴取模型的 1/2 进行分析（图 5-36）。

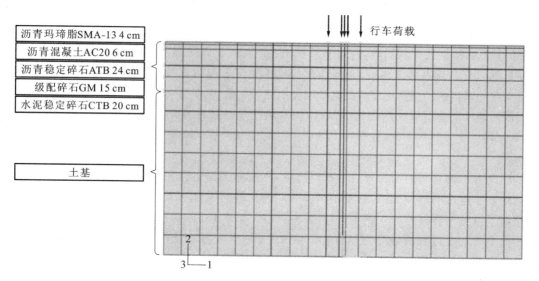

图 5-36　沥青混凝土道路结构整体分析模型

③ 对于道路不同结构层，需要根据每层材料的特性，采用不同的单元、材料属性和本构关系（应力-应变关系）来描述这些材料在荷载作用下的变形特征；所选用的单元、材料参数和本构关系必须要能够反映实际材料的力学特性或与实际材料具有相似的力学特性。

④ 根据实际情况对模型施加约束条件，分析模型需要取得足够的宽度和深度，以减小约束条件对试验结果的影响。本次数值模拟试验需要对模型两侧面分别施加水平向的约束，底部施加竖向的约束。

⑤ 对模型施加与实际情况相似的荷载，可以根据需要对荷载进行适当的假设或简化。

⑥ 对模型求解后提取需要的结果进行分析（图 5-37），以确定该次数值试验的有效性。

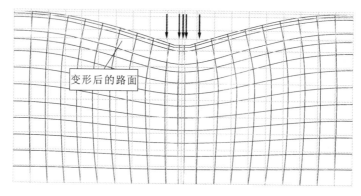

图 5-37　数值试验后的路面变形情况

5.3.3.2　实例二：沥青混凝土路面车辙问题

（1）问题描述。

车辙是沥青混凝土路面特有的一种破坏形式，是在行车荷载反复作用以及气候（高温）等环境因素综合作用下产生的一种永久性变形，表现为沿行车轮迹位置产生的纵向带状凹槽，严重时车辙的两侧会有明显的挤出变形(图 5-38),造成路面使用性能恶化。随着交通量不断增大,重载车辆明显增加,给沥青路面带来了明显的早期损害。车辙是早期损害中最普遍的现象之一,严重影响了行车质量,降低了沥青混凝土路面的使用寿命,下雨时路面车辙处容易形成积水从而引发交通事故(图 5-38)。

$$(a) \qquad (b) \qquad (c)$$

图 5-38　沥青混凝土路面车辙问题

(a)典型车辙破坏;(b)车辙深度量测;(c)车辙造成路面积水

(2)试验目的。

建立该路面结构的数值模拟试验模型,考虑不同结构层的材料特性和温度的影响,预测该道路路面在车辆荷载作用一定次数后的车辙深度。

(3)方案分析。

与车辙破坏相关的主要因素有:①沥青混合料本身的材料性能;②路面所处的服役环境;③路面受到的荷载条件。因此,对沥青混凝土路面的车辙问题进行数值模拟试验时,必须综合考虑这些因素的影响,才能得到与实际相符的试验结果。

图 5-39 所示为一典型道路结构的示意图,该道路结构由沥青混凝土面层、水泥稳定碎石基层、石灰土基层和土基组成。因为沥青混凝土道路结构由多层不同的材料组成,所以在进行数值模拟试验时需要根据各层材料的特性采用不同的材料模型来定义。对于路面结构层的沥青混合料,因为其粘弹性性质显著,所以采用蠕变模型来描述它的应力-应变关系;对于基层和土基材料,则采用弹性模型来分析。因为分别采用了粘弹性和弹性模型,所以在计算出的总变形中包括蠕变变形和弹性变形两部分,而车辙(永久变形)主要由蠕变变形中的不可恢复变形引起的,弹性变形在荷载卸载后自动恢复,不属于永久变形。因此,在计算车辙量时应将总变形减去模型的弹性变形部分。

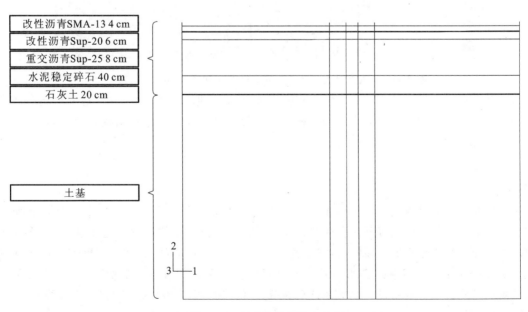

图 5-39　道路整体结构示意图

在环境因素的影响下,实际路面结构的温度随路面深度和时间时刻在发生着变化,其温度场为瞬态温度场。而作为路面材料的沥青混合料,受温度影响很大,尤其是高温情况下,车辙现象更为明显。故在路面车辙变形分析时,应引入路面结构的实际温度场,考虑材料特性随温度的连续变化,建立连续变温(随空间和时间变化)的车辙模拟分析方法,以分析路面车辙的局部特性,依此进行更符合实际的车辙计算预估。图 5-40 是该数值试验整体分析模型,因为分析的重点是路面的车辙深度,所以道路结构上部分与荷载接触位置的网格划分比较细,得到的试验结果也更加精确一些;而下部分结构的网格划分相对较疏,这样可以根据需要适当减少计算时间。

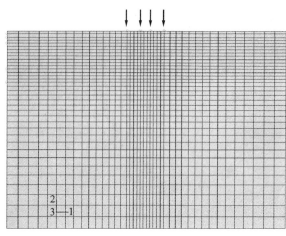

图 5-40 路面车辙数值试验分析模型

如图 5-41 所示为车辆荷载作用 50 万次后沥青路面的竖向位移云图。从图中可以清楚地看出,道路路面在车辆荷载作用下出现车辙的情况,车辆荷载作用位置出现了明显的竖向凹陷变形,而两侧则伴随着侧向挤出,这与实际道路车辙破坏情况相似。提取该数值试验路面轮迹位置的竖向位移可以得到此时的车辙深度为 2.61 cm。

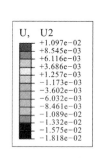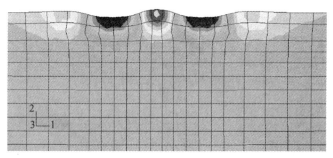

图 5-41 沥青混凝土路面在车辆荷载作用 50 万次后的车辙深度

因为数值试验中材料的参数对最后的结果影响很大,所以根据实际情况取得合适的材料参数是得到与实际相符的试验结果的必要条件。对于一些材料属性较为复杂的多层或复合结构,材料参数的取值往往也需要通过相关实体试验的结果来加以确定。

5.3.3.3 实例三:软土地基沉降数值模拟试验

(1)问题描述。

公路建设中常常会遇到大量的不良地基问题。软土地基的承载力低,压缩性强,在外荷载作用下会产生较大的变形。而过大的沉降或沉降差会影响路面的平整度和路面结构的整体稳定性,是许多病害产生的根本原因。而且由于软土地基的压缩性高,渗透性低,固结变形持续时间长,软基沉降量及沉降速率的估算和预测成为了工程设计和监测中的主要问题。随着我国基础建设的发展,在软土地区兴建公路、铁路、水利、建筑、机场以及码头等工程项目日益增多,因此对地基沉降估算和预测的要求也不断提高。

(2)试验目的。

建立道路结构与下部软土地基的整体数值分析模型,根据现场和室内试验得到的材料参数,预测该道路结构在修筑完成若干年后的沉降量。

（3）方案分析。

在软土地基上修建高等级公路通常需要填筑一定高度的路堤,在自重荷载的作用下,软土地基内部将产生应力和固结变形,所以土的压缩性是地基沉降的主要原因。该数值试验模型和荷载类型本身并不复杂,重点是在进行数值试验时需要根据土体材料的真实性能参数来进行计算。这些材料参数可以通过现场试验和室内试验得到。

图 5-42 是在软土地基上修筑的某道路结构的示意图。根据工程的实际情况,该软土地基主要由粉质黏土和淤泥质黏土组成,高度分别为 8 m 和 11.5 m。图 5-43 为根据有限元法建立的数值试验整体分析模型。

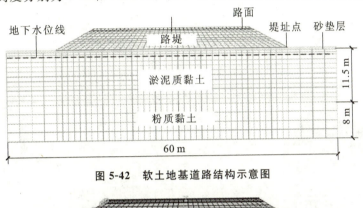

图 5-42 软土地基道路结构示意图

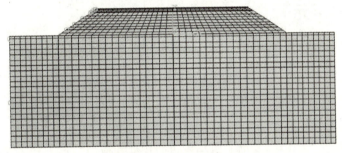

图 5-43 软土地基道路结构数值模拟试验整体模型

在根据实际情况建立了数值模拟的分析模型,并输入相关材料参数后,便可以对模型施加荷载来计算其产生的变形量。由于研究的对象是地基土体在自重和上部道路结构作用下产生的变形,因此在分析时需要对结构施加向上的重力加速度来模拟结构受到的自重作用,而在自重的作用下结构会产生竖向的变形,并且根据赋予材料的固结特性,随着时间的推移,竖向变形会逐渐增长,最后趋于稳定,这种变形就表现为道路路基的沉降变形特性。图 5-44 所示为该道路结构在竣工 15 年后的竖向变形(沉降量)情况。数值试验结果表明,路基的沉降主要集中在路基横幅的中部位置,沉降的影响范围达到了地基以下 12 m 左右的深度,所以主要的沉降是由于软土地基中的淤泥质黏土的压缩变形所引起的。提取需要的试验结果可知,在竣工 15 年后路面表面中心点位置的沉降为 9.2 cm,路面表面路肩处的沉降为 8.5 cm,因而路面表面的不均匀沉降为 0.7 cm。

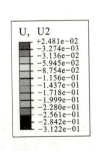
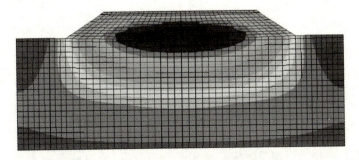

图 5-44 路面竣工 15 年后的沉降(竖向位移)云图

5.3.3.4 实例四:刚性路面缩缝传荷能力数值模拟试验

(1)问题描述。

刚性路面(水泥混凝土路面)设置缩缝[图 5-45(a)]是为了消除因温度、湿度变化所引起的不规则裂缝,以防止由此导致的路面板的损坏。但是从路面板承受荷载的能力来看,缩缝的存在削弱了路面板的整体性,特别是荷载作用在接缝边缘时,路面板和下部道路结构都产生了较大的应力集中。随着公路运输的飞速发展,车辆行驶速度的普遍提高,重型车辆日益增加,路面缩缝仅靠骨料嵌锁咬合作用传递荷载已经不能很好地满足要求,容易产生断板和错台现象[图 5-45(b)],这给高速公路的正常使用带来很大的不便。对于交通繁重的道路,为了保证混凝土板之间能有效地传递荷载,防止出现断板和错台现象,可在路面板缩缝处加设传力杆,增强缩缝的传荷能力,以提高路面结构的整体承载力。为了使路面能够经受车轮荷载的反复作用,减少直接受荷板的应力和变形,并对地基变形有较强的适应能力,混凝土板必须具有足够的抗弯拉强度,所以在缩缝处加设传力杆不失为一种简单而有效的方法。

  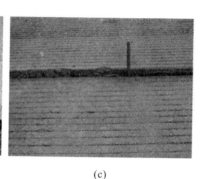

(a)   (b)   (c)

图 5-45 刚性路面缩缝和路面板错台现象
(a)刚性路面缩缝;(b)路面板错台;(c)路面板失去传荷能力

由于传力杆的刚度要大于混凝土的刚度,传力杆与混凝土在接缝处产生微小的位移差,因此传力杆在接缝两侧具有剪力和弯矩的传递作用,有助于减小板边的挠度和应力。传力杆还能把前后两块板联结在一起,使传力杆和混凝土之间以及相邻两块板之间可以进行应力的传递和分配,并协调变形,以提高混凝土板的整体抗剪和拉伸的能力。对于已经产生断板和错台的混凝土路面板,纵向布置的传力杆可以控制混凝土路面板纵向收缩产生的裂缝宽度和数量,改善汽车行驶的平稳性,增加路面板的整体抗拉强度。

(2)试验目的。

通过数值模拟试验评价刚性路面增设缩缝传力杆对路面荷载传递能力的改善效果。

(3)方案分析。

下面是结合某高速公路路面出现的断板和错台现象,通过数值模拟试验分析路面缩缝传力杆的作用机理和增设传力杆后缩缝传荷能力改善效果的应用实例。数值试验中还讨论了传力杆的布置形式对其效果的影响,提出了传力杆的设计方案和布置形式。

① 数值试验模型的建立。

在交通荷载作用下,缩缝传力杆承受着由混凝土传递过来的支承反力,假设传力杆为埋设于弹性介质中的梁,用梁单元来模拟传力杆,用混凝土单元来模拟水泥混凝土路面板,用六面体八结点固体单元来模拟垫层和地基。根据实际情况建立三维有限元数值分析模型,将道路结构简化为 4 层,由上至下分别为水泥混凝土面层、水泥稳定碎石基层、级配碎石基层和土基层。

根据该高速公路的实际情况,数值试验对已断板和未断板两种情况分别建模分析,断板模型用来模拟两板已经产生错台的情形,由于重复交通荷载的作用下相邻两板已经断开,仅通过设置在两板间的传力杆相连;未断板模型则用来模拟路面板缩缝未断开的情况,此时路面板本身仍具有一定的传荷能力。建立模型时,考虑汽车静载作用的影响范围,选取了长为 3 m、宽为 3.75 m、高为 1.25 m 的路面结构进行分析,该数值试验的整体模型及网格划分如图 5-46、图 5-47 所示。

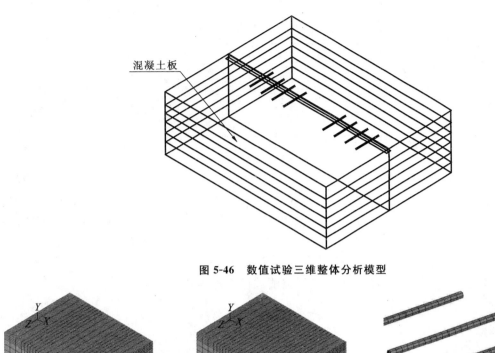

图 5-46　数值试验三维整体分析模型

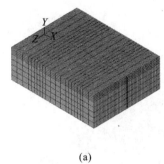 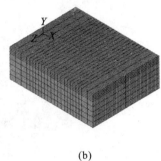 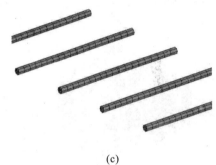

(a)　　　　　　　　　　　　　(b)　　　　　　　　　　　　(c)

图 5-47　道路结构及传力杆有限元模型及网格划分

(a)已断板模型；(b)未断板模型；(c)传力杆单元

② 数值试验计算方案。

对模型进行加载求解，荷载形式采用垂直均布标准轴载，单轴双轮组重 100 kN，把汽车荷载简化为长方形均布荷载用在混凝土面板上，单侧每轮着地面积为 0.085 m²，作用于直接受荷板的缩缝边缘，用混凝土板的挠度比值和相邻两块板相对应位置路基对混凝土板的支承反力比值来衡量缩缝的传荷系数。通过 5 种方案的计算，评价不同传力杆布置形式对缩缝传荷能力的影响，方案的设置参数如表 5-2 和图 5-48 所示。

表 5-2　　　　　　　　　　　　　　　　　　　　计算模型参数

方案	传力杆根数	传力杆直径/mm	传力杆间距/m	a/m	b/m
1	6	25	0.3	0.95	1.1
2	8	25	0.26	0.77	0.92
3	8	28	0.26	0.77	0.92
4	10	25	0.26	0.25	0.92
5	10	28	0.26	0.25	0.92

以方案 5 的传力杆布置方式为例说明路面缩缝增设传力杆的数值模拟分析结果。图 5-49(a)为未加传力杆时路面板的竖向位移云图，图 5-49(b)为加传力杆后路面板的竖向位移云图。

从图 5-49 的竖向位移云图中可以看出，加传力杆前，在路面荷载的作用下板的竖向变形较大，变形的横向影响范围也较大，可能会影响到横向两侧的路面板；而加了传力杆后，直接受荷板传递到了非直接受荷板上的荷载增加，非直接受荷板产生的竖向变形也增加，荷载传递效果明显，荷载对路面板的变形影响范围也有所收敛，更能体现出传力杆对前后两板的联结作用。

提取路面板的竖向位移结果，加传力杆后直接受荷板的位移明显减少，非直接受荷板的位移有所增加，

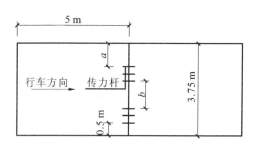

图 5-48　计算方案示意图

主要是由于非直接受荷板分担了一部分由直接受荷板传过来的力。未加传力杆时路面缩缝平均传荷系数为 0.301,加传力杆后路面缩缝的平均传荷系数达到了 0.696,比加传力杆前提高了 31%,荷载扩散效果明显。由此可见,传力杆能够更好地使两板协调变形,减小缩缝前后两板的位移差。因此,从数值模拟试验的结果也可看出加传力杆后路面板缩缝的传荷能力有较大的提高,从而能有效抑制路面板的位移差。

从以上数值模拟试验的结果也可看出,加传力杆后路面板缩缝的传荷能力有了较大幅度的提高,能有效抑制路面板的位移差。这也与现场通过预理的传感器测试得到的结果一致。

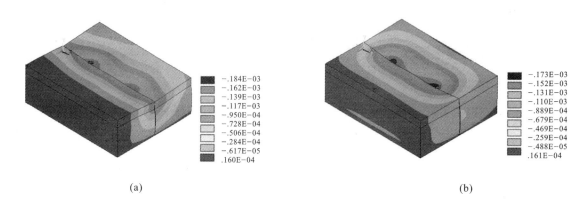

(a)

(b)

图 5-49　路面板竖向位移云图

(a)未加传力杆;(b)加传力杆

5.3.3.5　实例五:土工格栅加固路基数值模拟试验

(1)问题描述。

土工格栅(图 5-50)是一种土工合成材料,一般是通过对聚丙烯、聚氯乙烯等高分子聚合物进行热塑或压模处理而成。土工格栅通常呈二维网格状或具有一定高度的三维立体网格屏栅状。因为土工格栅自身具有较高的刚度和抗拉强度,所以与其他土工合成材料相比,土工格栅对长期处于受力状态下的工程材料具有更好的加固效果(加筋作用)。

(a)

(b)

(c)

图 5-50　土工格栅及其加筋效果示意图

(a)土工格栅;(b)铺设土工格栅;(c)土工格栅加筋效果示意图(嵌锁咬合作用)

当土工格栅用于道路结构中时,它具有减小路面竖向变形、限制路基侧向变形(移动)、控制裂缝的扩展、阻止不同路基层的骨料颗粒迁移以及减小道路基层设计厚度的作用,因而广泛用于路基加固和道路加铺工程中。土工格栅对道路工程的加固机理主要表现在以下3个方面(参考文献[24]、[25]、[26]):

①　通过嵌锁咬合作用限制路基材料的竖向变形,提高路基抵抗永久变形的能力;

②　通过路基材料的骨料颗粒与土工格栅网格间的摩擦力来限制颗粒的滑动和滚动,从而对路基材料的侧向挤出变形起到有效的控制作用;

③　土工格栅的侧限和薄膜拉伸效应也有助于路基材料抵抗和分散一部分的上部荷载,从而提高路基的整体承载力。

基于上述特征,当采用土工格栅对路基材料进行加固时,路基材料中颗粒的移动和路基的变形在土工格栅与骨料的互锁作用下将得到有效的约束。通过土工格栅对路基的加固作用,路面结构的承载力、整体刚度和抗变形能力得到提高,能有效延长道路的使用寿命。

(2)试验目的。

通过数值模拟试验评价土工格栅对路基土体的加固效果。对比未采用和采用土工格栅加固的路基的受力和变形特征,分析土工格栅对路基的加固机理。

(3)方案分析。

图5-51(a)为典型的土工格栅加固路基结构体系,由于下部是软土地基,所以采用了加固桩与土工格栅相结合的加固形式。图5-51(b)为根据实际工程建立的离散元数值试验分析模型,用以评价土工格栅对路基的加固效果,同时分析土工格栅对路基的加固机理。

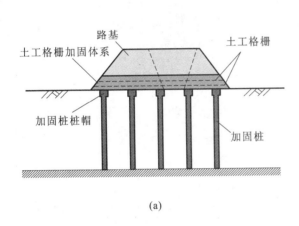

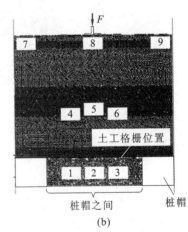

(a)　　　　　　　　　　　　　　　　　　　(b)

图5-51　土工格栅加固路基

(a)土工格栅加固路基示意图;(b)数值试验分析模型

如图5-52所示为数值计算后未采用和采用土工格栅加固路基的应力分布图,主要为路基在自重和荷载作用下产生的压应力和土工格栅受到拉伸作用而产生的拉应力,线的粗细程度表示应力值的相对大小。从图5-52中可以清楚地看出,加固桩之间的部分路基荷载(图中 A 区域)通过接触应力的重分布而传递到了加固桩上,所以加固桩上部直接作用在桩上的路基荷载(图中 B 区域)以及加固桩之间路基的部分荷载都主要由下部的加固桩承担,但是桩间的路基荷载仍有一部分得不到加固桩的支撑,会对下部的软土地基产生一定的影响。对比未采用和采用土工格栅加固的路基受力情况,采用土工格栅能够有效地承担一部分桩间的路基荷载,减小了下部软土地基承受的压应力;土工格栅本身承受拉应力所产生的薄膜拉伸效应能够将上部荷载在水平方向分散到加固桩上,从而更好地利用加固桩的支撑作用。

图5-53为该数值试验中路基土在荷载作用下的位移矢量图。对比未采用和采用土工格栅加固路基的两种情况,加固桩之间的路基土体下部未得到很好的支撑,形成了一个明显的三角形下陷区;而土工格栅对上部路基土体颗粒的嵌挤咬合作用,能够很好地限制其竖向位移,所以采用土工格栅加固的路基土体产生的沉降量要明显小于未采用土工格栅加固的路基土体产生的沉降量。

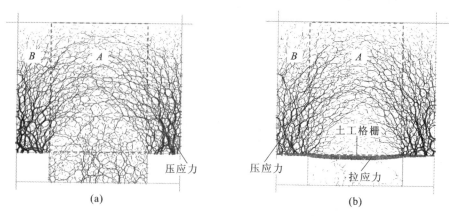

图 5-52　路基土在荷载作用下的应力分布图

(a)未采用土工格栅加固;(b)采用土工格栅加固

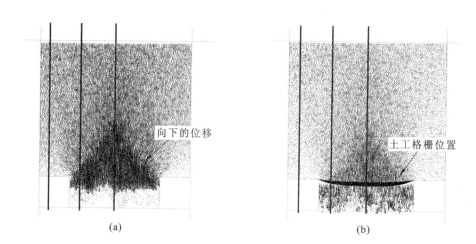

图 5-53　路基土在荷载作用下的位移矢量图

(a)未采用土工格栅加固;(b)采用土工格栅加固

　　通过以上的土工格栅加固路基的数值模拟试验,我们可以清楚地认识到,在实际的道路工程结构中土工格栅对加固路基土体、减小路基沉降和提高路基承载力都有很好的作用,特别是在软土路基的加固系统中,采用土工格栅能够有效地提高整个加固体系的加固效果。

　　如前所述,对于路基土等粒状材料,采用离散元法进行数值模拟试验具有很好的相似性。图 5-54 为土工格栅加筋路基的一个二维数值试验模型,模型中采用圆形单元来模拟路基的土体颗粒,用连接在一起的圆形单元模拟土工格栅,通过对这些连接的单元施加一定的拉应力来反映土工格栅本身的刚度,如图 5-54(b)所示。

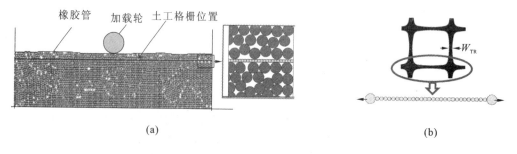

图 5-54　土工格栅加筋路基土数值试验模型

(a)数值试验模型;(b)土工格栅单元模型

数值试验中考虑了不加筋和加筋两种情况,从图 5-55 所示的试验结果可以看出,土工格栅能够有效地分散路基土上部传递下来的荷载,减小加载轮作用处路基的应力集中,从而提高路基土的整体承载力。

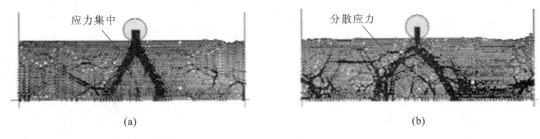

(a)   (b)

图 5-55 路基土体接触应力分布图

(a)未加筋;(b)加筋

5.3.3.6 实例六:道路边坡稳定性数值模拟试验

(1)问题描述。

随着我国高速公路建设的迅速发展,山区高速公路也越来越多,而在山区高速公路建设中,边坡工程(图 5-56)占有很大的比重,对道路主体工程的安全性和稳定性都有举足轻重的影响。但是由于自然环境的恶化,加上复杂的地质条件、岩土体材料本身的特殊性和原始资料的缺乏等因素的影响,边坡失稳问题也愈发严重,不仅妨碍了工程建设的开展,还对人民的生命财产和安全造成威胁。因此,正确地评价边坡的稳定性,采取合理的支护措施,不仅可以减少边坡失稳情况的发生,还可以确保人民生命财产的安全和生产建设工作的正常开展。

(a)   (b)   (c)

图 5-56 边坡及其支护结构

边坡的支护设计是道路工程设计中的一个重要环节,尤其是在山区修建道路时更为突出。由于边坡防护工程与地质条件密切相关,很难通过经典的力学理论方法来对处于复杂地质条件的边坡支护效果进行验算,以及对加固后的边坡的稳定性进行评价。目前,边坡稳定分析方法很多,有整体圆弧滑动分析法、瑞典条分法、Bishop 法和简布法等。这些分析方法都是通过一定的假设条件,根据力学分析方法提出来的。随着数值模拟技术的发展,数值试验方法也逐渐被引入到边坡稳定性分析中。从实际的应用效果来看,数值模拟技术对具有复杂地质条件和结构形式的边坡稳定性具有很好的分析效果。

(2)试验目的。

利用数值分析方法对高边坡的开挖过程进行模拟,通过开挖后边坡的变形(位移)情况来对其稳定性进行分析与验算;根据数值试验结果提出相应的边坡支护措施,并评价支护结构对边坡的加固效果。

(3)方案分析。

某高速公路边坡坡面所在长条形山丘走向为 SN40°左右,走向长度大于 1 km,宽度为 230 m,山顶高程为 196.2 m,山脚最低标高为 120 m 左右,高差为 76.2 m,自然山坡坡比为 1:1.16。该山丘两侧均为与山丘走向一致的冲沟低谷,冲沟最低标高为 117 m。路面中线高程为 131.2 m 左右,坡面长为 120 m,坡面最高处高为 58.5 m。该边坡面与岩层倾向为逆向坡,风化岩层上厚下薄,属于强风化的页岩边坡。

① 边坡开挖过程的数值模拟。

根据工程概况可以将此边坡问题简化为二维平面应变问题来加以考虑。首先采用有限元数值模拟技术对边坡的开挖过程进行模拟,然后通过开挖后边坡的变形情况对其稳定性进行分析,通过分析结果了解开挖后边坡的稳定状态。图 5-57 为边坡开挖前和边坡逐级开挖后的整体分析模型和网格划分。模型根据边坡开挖的实际施工工况,共分为 7 级进行。

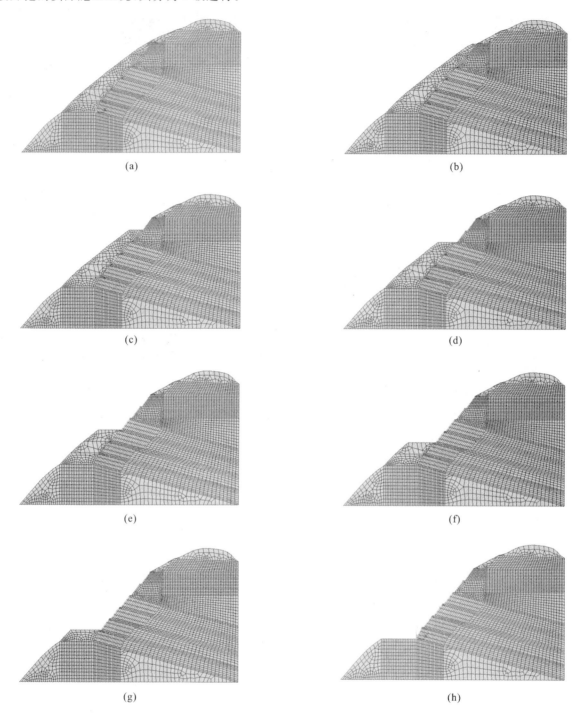

图 5-57　边坡及其支护结构数值试验分析模型

(a)开挖前边坡整体模型;(b)开挖第 7 级边坡;(c)开挖第 6 级边坡;(d)开挖第 5 级边坡;

(e)开挖第 4 级边坡;(f)开挖第 3 级边坡;(g)开挖第 2 级边坡;(h)开挖第 1 级边坡

② 边坡稳定性分析。

根据数值模型中建立的边坡坡面曲线和开挖坡体的面,在数值试验过程中可以通过生死单元来模拟边坡的逐级开挖和支护结构的逐级施加过程。计算模型经过分台阶开挖荷载逐步释放的计算后,可以通过对未支护边坡在开挖后的位移和受力情况进行分析来评价该边坡开挖后的稳定性。

图 5-58 为边坡在分台阶开挖完成之后的水平和竖向位移云图。从水平位移结果可以看出,在没有采取任何支护措施的情况下,边坡会产生很大的水平位移,主要位于第 2 级和第 3 级边坡坡面位置,最大水平位移达到了 21.7 cm。而且由于开挖后边坡整体向外滑移,引起了左侧路基的水平向位移,最大值为 10.5 cm。从竖向位移结果中可以看出,在开挖之后边坡有明显的向下滑动趋势,边坡的竖向位移最大值达到 7.1 cm,出现在坡度相对较陡的第 1 级边坡上。从图中还可以清楚地看到,如果不对开挖的边坡施加相应的支护措施,则由于边坡的滑移还会引起左侧路基的向上挤出隆起,隆起量达到了近 20 cm。

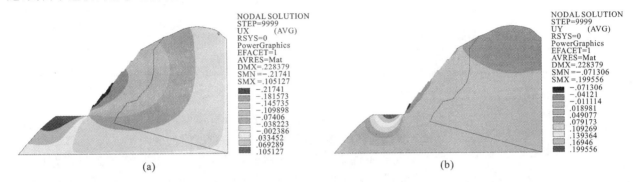

图 5-58 边坡开挖之后水平及竖向位移云图(单位:m)

(a)水平位移;(b)竖向位移

图 5-59 为边坡在开挖完成但未支护情况下的总位移云图和矢量图。从图中可以清楚地看到,边坡在没有施加支护的情况下,即便是分多台阶进行开挖也会对整个边坡造成很大的扰动,使边坡产生明显的滑移。根据数值模拟试验结果,开挖后边坡的最大位移达到了 22.8 cm,已经超出了边坡允许的位移范围;从位移矢量图可以看出,坡体位移比较明显的部位主要集中在第 1 级、第 2 级和第 3 级边坡坡面,以及边坡左侧的道路路基表面。另外,还可以看出边坡坡体有沿类似圆弧滑动面的滑移趋势,滑动趋势在从坡面到坡体内 10 m 左右的范围内比较明显。

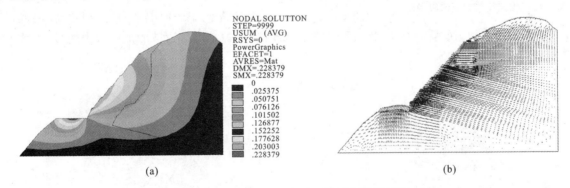

图 5-59 边坡开挖之后的总位移云图及矢量图(单位:m)

(a)总位移云图;(b)总位移矢量图

③ 支护结构设计。

根据边坡开挖过程的数值模拟和开挖后的稳定性分析,提出了如下的边坡支护加固设计方案,其布置形式如表 5-3 所示。坡面每 10 m 高设一台阶,台阶宽为 2 m,上设截水沟。在边坡稳定性不足的断面之间沿路线以 3.5~5 m 的间距,沿坡面布置规格为 400 mm×400 mm 的地梁,每根地梁安装 3 根预应力锚索。第 1 级边坡坡面的网格梁之间浆砌片石窗式护坡,窗内浆砌片石造景。从第 2 级至第 3 级坡面的网格梁之间浆砌片石窗式护坡,岩层内安装泄水管,窗内坡面栽植灌木和植草。第 4 级至第 6 级坡面强风化层较厚,为了防止地表水渗入岩层,造成岩层软化,采取先在岩层内注浆封闭透水层,再在坡面栽植灌木和植草。

表 5-3
边坡支护加固设计方案

分级	支挡结构	坡高/m	坡率	锚索长度/m	锚索数量/根	锚固长度/m
第 7 级	植草	10	1：0.75	—	—	—
第 6 级	网格梁＋植草	10	1：0.75	—	—	—
第 5 级	网格梁＋植草	10	1：0.75	—	—	—
第 4 级	网格梁＋预锚	10	1：0.75	30	30	＞8
第 3 级	网格梁＋预锚	10	1：0.75	30	39	＞8
第 2 级	网格梁＋预锚	10	1：0.75	25	48	＞8
第 1 级	实体护面墙＋预锚	10	1：0.5	25	57	＞8

④ 支护结构加固效果数值模拟试验。

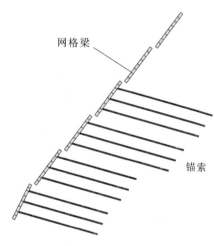

网格梁

锚索

图 5-60　支护结构数值试验模型

图 5-60 为边坡支护结构分析模型，其中包括网格梁和锚索支护单元。建立数值试验模型时，根据锚索的受力特点，采用二维梁单元来模拟锚索，这样可以得到锚索在加固边坡时所受到的轴力和剪力（整个支护结构共设置了 12 根锚索），然后生成每级开挖台阶处的网格梁单元。因为网格梁可以看作是柔性支护结构，所以也采用了二维梁单元来进行模拟。

图 5-61 是边坡加固后的水平和竖向位移云图。与开挖后未加固时边坡的位移情况相比，在对边坡进行了相应的支护加固之后，边坡水平位移的最大值由加固前的 21.7 cm 减小到了 6.9 cm，位移减小量为 68%；而且边坡左侧的路基水平位移最大值也由边坡加固前的 10.5 cm 减小到了加固后的 4.4 cm。对比边坡的竖向位移，加固后边坡的竖向位移有显著的减小，最大值由 7.1 cm 减小到了 2.9 cm，减小量为 59%，左侧路面向上隆起的位移最大值也减小到

了 8.57 cm。由边坡加固前后的对比，我们可以清楚地看出，支护结构对边坡的加固效果明显，边坡的位移在加固后得到了有效的控制。

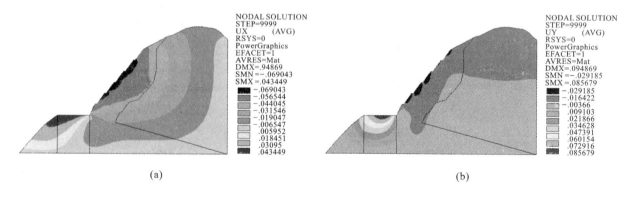

图 5-61　加固后的边坡水平及竖向位移云图（单位：m）
(a)水平位移；(b)竖向位移

图 5-62 为加固后边坡的总位移云图及矢量图。我们从图中也能很清楚地看到，在进行了有效支护的情况下，整个边坡的变形得到了很好的控制。

对于支护结构中的网格梁和锚索的受力情况，我们同样可以在进行每步的开挖运算之后，提取出锚索在工作状态时的轴力和剪力分布图，如图 5-63 所示。

网格梁主要起到的是保护边坡表面和连接锚索的作用，所以网格梁受到的轴向应力数值不大。从数值

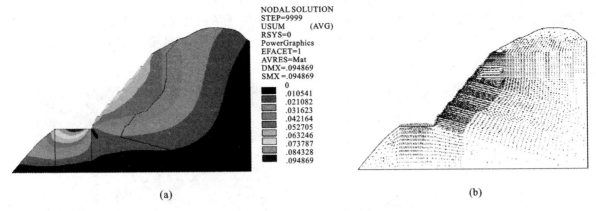

(a)　　　　　　　　　　　　　　　　　　(b)

图 5-62　边坡加固之后的总位移云图及矢量图(单位:m)

(a)总位移云图;(b)总位移矢量图

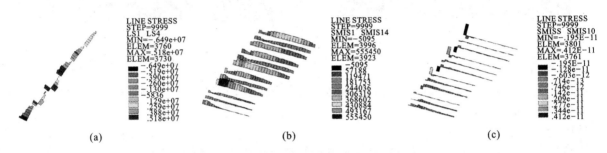

(a)　　　　　　　　　(b)　　　　　　　　　(c)

图 5-63　边坡支护结构应力分布图(单位:Pa)

(a)网格梁应力;(b)锚杆轴力;(c)锚杆剪力

分析的结果来看,网格梁对整个边坡的稳定性影响不大,在数值模拟过程中加大网格梁的厚度对边坡加固效果的影响也不大。但是必须要指出的是,在实际工程中,网格梁对整个支护结构来说起到了非常重要的连接作用,能够充分地发挥锚索锚固系统对边坡的整体加固效果,并对边坡坡面起到了很好的保护作用。

从锚索的受力情况可以看出,锚索对边坡的滑动起到了很好的抑制作用,锚索的应力最大值为0.55 MPa,位于第 2 级边坡中,表明该处边坡在开挖后的位移较大。从锚索的受力特点看,锚索的受力集中在中部,呈现中部大、两端小的特点。另外,在第 1 级边坡的几根锚索里端,出现了受拉的现象,受拉的拉应力值不大,对整个边坡的稳定性没有影响。我们从图中还可以看出,锚索的轴力和剪力沿锚索全长呈非线性分布,但由于它随着岩体变形而变化,要给出它的轴力和剪力的简单计算公式或实测值是很困难的。

本次数值模拟试验通过对边坡的地质情况调查,参考相关的资料,对其边坡的开挖情况进行了模拟,并对开挖后边坡的稳定性进行了分析。根据边坡稳定性的分析结果,提出了边坡的支护加固方案,并通过数值试验验证了此加固方案的有效性。需要指出的是,通过该数值模拟试验,得到了一些对实际工程有指导价值的结论,但是对于复杂地质条件下边坡的稳定性分析和支护结构的设计,还需要根据实际情况考虑各种因素的影响来进行综合分析与评价。

5.3.3.7　实例七:强夯法加固地基数值模拟试验

(1)问题描述。

强夯技术起源于古老的夯实方法,是在重锤夯实法的基础上发展起来的。在国际上,强夯法又称为动力固结法或动力压实法,这种方法是反复将很重的夯锤提到一定高度,使其自由落下,给地基以冲击和振动能量进行强力夯实,从而提高地基的强度并降低其压缩性,改善地基承载性能。目前使用的夯锤质量一般为 10~40 t,提升高度为 10~40 m。由于强夯法处理地基设备简单、效果直观、适用范围广泛,而且加固速度快、投资省,是当前较经济简便的地基加固方法之一(图 5-64)。

对于工程问题,工程应用常常走在理论研究之前,强夯法更是如此。由于强夯法涉及的是地基土在冲击力作用下的动态响应问题,机理比较复杂,理论相对滞后,现有的设计方法基本上都是经验和半经验性的,尚未形成一套完整的设计计算理论。现场原尺试验能真实地反映现场土质、应力与工艺条件,但试验成本高、重复性操作困难,而数值模拟试验可以根据工程地质条件、土体的类别及实际的可能情况进行多样化选择,并且易于讨论与强夯效果有关的各种参数,如含水量、夯击能量(包括锤重、落距、计数)等对强夯效果(包括加固深度和加固宽度)的影响。

图 5-64 强夯法加固地基

(2)试验目的。

建立强夯加固地基的三维数值试验模型,对地基土在夯实作用下的动力响应进行了数值模拟,并分析和评价强夯法对地基土的加固效果。

(3)方案分析。

针对某道路碎石土地基,建立强夯法加固地基的数值试验模型。数值模型的建立包括两部分:一为强夯夯锤;二为地基土体。由于计算空间体积尺寸过大,计算时可按轴对称条件对模型进行简化,取 1/4 夯锤和土体进行建模,得到如图 5-65 所示的数值试验模型。其中,夯锤半径为 1 m,高为 0.5 m,并赋予等效密度来获得与实际情况相符的质量(12 t);土体由锤体中心沿 x 方向和 y 方向建模各 6 m,沿深度方向(z 方向)建模 10 m。夯锤与土体之间定义了自动的面对面接触。由于模型是按轴对称条件建立的,需要在两个对称面 xz 面和 yz 面分别约束 y 方向和 x 方向的位移。根据实际情况,模型底面施加了 z 方向的位移约束。

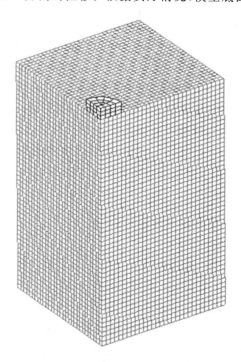

图 5-65 强夯法加固地基数值试验模型

数值试验没有模拟夯锤的下落过程。因为试验的目的是讨论夯锤与地基土体接触后,土体在强夯冲击力作用下的动力响应和变形情况,所以只要在夯锤与土体接触时给夯锤定义一个初速度即可,模拟夯锤的下落过程会大大增加数值试验的计算时间。

① 夯实作用下土体的变形响应。

计算模拟了一次夯击过程0.2 s,即只计算了单击作用下土体的变形响应。数值模拟可得到整个夯击过程的动态显示,图5-66给出了不同时刻土体竖向变形的等值线图。

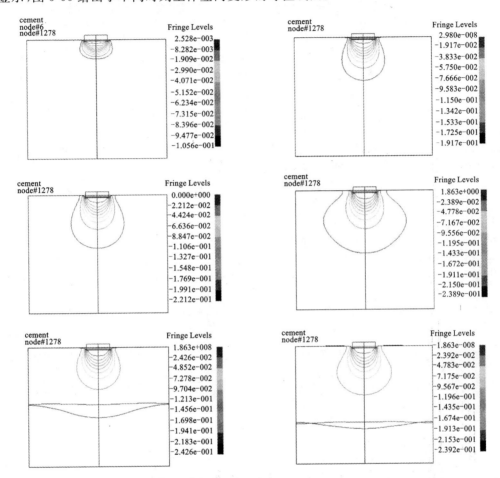

图5-66　强夯过程中土体的竖向变形等值线图(单位:m)

由图5-66可看出,锤击垂直区侧面得到了显著加固,侧向加固半径距坑心的距离接近2倍的夯锤的直径,坑下加固深度也相当于2倍夯锤的直径甚至更深的位置,其影响范围类似于苹果形。图中显示夯击区边缘有小幅度隆起现象,说明在这一区域有一膨胀区,这一点与夯实现场观察情况相似。

图5-67为土体的总位移矢量,可以看出夯锤附近的地表土体的位移方向是向上的,在深度0.4 m以下逐渐转为向下,说明这一区域为膨胀区。图中显示夯击区边缘土体有小幅度隆起现象,进一步表明在地表附近存在一个膨胀区。这些充分说明了强夯冲击波对夯锤周边地表土体具有一定的震松破坏作用。

② 夯实作用下土体应力响应。

通过数值模拟试验得到了整个夯实过程中土体的应力响应,图5-68给出了不同时刻土体动应力的等值线图。从土体受到的动应力情况来看,受力范围和受力深度随着夯锤与土体的充分接触而逐渐扩散。

数值试验结果表明,强夯法加固地基是通过夯锤的冲击作用,产生强大的冲击波将土体压密,从而提高承载力。强夯主要加固的是夯锤下的土体,夯坑周边的土体反而会因为挤压变形而变得疏松,所以在实际工程中需要对夯坑外表面土再进行适当处理。根据夯锤夯击作用下地基土的变形和应力响应结果可知:直径为2 m,重量为1200 kN的夯锤从10 m高的地方下落对地基土的有效加固深度为4～6 m,横向有效加固半径可以达到1.5～2 m。

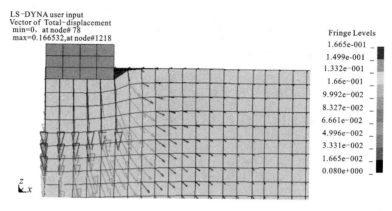

图 5-67　夯实时土体的总体位移矢量图

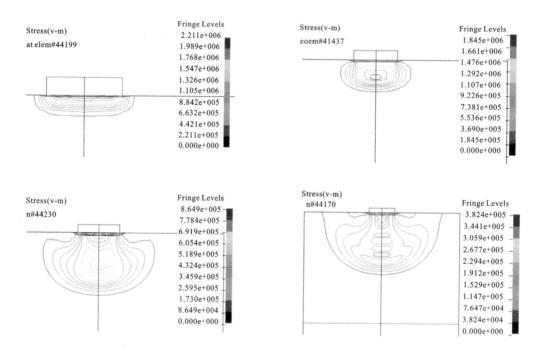

图 5-68　夯击过程中土体动应力的等值线图(单位:Pa)

知识归纳

　　(1) 数值试验是一种通过计算机进行的虚拟试验。它不仅可以对某些已知和未知现象进行虚拟的显现,加深对这种现象或特征的理解,还可以对一些受到经费、时间和可重复性等因素制约而难以实施的实体试验进行模拟。

　　(2) 与传统室内或现场实体试验分析方法相比,数值模拟试验不受设备和边界条件的限制,具有成本低、试验周期短、方案便于改变和重复性强等特点。数值试验通常只需要较少的人力和物力投入,同时能够比较简便地处理具有复杂受力状态、边界条件和几何形状的工程问题,并且可以在获得结构的宏观力学性能的同时对其材料的微观特性进行分析与解释。

（3）目前在道路工程中常用的数值试验方法有：有限单元法、有限差分法和离散单元法等。这些方法各有优缺点，在利用这些方法解决实际问题时需要根据这些方法的特点和适用性，并结合需要解决的问题的本质特征来进行选择，这样才能得到合理有效的数值试验结果。

（4）在进行数值试验之前，需要对研究对象进行分析，适当地简化数值试验模型不仅可以减少工作量和节约计算时间，还可以得到更加可靠的试验结果；将复杂的问题简单化永远是我们解决问题的基本方式和根本目的。

（5）在对数值试验结果进行分析和解释时，需要用到力学等相关专业知识。数值模拟试验只是将研究的问题经过数值分析计算后通过计算机呈现出来，让我们能够更加直观地看到试验结果，但是对试验结果的分析和有价值的结论的提炼还需要力学等相关专业知识的支撑。也可以说，数值试验只是一个显性的计算工具，要利用它来解决实际问题还是需要依靠扎实的力学和专业知识。

（6）对科学研究而言，数值模拟试验只是一种辅助研究方法，可以丰富科研人员的研究手段，但是它并不能取代实体试验来解决一切问题。合理地利用数值试验方法能够帮助我们理解实体试验中难以理解的问题和现象。数值模拟试验是实体试验有力的补充。在条件允许的情况下，实体试验仍然是我们解决问题的根本手段。

独立思考

5-1　简述数值模拟试验的基本特点，以及数值模拟试验与实体试验的区别。

5-2　简述数值模拟技术的发展方向和在道路工程领域中的应用前景。

5-3　目前常用的数值模拟试验方法有哪些？这些方法各有什么特点？

5-4　简述有限单元法和离散单元法的适用性，以及两者的主要区别。

5-5　简述利用数值试验解决实际问题的基本思路。

5-6　在数值试验的建模过程中，往往可以通过哪些假设来简化模型和计算过程？

5-7　简述在进行数值模拟试验时，哪些因素会对试验结果造成较大影响。

参考文献

［1］Yang C T，Hsieh S H. A Probability-Based Discrete Element Method for Simulation of Sieve Analyses. Proceedings of the 14th KKNN Seminar on Civil Engineering. Kyoto，Japan，2001.

［2］Yang C T. A Versatile Discrete Objects Simulation System. Taipei：Department of Civil Engineering，National Taiwan University，2004.

［3］Chan Y W，Liu Y S. Parameter Study of Discrete Element Method in Self-Compacting Concrete Simulation. Proceedings of the 15th KKCNN Symposium on Civil Engineering，Singapore，2003.

［4］谢尚贤，张慰慈. 自充填混凝土流动行为之三维离散元素模拟参数研究. 台北：国立台湾大学，1996.

［5］Chen J. Discrete Element Method（DEM）Analyses for Hot-mix Asphalt（HMA）Mixture Compaction. Tennessee：The University of Tennessee，USA，2011.

［6］Murray Y D，Abu-Odeh A Y，Bligh R P. Evaluation of LS-DYNA Concrete Material Model 159. No. FHWA-HRT-05-063，2007.

［7］Wang Y，Alonso-Marroquin F. A Finite Deformation Method for Discrete Modeling：Particle

Rotation and Parameter Calibration. Granular Matter, 2009,11(5):331-343.

[8] Molenaar A A A, Scarpas A, Liu X, et al. Semi-Circular Bending Test, Simple but Useful. Journal of the Association of Asphalt Paving Technologists, 2002(71): 798-818.

[9] Huang B, Shu X, Zuo G. Laboratory Evaluation of Semi-circular Bending Tensile Strength Test for HMA Mixtures. Proceedings of the Geo-Congress 2005 Conference, 2005.

[10] Teshale E Z. Low-temperature Fracture Behavior of Asphalt Concrete in Semi-circular Bend Test. Minnesota: The University of Minnesota, 2012.

[11] Roque R, Buttlar W G. The Development of a Measurement and Analysis System to Accurately Determine Asphalt Concrete Properties Using the Indirect Tensile Mode. Journal of the Association of Asphalt Paving Technologists, 1992 ,(61):304-332.

[12] Christensen D W, Bonaquist R F. Evaluation of Indirect Tensile Test (IDT) Procedures for Low-Temperature Performance of Hot Mix Asphalt. Washington D C: Transport Research Board, 2004.

[13] Li D, Wong L N Y. The Brazilian Disc Test for Rock Mechanics Applications: Review and New Insights. Rock Mech Rock Engineering, 2013, 46(2): 269-287.

[14] Azari H. Precision Estimates of AASHTO T283: Resistance of Compacted Hot Mix Asphalt (HMA) to Moisture-induced Damage. National Cooperative Highway Research Program, Transportation Research Board of the National Academies, 2010.

[15] Birgisson B, Montepara A, Romeo E, et al. Determination and Prediction of Crack Patterns in Hot Mix Asphalt (HMA) Mixtures. Engineering Fracture Mechanics,2008,75(3): 664-673.

[16] Pirabarooban S, Zaman M, Tarefder R A. Evaluation of Rutting Potential in Asphalt Mixes Using Finite Element Modeling. St. John's, Newfoundland and Labrador:Annual Conference and Exhibition of the Transportation Association of Canada, 2003.

[17] 王宝强. 实用工程数值模拟技术及其在 ANSYS 上的实践. 西安:西北工业大学出版社,2000.

[18] 廖公云,黄晓明. ABAQUS 有限元软件在道路工程中的应用. 南京:东南大学出版社,2008.

[19] 吴昊,张军,杨燕,等. 刚性路面缩缝增设传力杆的应用研究. 长沙交通学院学报, 2006,22(3): 25-29.

[20] Han J, Bhandari A, Wang F. DEM Analysis of Stresses and Deformations of Geogrid-reinforced Embankment over Piles. International Journal of Geomechanics, 2011,12(4):340-350.

[21] Huang J, Bhandari A, Yang X. Numerical Modeling of Geosynthetic-reinforced Earth Structures and Geosynthetic-soil Interactions. Geotechnical Engineering,2011,42(1):43.

[22] 郑州. 边坡锚固技术的研究与应用. 长沙:中南大学, 2007.

[23] 胡振南. 碎石土路基强夯处理的数值模拟及试验研究. 长沙:长沙理工大学, 2006.

[24] Wrigley N E. The Durability and Aging of Geogrids. New York:Durability and Aging of Geosynthetics, 1989.

[25] Perkins S W. Mechanical Response of Geosynthetic-reinforced Flexible Pavements. Geosynthetics International, 1999,6(5): 347-382.

[26] Hufenus R, Rueegger R, Banjac R,et al. Full-scale Field Tests on Geosynthetic Reinforced Unpaved Roads on Soft Subgrade. Geotextiles and Geomembranes, 2006, 24(1), 21-37.

6

现 场 实 验

课前导读

▽ 内容提要

本章主要内容为原有路面技术状况的综合调查、路面结构厚度检测和路基路面强度测试方法。本章的重难点为路基路面强度测试方法及路面结构层厚度检测。

▽ 能力要求

通过本章的学习，学生应掌握路基路面工程现场检测的基本原理和基本方法；能够利用所学知识处理实验数据，并对实验结果进行分析与评价。

6.1 原有路面技术状况的综合调查 >>>

6.1.1 调查目的及内容

通过调查研究,充分掌握现有路面的技术状况及所负担的交通量,对现有路面的使用品质做出正确的评价,以确定是否需要改建,并合理选择路面建设方案,进行切合实际的结构设计、材料组成设计,并为施工组织安排提供必要的资料。

路面综合技术调查通常包括交通调查、路况调查、原路强度评定和料场调查 4 个方面内容。在一般情况下,调查应在路面改建工程开始前 1 年的不利季节进行。

6.1.2 调查人员组成和仪具

(1)进行交通量观测及路况调查时,一般由 3～5 人组成调查组,当同时进行几项调查时,酌情增加人员。主要仪具有 100 g 扭力天平 1 架,铝盒 1 个,取土样袋若干,皮尺、小钢尺、麻花钻、镐、铲各 1 把,以及记录表、记录本若干等。

(2)原路强度采用路基路面回弹弯沉测试方法,弯沉测定所需人员和仪具见 6.3 节。

(3)料场调查组一般由 1～2 人组成。主要仪具有皮尺、小钢尺、麻花钻、镐、铲各 1 把,以及记录表、记录本若干等。

6.1.3 调查方法

6.1.3.1 调查不利季节的昼夜交通量、交通组成和增长率

(1)走访调查。

通过道路规划、使用和管理等有关部门了解道路现有的交通量、车型,不利季节的交通量、车型,路面设计使用年限内交通量的增长率、车型变化及线路使用性质等。

(2)实地观测交通量及组成。

为了简化工作,便于观察记录,可将车型按后轴重分为小于 3 t、4 t、6 t、8 t、10 t 及大于 11 t 共 6 类(计算 Pd 值时,后轴重 4 t 者,按跃进 NJ-130 计;后轴重 6 t 者,按解放 Ca-10B 计;后轴重 8 t 者,按吉尔-130 计;后轴重 10 t 者,按黄河 JN-150 计;对后轴重小于 3 t 及大于 11 t 者,最好能记下车型或估出轴重,按轴重最相近的车型的 Pd 值来计算)。观测时,后轴重 3～5 t 者,按 4 t 计;后轴重 5.1～7 t 者,按 6 t 计;后轴重 7.1～9 t 者,按 8 t 计;后轴重 9.1～11 t 者,按 10 t 计。

双后轴车,按每一后轴重计作 1 辆;拖挂车与主车分别按各自的后轴重来计。

观察记录时,可采用在记录表格的后轴重通过次数栏画"正"字的方法计。

记录表格见表 6-1。

表 6-1   交通量观测记录表

线路名称：   观测日期：

观测点位置：   路基宽度：   路面宽度：   气候：   观测者：

时间分段 ＼ 后轴重/t	≤3	3.1~5	5.1~7	7.1~9	9.1~11	≥11	双后轮	拖挂车	备注
小计									

6.1.3.2 调查原有道路修建和养护的有关技术资料及现有状况

(1)道路修建历史与线路的技术状况。

了解原修筑时间、设计、施工以及历年使用、养护及改建情况；收集调查路段的技术标准及有关技术数据，道路病害及其原因、处理措施和效果等。

(2)路基及水文调查。

顺线路桩号调查记录全线路基土质、宽度、高度、填挖状况，测定地下水埋藏深度，调查地表情况，以判定路基土分类及土基干湿类型。

调查地表排水情况，若不能在雨季进行，则应根据附近积水痕迹或由周围地形条件分析。对于土质路堑地段，特别是黏土路堑，应记载路堑深度、长度、纵坡大小等。

测定地下水位埋藏深度可自边沟或低洼处用麻花钻钻得，亦可根据附近水井的常积水面分析判定。一般情况下，地下水位每 500 m 左右钻孔测量一次，常以初见水位为准。

路基受泉水、潜流影响，以及路旁有水渠道通过时，均应详细记载对路基可能的影响程度，并提出合理的处理意见。

(3)路面结构及路标状况。

一般每 500 m 应布置一个试坑，以确定原有路面的结构类型、各结构层厚度，并确定路面宽度。试坑应布置在行车带上，开挖范围一般为 50 cm×50 cm。路面结构若有变更则应增补试坑。

对于沥青路面，应取 3 kg 未经扰动的试样，通过室内试验测定其单位容重、饱水率、沥青含量和矿料级配组成，同时进行结构、外观描述(如沥青用量、光泽)。沥青和矿料结合的紧密程度，结构的整体性及面层与基层的连接和其余内容，均记于记录本。

(4)土基湿度。

在路面结构调查试坑内，于土基顶面以下 5~10 cm 处取样测定其干容重和含水量，并用麻花钻钻取试验 80 cm 深度内土基分层(每 10 cm 为一层)含水量，据此计算 80 cm 深度内土基平均含水量。同时取不同土质试样各 20 kg 进行室内试验，以确定土的类别、液限、塑限、最大干容重与最佳含水量，为划分土基干湿类型与确定土基强度提供依据。

如土基的土质或水文状况有显著变化，则应根据情况增设试坑。

6.1.3.3 原路强度评定

评定原有路面综合强度指标一般都采用标准轴载的汽车弯沉测定的回弹弯沉值来表示。测定应尽可能选在不利季节进行，一般每 50~100 m 布置一个测点，路段特殊时可适当加密。测点应布置在路面的行车带上，有条件时可对左、右轮同时测定，当路面宽度大于 7 m 时，应在每个断面上往返测定两次。

6.1.3.4 料场调查

凡是可供使用的路面材料，如砂砾、碎石、矿渣、煤渣、石灰、粉煤灰、黏土等地方材料的料场位置，材料的产量、规格、质量、运距、开采的难易程度、开采单价及运输方式等均应加以调查，必要时应取样进行质量鉴定试验，为选取料场、拟定结构方案和编制工程预算提供参考。

此外,对当地气象、施工技术力量、沿线村庄水源、施工点的位置等,也应进行调查。

6.1.4　资料整理

上述原有路面技术状况综合调查的 3 个方面内容,通常是相结合进行的,从而可以获得原有路面以及各层之间的结合情况等。

对于含土的粒料路面结构,应取 3 kg 试样通过室内试验确定其小于 0.5 mm 细料的含量和塑性指数以及矿料的级配组成。在结构层表面以下 5 cm 刮取小于 2 mm 的细料,在现场测定其含水量,对结构外观进行描述,如结构紧密程度、干湿状况、黏土颗粒含量、矿料品种及硬度等。

对于路表状况,如路拱大小、表面平整度及坑槽、搓板、松散情况,一般每 50 m 做一次调查记录,以供设计时考虑原路是否需要进行整平、调拱和加宽处理。

以上调查内容,可填写于"路面野外调查记录表"中,作为进行补强设计所需要的全面系统的资料。调查后,除提出调查书面报告外,主要技术资料经整理分析后,通常绘制成图 6-1 所示"道路技术状况图",作为旧路改建设计的一项重要技术资料。

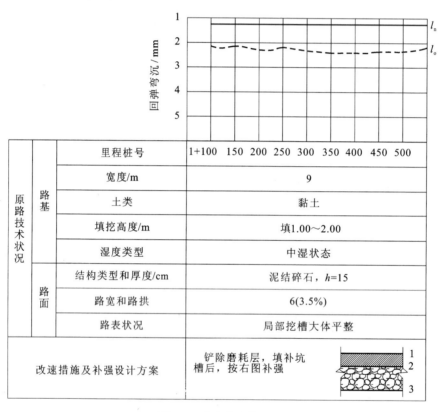

原路技术状况	路基	里程桩号	1+100　150　200　250　300　350　400　450　500		
		宽度/m	9		
		土类	黏土		
		填挖高度/m	填1.00~2.00		
		湿度类型	中湿状态		
	路面	结构类型和厚度/cm	泥结碎石,$h=15$		
		路宽和路拱	6(3.5%)		
		路表状况	局部挖槽大体平整		
改速措施及补强设计方案			铲除磨耗层,填补坑槽后,按右图补强		

图 6-1　道路技术状况图

6.2 路面结构层厚度检测 >>>

6.2.1 概述

在路面工程中,各个层次的厚度与道路整体强度密切相关。在路面设计中,不管是刚性路面,还是柔性路面,其最终要决定的都是各个层次的厚度。只有在保证厚度的情况下,路面的各个层次及整体的强度才能得到保证。除了能保证强度外,严格控制各结构层的厚度,还能对路面的标高起到一定的控制作用。厚度是一个非常重要的指标。因此,在《公路工程质量检验评定标准:土建工程》(JTG F80/1—2004)中,路面各个层次的厚度的分值较高。

路面各结构层厚度的检测一般与压实度检测同时进行,当用灌砂法进行压实度检查时,可量取挖坑灌砂深度,即为结构层厚度。当用钻芯取样法检查压实度时,可直接量取芯样高度。结构层厚度也可以采用水准仪量测法求得,即在同一测点量出结构层底面及顶面的高程,然后求其差值。这种方法无须破坏路面,测试精度高。目前,国内外还用雷达、超声波等方法检测路面结构层厚度。

基层或砂石路面的厚度可用挖坑法测定,沥青面层与水泥混凝土路面板的厚度应用钻孔法测定。

6.2.2 厚度检测方法

6.2.2.1 挖坑法

(1)根据现行规范的要求,随机取样决定挖坑检查的位置。如为旧路,该点有坑洞等显著缺陷或接缝时,可在其旁边检测。

(2)选一块大小约为 40 cm×40 cm 的平坦表面作为试验地点,用毛刷将其清扫干净。

(3)根据材料坚硬程度,选择镐、铲、凿子等适当的工具,开挖这一层材料,直至层位底面。在便于开挖的前提下,开挖面积应尽量缩小,坑洞大体呈圆形,边开挖边将材料铲出,置于搪瓷盘中。

(4)用毛刷将坑底清扫,确认为坑底面下一层的顶面。

(5)将钢板尺平放,横跨于坑的两边,将另一把钢尺或卡尺等量具从坑的中部垂直伸至坑底,测量坑底至钢板尺的距离,即为检查层的厚度,以 cm 计,精确至 0.1 cm。

6.2.2.2 钻孔取样法

(1)根据现行规范的要求,随机取样决定挖坑检查的位置。如为旧路,该点有坑洞等显著缺陷或接缝时,可在其旁边检测。

(2)用路面取芯钻孔机钻孔,芯样的直径应为 100 mm。如芯样仅供测量厚度,不做其他试验,对沥青面层与水泥混凝土板也可用直径为 50 mm 的钻头,对基层材料有可能损坏试件时,也可用直径为 150 mm 的钻头,但钻孔深度必须达到层厚。

(3)仔细取出芯样,清除底面灰尘,找出其与下层的分界面。

(4)用钢板尺或卡尺沿圆周对称的十字方向四处量取表面至上、下层界面的高度,取其平均值,即为该层的厚度,精确至 0.1 cm。

6.2.2.3 施工过程中的简易方法

在施工过程中,当沥青混合料尚未冷却时,可根据需要,随机选择测点,用大改锥插入量取或挖坑量取沥青层的厚度(必要时用小锤轻轻敲打),但不得使用铁镐等会扰动四周沥青层的工具。挖坑后清扫坑边,架上钢板尺,用另一钢板尺量取层厚,或用改锥插入坑内量取深度后用尺读数,即为层厚,以 cm 计,精确至0.1 cm。

6.2.3　填补试坑或钻孔

填补工序如有疏忽,易成为隐患而导致开裂,因此,所有挖坑、钻孔均应仔细做好。用取样层的相同材料填补试坑或钻孔的步骤如下:

(1)适当清理坑中残留物,钻孔时留下的积水应用棉纱吸干。

(2)对无机结合料稳定层及水泥混凝土路面板,按相同配比用新拌的材料并用小锤击实。水泥混凝土中宜掺加少量快凝早强的外掺剂。

(3)对无机结合料粒料基层,可用挖坑时取出的材料,适当加水拌和后分层填补,并用小锤击实。

(4)对正在施工的沥青路面,用相同级配的热拌沥青混合料分层填补并用加热的铁锤或热夯压实。旧路钻孔也可用乳化沥青混合料修补。

(5)所有补坑结束时,宜比原面层略鼓出少许,用重锥或压路机压实平整。

6.2.4　结构层厚度的评定

(1)路面厚度是关系到质量和造价的重要指标。我们既不能给承包商提供偷工减料的可能,又要考虑正常施工条件下的厚度偏差情况,故采用平均值的置信下限作为否决指标,以单点极值作为扣分指标。

(2)计算一个评定路段检测的厚度的平均值、标准差、变异系数,并计算代表厚度。厚度代表值按式(6-1)计算:

$$x_1 = \bar{x} - \frac{t_a s}{\sqrt{n}}$$
(6-1)

式中　x_1——厚度代表值;

　　　$\bar{x}$——厚度平均值;

　　　s——标准差;

　　　n——检测数量;

　　　t_a——t 分布在表中随测点和保证率(或置信率 α)而变的系数。

t_a 采用的保证率如下。

高速公路、一级公路:基层、底基层为 99%,面层为 95%;

其他公路:基层、底基层为 95%,面层为 90%。

(3)当厚度代表值大于或等于设计厚度减去代表值允许偏差时,则按单个检查值的偏差是否超过极值来评定合格率和计算应得分数;当厚度代表值小于设计厚度减去代表值允许偏差时,则厚度指标评为零分。

(4)沥青面层一般按沥青铺筑层总厚度进行评定,但高速公路和一级公路多分 2~3 层铺筑,还应进行上部层厚度的检查和评定。

6.3 路基路面强度测试方法 >>>

6.3.1 回弹弯沉测试方法

6.3.1.1 概述

国内外普遍采用回弹弯沉值来表征路基路面的承载能力。回弹弯沉值越大,承载能力越小,反之则越大。通常所说的回弹弯沉值是指标准后轴双轮组轮隙中心处的最大回弹弯沉值。在路表测试的回弹弯沉值可以反映路基、路面的综合承载能力。回弹弯沉值在我国已广泛使用,不仅用于新建路面结构的设计(设计弯沉值)和施工控制与验收(竣工验收弯沉值),还用于旧路补强设计。

(1)弯沉值的几个概念。

① 弯沉。

弯沉是指在规定的标准轴载作用下,路基路面表面轮隙位置产生的总垂直变形(总弯沉)或垂直回弹变形值(回弹弯沉),以 0.01 mm 为单位。

② 设计弯沉值。

设计弯沉值是指根据设计年限内一个车道上预测通过的累计当量轴次、公路等级、面层和基层类型而确定的路面弯沉设计值。

③ 竣工验收弯沉值。

竣工验收弯沉值是检验路面是否达到设计要求的指标之一。当路面厚度计算以设计弯沉值为控制指标时,则验收弯沉值应小于或等于设计弯沉值;当厚度计算以层底拉应力为控制指标时,应根据拉应力计算所得的结构厚度,重新计算路面弯沉值,该弯沉值即为竣工验收弯沉值。

(2)弯沉值的测试方法。

弯沉值的测试方法较多,目前用得最多的是贝克曼梁法,该技术在我国已成熟。但由于其测试速度等因素的限制,各国都对快速连续或动态测定进行了研究,并发明了各类弯沉仪,主要有法国的洛克鲁瓦式自动弯沉仪,丹麦等国家的落锤式弯沉仪(FWD),美国的振动弯沉仪等。现将几种弯沉仪对应的使用方法做简单比较,见表6-2。

表 6-2   **几种弯沉测试方法比较**

方法	特点
贝克曼梁法	传统方法,速度慢,静态测试,比较成熟,目前属于标准方法
自动弯沉仪法	利用贝克曼梁原理,快速连续,属于静态测试范畴,但测定的是总弯沉,因此使用时应用贝克曼梁进行标定换算
落锤式弯沉仪法	利用重锤自由落下的瞬间产生的冲击荷载测定弯沉,属于动态弯沉,并能反算路面的回弹模量,快速连续,使用时应用贝克曼梁法进行标定换算

6.3.1.2 贝克曼梁法

(1)试验目的和适用范围。

① 本方法适用于测定各类路基、路面的回弹弯沉,用以评定其整体承载能力,可供路面结构设计使用。

② 本方法测定的路基、沥青路面的回弹弯沉值可供交工和竣工验收使用。

③ 本方法测定的路面回弹弯沉可为公路养护管理部门制订养路、修路计划提供依据。

④ 沥青路面的弯沉以 20 ℃为标准温度,在其他温度[超过(20±2)℃]下测试时,对厚度大于 5 cm 的沥青路面,弯沉值应予温度修正。

(2)仪具与材料。

① 测试车:双轴、后轴双侧 4 轮的载重车,其标准轴荷载、轮胎尺寸、轮胎间隙及轮胎气压等主要参数应符合表 6-3 的要求。测试车可根据需要按公路等级选择,高速公路、一级及二级公路应采用后轴 100 kN 的 BZZ-100;其他等级公路也可采用后轴 60 kN 的 BZZ-60。

表 6-3　　　　　　　　　　　　　　　测定弯沉用的标准轴参数

标准轴载等级	BZZ-100	BZZ-60
后轴标准轴载 P/kN	100±1	60±1
一侧双轮荷载/kN	50±0.5	30±0.5
轮胎充气压力/MPa	0.70±0.05	0.50±0.05
单轮传压面当量圆直径/cm	21.30±0.5	19.50±0.5
轮隙宽度	应满足能自由插入弯沉仪测头的测试要求	

② 路面弯沉仪:由贝克曼梁、百分表及表架组成,贝克曼梁由铝合金制成,上有水准泡,其前臂(接触路面)与后臂(装百分表)长度比为 2∶1。弯沉仪有两种:一种长为 3.6 m,前、后臂分别为 2.4 m 和 1.2 m;另一种加长的弯沉仪长为 5.4 m,前、后臂分别为 3.6 m 和 1.8 m。当在半刚性基层沥青路面或水泥混凝土路面上测定时,宜采用长度为 5.4 m 的贝克曼梁弯沉仪,并采用 BZZ-100 标准车。弯沉值采用百分表量得,也可用自动记录装置进行测量。

③ 接触式路面温度计:端部为平头,分度不大于 1 ℃。

④ 其他:皮尺、口哨、白油漆或粉笔、指挥旗等。

(3)试验方法与步骤。

① 试验前准备工作。

a. 检查并保持测定用标准车的车况及刹车性能良好,轮胎内胎符合规定的充气压力。

b. 向汽车车槽中装载(铁块或集料),并用地中衡称量后轴总质量,符合要求的轴重规定,汽车行驶及测定过程中,轴重不得变化。

c. 在平整光滑的硬质路面上用千斤顶将汽车后轴顶起,在轮胎下方铺一张新的复写纸,轻轻落下千斤顶,即在方格纸上印上轮胎印痕,用求积仪或数方格的方法测算轮胎接地面积,精确至 0.1 cm²。

d. 检查弯沉仪百分表测量的灵敏度。

e. 当在沥青路面上测定时,用路表温度计测定试验时气温及路表温度(一天中气温不断变化,应随时测定),并通过气象台了解前 5 d 的平均气温(日最高气温与最低气温的平均值)。

f. 记录沥青路面修建或改建时材料、结构、厚度、施工及养护等情况。

② 测试步骤。

a. 在测试路段布置测点,其距离根据测试需要而定。测点应在路面行车道的轮迹带上,并用白油漆或粉笔画上标记。

b. 将试验车后轮轮隙对准测点后 3~5 cm 处的位置上。

c. 将弯沉仪插入汽车后轮之间的缝隙处,与汽车方向一致,梁臂不得碰到轮胎,将弯沉仪测头置于测点上(轮隙中心前方 3~5 cm 处),并安装百分表于弯沉仪的测定杆上,百分表调零,用手指轻轻叩打弯沉仪,检查百分表是否稳定回零。弯沉仪可以是单侧测定,也可以双侧同时测定。

d. 测定者吹哨发令指挥汽车缓缓前进,百分表随路面变形的增加而持续向前转动。当表针转动到最大值时,迅速读取初读数 L_1。汽车仍在继续前进,表针反向回转,待汽车驶出弯沉影响半径(3 m 以上)后,吹口哨或挥动红旗指挥停车。待表针回转稳定后读取终读数 L_2。汽车前进的速度宜为 5 km/h 左右。

(4)弯沉仪的支点变形修正。

① 当采用长度为3.6 m的弯沉仪对半刚性基层沥青路面、水泥混凝土路面等进行弯沉测定时,有可能引起弯沉仪支座处变形,因此测定时应检验支点有无变形。此时应用另一台检验用的弯沉仪安装在测定用的弯沉仪的后方,其测点架于测定用弯沉仪的支点旁。当汽车开出时,测定两台弯沉仪的弯沉读数,如检验用弯沉仪百分表有读数,即应该记录并进行支点变形修正。当在同一结构层上测定时,可在不同的位置测定5次,求平均值,以后每次测定时以此作为修正值,支点变形修正的原理如图6-2所示。

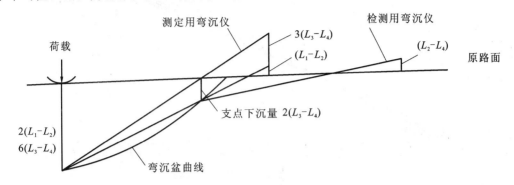

图6-2 弯沉仪支点变形修正原理

② 当采用长为5.4 m的弯沉仪测定时,可不进行支点变形修正。

(5)结果计算及温度修正。

① 测点的回弹弯沉值按式(6-2)计算:

$$L_T = (L_1 - L_2) \times 2 \tag{6-2}$$

式中 L_T——在路面温度为T时的回弹值,0.01 mm;

L_1——车轮中心临近弯沉仪测头时百分表的最大读数,即初读数,0.01 mm;

L_2——汽车驶出弯沉影响半径后百分表的最大读数,即终读数,0.01 mm。

② 进行弯沉仪支点变形修正时,路面测点的回弹沉值按式(6-3)计算:

$$L_T = (L_1 - L_2) \times 2 + (L_3 - L_4) \times 6 \tag{6-3}$$

式中 L_1——车轮中心临近弯沉仪测头时百分表的最大读数,即初读数,0.01 mm;

L_2——汽车驶出弯沉影响半径后百分表的最大读数,即终读数,0.01 mm;

L_3——车轮中心临近弯沉仪测头时检验用弯沉仪的最大读数,0.01 mm;

L_4——汽车驶出弯沉影响半径后检验用弯沉仪的终读数,0.01 mm。

式(6-3)适用于测定用弯沉仪支座处有变形,但百分表架处路面已无变形的情况。

③ 沥青面导层厚度大于5 cm且路面温度超过(20±2)℃时,回弹弯沉值应进行温度修正。温度修正有两种方法。

a. 查图法。

测定时的沥青层平均温度按式(6-4)计算:

$$T = \frac{T_{25} + T_m + T_e}{3} \tag{6-4}$$

式中 T——测定时沥青层平均温度,℃;

T_{25}——根据图6-3决定的路表下25 mm处的温度,℃;

T_m——根据图6-3决定的沥青层中间深度的温度,℃;

T_e——根据图6-3决定的沥青层底面处的温度,℃。

图6-3中T_0为测定时路表温度与测定前5 d日平均气温之和,日平均气温为日最高气温与最低气温的平均值。

不同基层的沥青路面弯沉值的温度修正系数K,可根据沥青平均温度T及沥青层厚度,分别由图6-4、图6-5求取。

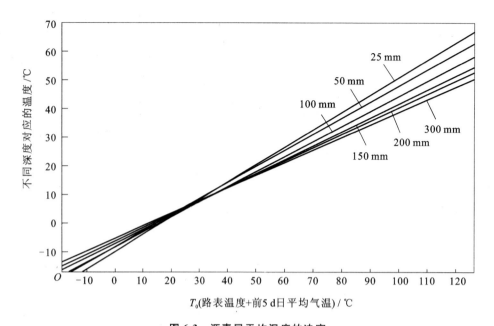

图 6-3　沥青层平均温度的决定

注:线上的数字表示路表下的不同深度(单位:mm)

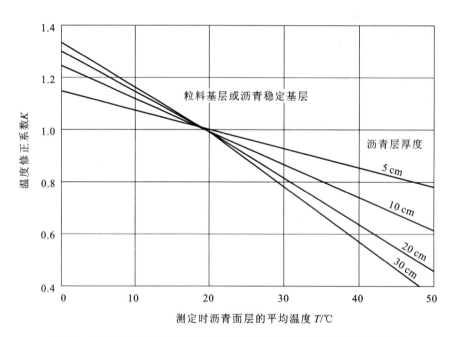

图 6-4　路面弯沉温度修正系数曲线(适用于粒料基层及沥青稳定基层)

沥青路面回弹弯沉按式(6-5)计算:

$$L_{20} = L_T + K \tag{6-5}$$

式中　K——温度修正系数;

　　　L_{20}——换算为20℃的沥青路面回弹弯沉值,0.01 mm;

　　　L_T——测定时沥青面层内平均温度为 T 时的回弹弯沉值,0.01 mm。

　　b. 经验计算法。

测定时的沥青面层平均温度 T 按式(6-6)计算:

$$T = a + bT_0 \tag{6-6}$$

式中　T——测定时沥青面层平均温度,℃;

　　　a——系数,$a = -2.65 + 0.52h$;

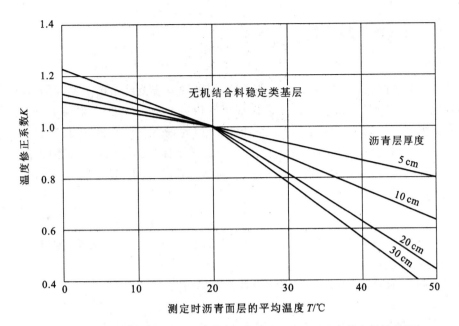

图 6-5 路面弯沉温度修正系数曲线(适用于无机结合料稳定的半刚性基层)

b——系数,$b=0.62-0.008h$;

T_0——测定时路表温度与前 5 h 平均气温之和,℃;

h——沥青面层厚度,cm。

沥青路面弯沉的温度修正系数 K 按式(6-7)、式(6-8)计算:

当 $T \geqslant 20$ ℃时

$$K = e^{\left(\frac{1}{T}+\frac{1}{20}\right)^h} \tag{6-7}$$

当 $T < 20$ ℃时

$$K = e^{0.002h(20-T)} \tag{6-8}$$

(6)结果评定。

① 按式(6-9)计算每一个评定路段的代表弯沉。

$$L_r = \bar{L}_r + Z_a S \tag{6-9}$$

式中 L_r——一个评定路段的代表弯沉,0.01 mm;

$\bar{L}_r$——一个评定路段内经各项修正后的各测点弯沉的平均值,0.01 mm;

s——一个评定路段内经各项修正后的全部测点弯沉的标准差,0.01 mm;

Z_a——与保证率有关的系数,当设计弯沉值按《公路沥青路面设计规范》(JTG D50—2006)确定时,采用表 6-4 中的规定值。

表 6-4   **保证系数 Z_a 的取法**

层位	Z_a	
	高速公路、一级公路	二级、三级公路
沥青面层	1.645	1.5
路基	2.0	1.645

② 计算平均值和标准差时,应将超出 $\bar{L} \pm (2 \sim 3)s$ 的弯沉特异值舍弃。对舍弃的弯沉值过大的点,应找出其周围界限,进行局部处理。用两台弯沉仪同时进行左右轮弯沉值测定时,应按两个独立测点计,不能采用左右两点的平均值。

③ 弯沉代表值不大于设计要求的弯沉值时,得满分;大于时,得零分。若在非不利季节测定,则应考虑季节影响系数。

6.3.2　回弹模量试验检测方法

6.3.2.1　概述

土基的回弹模量是公路设计一个必不可少的参数,我国现有规范已给出了不同的自然区划和土质的回弹模量值的推荐值,具体参见《公路沥青路面设计规范》(JTG D50—2006)中附录 F:土基回弹模量参考值表。但由于土基回弹模量的改变将会影响路面设计的厚度,建议有条件时最好直接测定。随着施工质量的提高,回弹模量值的检验将会作为控制施工质量的一个重要指标。测定回弹模量的方法,目前国内常用的主要有承载板法、贝克曼梁法和其他间接测试方法(如贯入仪器定法和CBR测定法)。

6.3.2.2　承载板法

(1)试验目的和适用范围。

① 本方法适用于在现场土基表面,通过承载板对土基逐渐加载、卸载的方法,测出每级荷载下相应的土基回弹变形值,经过计算求得土基回弹模量。

② 本方法测定的土基回弹模量可作为路面设计参数使用。

(2)仪具与材料。

① 加载设施:载有铁块或集料等重物、后轴重不小于 60 kN 的载重汽车一辆。在汽车大梁的后轴之后约 80 cm 处,附设加劲小梁一根作为反力梁。汽车轮胎充气压力为 0.50 MPa。

② 现场测试装置(图 6-6),由千斤顶、测力计(测力环或压力表)及球座组成。

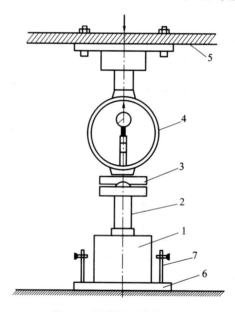

图 6-6　承载板测试装置图

1—加载千斤顶;2—钢圆筒;3—钢板及球座;4—测力计;
5—加劲横梁;6—承载板;7—立柱及支座

③ 刚性承载板一块,板厚为 20 mm,直径为 30 cm,直径两端设有立柱和可以调整高度的支座供安放弯沉仪测头,承载板放在土基表面上。

④ 路面弯沉仪两台,由贝克曼梁、百分表及其支架组成。

⑤ 液压千斤顶一台,重 80～100 kN,装有经过标定的压力表或测力环,其容量不小于土基强度,测定精度不小于测力计量程的 1/100。

⑥ 秒表。

⑦ 水平尺。

⑧ 其他:细砂、毛刷、垂球、镐、铁锹、铲等。

(3)试验前准备工作。

① 根据需要选择有代表性的测点,测点应位于水平的路基上,土质均匀,不含杂物;

② 仔细平整土基表面,撒干燥洁净的细砂填平土基凹处,砂子不可覆盖全部土基表面,以避免形成一层。

③ 安置承载板,并用水平尺进行校正,使承载板处于水平状态。

④ 将试验车置于测点上,在加劲小梁中部悬挂垂球测试,使之恰好对准承载板中心,然后收起垂球。

⑤ 在承载板上安放千斤顶,上面衬垫钢圆筒,并将球座置于顶部,与加劲横梁接触。如用测力环时,应将测力环置于千斤顶与横梁中间。千斤顶及衬垫物必须保持垂直,以免加压时千斤顶倾倒发生事故,影响测试数据的准确性。

⑥ 将两台弯沉仪的测头分别置于承载板立柱的支座上,百分表对零或其他合适的初始位置。

(4)测试步骤。

① 用千斤顶开始加载,注视测力环或压力表,至预压为 0.5 MPa,稳压 1 min,使承载板与土基紧密接触,同时检查百分表的工作情况是否正常,然后放松千斤顶油门卸载,稳压 1 min,将指标对零或记录初始读数。

② 测定土基的压力-变形曲线。用千斤顶加载,采用逐级加载卸载法,用压力表或测力环控制加载量。荷载小于 0.1 MPa 时,每级增加 0.02 MPa,以后每级增加 0.04 MPa 左右。为了使加载和计算方便,加载数值可适当调整为整数。每次加载至预定荷载后,稳定 1 min,立即读记两台弯沉仪百分表数值,然后轻轻放开千斤顶油门卸载至 0,待卸载稳定 1 min 后,再次读数,每次卸载后,百分表不再对零。当两台弯沉仪百分表读数之差小于平均值的 30% 时,取平均值;如超过 30%,则应重测。当回弹变形值超过 1 mm 时,即可停止加载。

③ 各级荷载的回弹变形和总变形,按以下方法计算:

$$回弹变形(L) = (加载后读数平均值 - 卸载后读数平均值) \times 弯沉仪杠杆比 \tag{6-10}$$
$$总变形(L') = (加载后读数平均值 - 加载初始前读数平均值) \times 弯沉仪杠杆比 \tag{6-11}$$

④ 测定汽车总影响量 a。最后一次加载卸载循环结束后,取走千斤顶,重新读取百分表初读数,然后将汽车开出 10 m 以外,读取终值数,两个百分表的初、终读数之差的平均值乘以弯沉仪杠杆比即为总影响量 a。

⑤ 在试验点下取样,测定材料含水量。取样数量如下:

最大粒径不大于 5 mm,试样数量约为 120 g;

最大粒径不大于 25 mm,试样数量约为 250 g;

最大粒径不大于 40 mm,试样数量约为 500 g。

⑥ 在紧靠试验点旁边的适当位置,用灌砂法、环刀法或其他方法测定土基的密度。

(5)计算。

① 各级压力的回弹变形加上该级的影响量后,则为回弹变形计算值。表 6-5 是以后轴重为 60 kN 的标准车作为测试车的各级荷载影响量的计算值。当使用其他类型测试车时,各级压力下的影响量 a_i 按式(6-12)计算:

$$a_i = \frac{(T_1 + T_2)\pi D^2 p_i}{4T_1 Q} \cdot a \tag{6-12}$$

式中　T_1——测试车前后轴距,m;

　　　T_2——加劲小梁距后轴距离,m;

　　　D——承载板直径,m;

　　　Q——测试车后轴重,N;

　　　p_i——各级承载板压力,Pa;

　　　a——总影响量,0.01 mm;

　　　a_i——各级压力的分级影响量,0.01 mm。

表 6-5　　　　　　　　　　　　　　**各级荷载影响量(后轴重为 60 kN)**

承载板压力/MPa	0.05	0.10	0.15	0.20	0.30	0.40	0.50
影响量	0.06a	0.12a	0.18a	0.24a	0.36a	0.48a	0.60a

② 将各级计算回弹变形值点绘于标准计算纸上,排除显著偏离的异常点并绘出顺滑的 $p\text{-}L$ 曲线,如曲线起始部分出现反弯,则应按图 6-7 修正原点 O,O' 为修正后的原点。

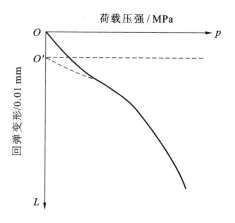

图 6-7 修正原点示意图

③ 按式(6-13)计算相应于各级荷载下的土基回弹模量值:

$$E_i = \frac{\pi D}{4} \cdot \frac{p_i}{L_i} (1 - \mu_0^2) \qquad (6\text{-}13)$$

式中 E_i——相应于各级荷载下的土基回弹模量,MPa;

μ_0——土的泊松比;

D——承载板直径,30 cm;

p_i——承载板压力,MPa;

L_i——相对于荷载时的回弹变形,cm。

④ 取结束试验前的各回弹变形值按线形回归方法根据式(6-14)计算土基回弹模量 E_0 值:

$$E_0 = \frac{\pi D}{4} \cdot \frac{\sum p_i}{L_i \sum L_i} (1 - \mu_0^2) \qquad (6\text{-}14)$$

式中 E_0——土基回弹模量,MPa;

μ_0——土的泊松比,根据部颁路面设计规范规定选用;

L_i——相对于荷载时的回弹变形,cm;

p_i——对应于 L_i 的各级压力值,MPa。

(6)报告。

① 实验采用的记录格式如表 6-6 所示。

表 6-6 　　　　　　　　　　　承载板测定记录表

路线和编号:						路面结构:				
测定层位:						测定用汽车型号:				
承载板直径/cm:						测定日期:　　年　　月　　日				

千斤顶读数	荷载 P/kN	承载板压力 /MPa	百分表读数/0.01 mm			总变形 /0.01 mm	回弹变形 /0.01 mm	分级影响量 /0.01 mm	计算回弹变形 /0.01 mm	E_i /MPa
			加载前	加载后	卸载后					

总影响量 a:

土基回弹模量 E_i/MPa:

② 试验报告内容。

a. 试验时所采用的汽车。

b. 近期天气情况。

c. 试验时土基的含水量。

d. 土基密度和压实度。

e. 相应于各级荷载下的土基回弹模量值。

f. 土基回弹模量值。

6.3.2.3 贝克曼梁法

(1)试验目的和适用范围。

本方法适用于在土基厚度不小于 1 m 的粒料整层表面,用弯沉仪测试各测点的回弹弯沉值,通过计算求得该材料的回弹模量值的试验;也适用于在旧路表面测定路基路面的综合回弹模量。

(2)试验方法与步骤。

① 选择洁净的路基表面、路面表面作为测点,在测点处做好标记并编号。

② 无结合料粒料基层的整层试验段(试槽)应符合下列要求:

整层试槽可修筑在行车带范围内或路肩及其他合适处,也可修筑在室内,但均应适于用汽车测定弯沉。试槽应选择在干燥或中湿路段处,不得铺筑在软土基上。试槽面积不小于 3 m×2 m,厚度不宜小于1 m。铺筑时,先挖 3 m×2 m×1 m(长×宽×深)的坑,然后用欲测定的同一种路面材料按有关施工规定的压实层厚度分层铺筑并压实,直至顶面,使其达到要求的压实度标准。同时应严格控制材料组成,配比均匀一致,符合施工质量要求。试槽表面的测点间距可按图 6-8 布置在中间 2 m×1 m 的范围内,可测定 23 点。

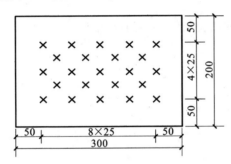

图 6-8　试槽表面的测点布置(单位:cm)

(3)计算。

① 计算全部测定值的算术平均值、单次测量的标准差和自然误差:

$$\bar{L} = \frac{\sum L_i}{n} \tag{6-15}$$

$$s = \sqrt{\frac{\sum (L_i - \bar{L})^2}{n-1}} \tag{6-16}$$

$$r_0 = 0.675s \tag{6-17}$$

式中　$\bar{L}$——回弹弯沉的平均值,0.01 mm;

s——回弹弯沉测定值的标准差,0.01 mm;

r_0——回弹弯沉测定值的自然误差,0.01 mm;

L_i——各测点的回弹弯沉值,0.01 mm;

n——测点总数。

② 计算各测点的测定值与算术平均值的偏差值 $d_i = L_i - \bar{L}$,并计算较大的偏差与自然误差之比 d_i/r_0。当某个测点观测值 d_i/r_0 的值大于表 6-7 中的 d/r 极限值时则应舍弃该测点,然后重新计算所余各测点的算术平均值($\bar{L}$)及标准差(s)。

表 6-7 相应于不同观测次数的 d/r 极限值

n	5	10	15	20	50
d/r	2.5	2.9	3.2	3.3	3.8

③ 按式(6-18)计算代表弯沉值：

$$L_r = \bar{L} + s \tag{6-18}$$

式中　L_r——计算代表弯沉；

　　　$\bar{L}$——舍弃不符合要求的测点后所余各测点弯沉的算术平均值；

　　　s——舍弃不符合要求的测点后所余各测点弯沉的标准差。

④ 按式(6-19)计算土基、整层材料的回弹模量或旧路的综合回弹模量(E_1)。

$$E_1 = \frac{2Pr}{L_r}(1 - \mu^2)K \tag{6-19}$$

式中　E_1——计算的土基、整层材料的回弹模量或旧路的综合回弹模量，MPa；

　　　P——测车轮的平均垂直荷载，MPa；

　　　r——测定用标准双圆荷载单轮传压面当量圆的半径，cm；

　　　μ——测定层材料的泊松比；

　　　K——弯沉系数，为 0.712。

(4)报告。

报告应包括弯沉测定表、计算的代表弯沉、采用的泊松比及计算得到的材料回弹模量 E_1 等，对沥青路面应报告测试时的路面温度。

6.4 平整度试验检测方法 ▶▶▶

6.4.1 概述

平整度是路面施工质量与服务水平的重要指标之一。它是指以规定的标准量规,间断地或连续地量测路表面的凹凸情况,即不平整度的指标。路面的平整度与路面各结构层次的平整状况有一定的联系,即各层次的平整效果将累积反映到路面表面上,路面面层由于直接与车辆接触,不平整的表面将会增大行车阻力,将使车辆产生附加振动作用。这种振动作用会造成行车颠簸,影响行车的速度和安全及驾驶的平稳和乘客的舒适性。同时,振动作用还会对路面施加冲击力,从而加剧路面和汽车机件的损坏和轮胎的磨损,并增大油耗。再者,不平整的路面会积滞雨水,加速路面的破坏。因此,平整度的检测与评定是公路施工与养护的一个非常重要的环节。

平整度的测试设备分为断面类及反应类两大类。断面类实际上是测定路面表面凹凸情况的,如最常用的 3 m 直尺及连续式平整度仪,还可用精确测定高程得到;反应类测定路面凹凸引起车辆振动的颠簸情况。反应类指标是司机和乘客直接感受到的平整度指标。因此,它实际上是舒适性能指标。最常用的测试设备是车载式颠簸累积仪,现已有更新型的自动化测试设备,如纵断面分析仪、路面平整度数据采集系统测定车等。常见的几种平整度测试方法的特点及技术指标比较见表 6-8。国际上通用国际平整度指数 IRI 来衡量路面行驶舒适性或路面行驶质量,可通过标定试验得出 IRI 与标准差 σ 或单向累积值 VBI 之间的关系。

表 6-8   平整度测试方法比较

方法	特点	技术指标
3 m 直尺法	设备简单,结果直观,间断测试,工作效率低,反应凸凹程度	最大间隙 h/mm
连续式平整度仪法	设备较复杂,连续测试,工作效率高,反应凸凹程度	标准差 σ/mm
颠簸累积仪法	设备复杂,连续测试,工作效率高,反应舒适性	单向累积值 VBI$/(\text{cm/h})$

6.4.2　3 m 直尺法

3 m 直尺法有单尺测定最大间隙及等距离(1.5 m)连续测定两种。两种方法测定的路面平整度有较好的相关关系。前者常用于施工质量控制与检查验收,单尺测定时要计算出测定段的合格率;后者也可用于施工质量检查验收,要算出标准差,用标准差来表示平整程度。

(1)试验目的和适用范围。

3 m 直尺法可用于测定压实成型的路基、路面各层表面的平整度,以评定路面的施工质量及使用性能。

(2)测试要点。

① 在测试路段路面上选择测试地点。

a. 当为施工过程中质量检测需要时,测试地点根据需要确定,可以单杆检测。

b. 当为路基、路面工程质量检查验收或进行路况评定需要时,应首尾相接,连续测量 10 尺。除特殊需要外,应以行车道一侧车轮轮迹(距车道线 80～100 cm)带作为连续测定的标准位置。

c. 对旧路面已形成车辙的路面,应取车辙中间位置为测定位置,用粉笔在路面上做好标记。

② 技术要求。

a. 在施工过程中检测时,按根据需要确定的方向,将 3 m 直尺摆在测试地点的路面上。

b. 目测 3 m 直尺底面与路面之间的间隙情况,确定间隙为最大的位置。

c. 用有高度标线的塞尺塞进间隙处,量记最大间隙的高度,精确至 0.2 mm。

d. 施工结束后检测时,按现行《公路工程质量检验评定标准:土建工程》(JTG F80/1—2004)的规定,每 1 处连续检测 10 尺,按上述步骤测记 10 个最大间隙。

(3)计算。

单杆检测路面的平整度计算,以 3 m 直尺与路面的最大间隙为测定结果。连续测定 10 尺时,判断每个测定值是否合格,根据要求计算合格百分率,并计算 10 个最大间隙的平均值。

$$合格率 = \frac{合格尺数}{总测尺数} \times 100\% \tag{6-20}$$

(4)报告。

单杆检测应随时记录测试位置及检测结果。连续测定 10 尺时,应报告平均值、不合格尺数、合格率。

6.4.3　连续式平整度仪法

(1)试验目的与适用范围。

连续式平整度仪法用于测定路表面的平整度,评定路面的施工质量和使用质量,但不适用于在已有较多坑槽、破损严重的路面上测定。

(2)仪器设备。

① 连续式平整度仪,构造如图 6-9 所示。

除特殊情况外,连续式平整度仪的标准长度为 3 m,其质量应符合仪器标准的要求。中间为一个长 3 m 的机架,机架可缩短或折叠,前后各有 4 个行走轮,前后两组轮的轴间距离为 3 m。机架中间有一个能起落的测定轮。机架上装有蓄电源及可拆卸的检测箱,检测箱可采用显示、记录、打印或绘图等方式输出测试结果。测定轮上装有位移传感器,自动采集位移数据时,测定间距为 10 cm,每一计算区间的长度为 100 m,每 100 m 输出一次结果。当为人工检测,无自动采集数据及计算功能时,应能记录测试曲线。机架头装有一牵引钩及手拉柄,可用人力或汽车牵引。

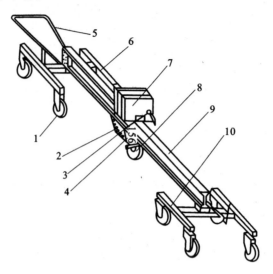

图 6-9　连续式平整度仪构造图

1—脚轮;2—拉簧;3—离合器;4—测架;5—牵引架;6—前架;

7—纵断面绘图仪;8—测定轮;9—纵梁;10—后架

② 牵引车:小面包车或其他小型牵引汽车。

③ 皮尺或测绳。

(3)试验要点。

① 选择测试路段路面测试地点,同 3 m 直尺法。

② 将连续式平整度仪置于测试路段路面起点上。

③ 在牵引汽车的后部,将平整度仪的挂钩挂上后,放下测定轮,启动检测器及记录仪,随即启动汽车,沿道路纵向行驶,横向位置保持稳定,并检查平整度检测仪表上测定数字显示、打印、记录的情况。如检测设备中某项仪表发生故障,即停车检测。牵引平整度仪的速度应均匀,速度宜为 5 km/h,最大不得超过12 km/h。

当测试路段较短时,亦可用人力拖拉平整度仪测定路面的平整度,但拖拉时应保持匀速前进。

(4)计算。

① 连续式平整度仪测定后,可按每 10 cm 间距采集的位移值,自动计算 100 m 计算区间的平整度标准差,还可记录测试长度、曲线振幅大于某一定值(3 mm,5 mm,8 mm,10 mm 等)的次数、曲线振幅的单向(凸起或凹下)累计值及以 3 m 机架为基准的中点路面偏差曲线图,并打印输出。当为人工计算时,在记录曲线上任意设一基准线,每隔一定距离(宜为 1.5 m)读取曲线偏离基准线的偏离位移值 d_i。

② 每一计算区间的路面平整度以该区间测定结果的标准差表示,按式(6-21)计算:

$$\sigma_i = \sqrt{\frac{\sum (\bar{d} - d_i)^2}{n-1}} \tag{6-21}$$

式中　σ_i——各计算区间的平整度计算值,mm;

d_i——以 100 m 为一个计算区间,每隔一定距离(自动采集间距为 10 cm,人工采集间距为 1.5 m)采集的路面凹凸偏差位移值,mm;

n——计算区间用于计算标准差的测试数据个数。

③ 计算一个评定路段内各区间平整度标准差的平均值、标准差、变异系数。

(5)报告。

试验应列表报告每一个评定路段内各测定区间的平整度标准差,各评定路段平整度的平均值、标准差、变异系数以及不合格区间数。

6.4.4 车载式颠簸累积仪法

(1)试验目的和适用范围。

① 本方法规定用车载式颠簸累积仪测量车辆在路面上通行时后轴与车厢之间的单向位移累积值 VBI 来表示路面的平整度,以 cm/km 计。

② 本方法适于测定路面表面的平整度,以评定路面的施工质量和使用期的舒适性,但不适用于已有较多坑槽、破损严重的路面的测定。

(2)主要设备。

本试验需要下列仪具。

① 车载式颠簸累积仪。

车载式颠簸累积仪由机械传感器、数据处理器及微型打印机组成。传感器固定安装在测试车的底板上,如图 6-10 所示。

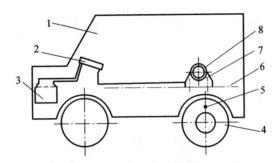

图 6-10 车载式颠簸累积仪安装示意图

1—测试车;2—数据处理器;3—电瓶;4—后桥;5—挂钩;
6—底板;7—钢丝绳;8—颠簸累积仪传感器

仪器的主要技术性能指标如下。

a. 测试速度:可在 30～50 km/h 内选定。

b. 最小读数:1 cm。

c. 最大测试幅值:±30 cm。

d. 最大显示值:9999 cm。

e. 系统最高反应频率:5 kHz。

② 测试车:旅行车、越野车或小轿车。

(3)工作原理。

测试车以一定的速度在路面上行驶,由于路面上的凹凸不平,引起汽车的激振,通过机械传感器可测量后轴同车厢之间的单向位移累积值 VBI,以 cm/km 计。VBI 值越大,说明路面平整性越差,人体乘坐汽车时越不舒适。

(4)技术要点。

① 仪器安装应准确、牢固、便于操作。

② 测试速度以 32 km/h 为宜,一般不宜超过 40 km/h。

(5)注意事项。

① 检测结果与测试车机械系统的振动特性和车辆行驶速度有关。减振性能越好,则 VBI 测值小;车速越高,VBI 测值越大。因此,必须通过对机械系统的良好保养和检测时严格控制车速来保持测定结果的稳定性。

② 用车载式颠簸累积仪测出的颠簸累积值 VBI 与用连续式平整仪测出的标准差 σ 概念不同,可通过对比试验,建立两者的相关关系,将 VBI 值换算为 σ,用于评定路面平整度。

③ 通过大量研究观察得出:$\sigma=0.61\text{IRI}$。

④ 国际不整度指数 IRI 是国际上公认的衡量路面行驶舒适性或路面行驶质量的指数。我们也可通过标定试验,建立 VBI 与 IRI 的相关关系,将颠簸累积仪测出的颠簸累积值 VBI 换算为国际平整度指数 IRI。关于车载式颠簸累积仪测定平整度试验的方法详见《公路路基路面现场测试规程》(JTG E60—2008)。

(6)报告。

① 应列表报告每一个评定路段内各测定区间的颠簸累积值,各评定路段颠簸累积值的平均值、标准差、变异系数。

② 测试速度。

③ 试验结果与国际平整度指数等其他平整度指标建立的相关关系式、参数值、相关系数。

6.5 路面抗滑性能试验检测方法 　>>>

6.5.1 概述

路面抗滑性能是指车辆轮胎受到制动时沿表面滑移所产生的力。通常,抗滑性能被看作是路面的表面特性,用轮胎与路面间的摩阻系数来表示。表面特性包括路表面细构造和粗构造。影响抗滑性能的因素有路面表面特性、路面潮湿程度和行车速度。

路表面细构造是指集料表面的粗糙度。它随车轮的反复磨耗而逐渐被磨光,通常采用石料磨光值(PSV)表征抗磨光的性能。路表面粗构造是由路表外露集料形成的构造,功能是使车轮下的路表水迅速排除,以避免形成水膜。它由构造深度表征。低速(30～50 km/h 以下)时,细构造对路表抗滑性能起决定作用;而高速时,粗构造起主要作用。

抗滑性能测试方法有制动距离法、偏转轮拖车法(横向力系数测试)、摆式仪法、构造深度测试法(手工铺砂法、电动铺砂法、激光构造深度仪法)。各方法的特点和测试指标见表 6-9。

表 6-9　　路面抗滑性能测试方法比较

测试方法	测试指标	原理	特点及适用范围
制动距离法	摩擦系数 f	以一定速度在潮湿路面上行驶的 4 轮小客车或轻货车,当 4 个车轮被制动时,测试出从车辆减速滑移到停止的距离,再运用动力学原理,算出摩擦系数	测试速度快,必须中断交通
摆式仪法	摩擦摆值 F_B/BPN	摆式仪的摆锤底面装有橡胶滑块。当摆锤从一定高度自由下摆时,滑块面同试验表面接触。两者间的摩擦会损耗部分能量,使摆锤只能回摆一定高度。表面摩擦阻力越大,回摆高度越小(即摆值越大)	定点测量,原理简单,不仅可以用于室内,还可用于野外测试沥青路面及水泥混凝土路面抗滑值
手工铺砂法 电动铺砂法	构造深度 TD/mm	将已知体积的砂,摊铺在所要测试路表的测点上,量取摊平覆盖的面积。砂的体积与所覆盖平均面积的比值,即为构造深度	定点测量,原理简单,便于携带,结果直观,适用于测定沥青路面及水泥混凝土路表面构造深度,用以评定路面表面的宏观粗糙度、排水性能及抗滑性
激光构造深度测试法	构造深度 TD/mm	将已知体积的砂,摊铺在所要测试路表的测点上,量取摊平覆盖的面积。砂的体积与所覆盖平均面积的比值,即为构造深度	测试速度快,适用于测定沥青路面干燥表面的构造深度,用以评价路面抗滑及排水能力,但不适用于较多坑槽或裂缝过多的路段

续表

测试方法	测试指标	原理	特点及适用范围
摩擦系数测定车测定路面横向力系数	横向力系数 SFC	拖车上安装有两只标准试验轮胎，它们对车辆行驶方向偏转一定角度。汽车以一定速度在潮湿路面行驶时，试验轮胎受到侧向摩阻作用。此摩阻力除以试验轮胎上的载重，即为横向力系数	测试速度快，用于以标准的摩擦系数测试车测定沥青或水泥混凝土路面的横向力系数，结果可作为竣工验收或使用期评定路面抗滑能力使用

路面的抗滑摆值是指用标准的手提式摆式摩擦系数测定仪测定的路面在潮湿条件下对摆的摩擦阻力。路表构造深度是指一定面积的路表面凹凸不平的开口孔隙的平均深度。路面横向摩擦系数是指用标准的摩擦系数测定车测定，当测定轮与行车方向呈一定角度且以一定速度行驶时，轮胎与潮湿路面之间的摩擦阻力与试验轮上荷载的比值。

6.5.2　构造深度测试方法

(1)手工铺砂法。

① 试验目的与适用范围。

本方法适用于测定沥青路面及水泥混凝土路面表面的构造深度，用以评定路面表面的宏观粗糙度、路面表面的排水性能及抗滑性能。

② 仪具与材料。

a. 人工铺砂仪：由圆筒、推平板组成。

量砂筒：形状尺寸如图 6-11(a)所示，一端是封闭的，容积为(25±0.15) mL，可通过称量砂筒中水的质量以确定其容积 V，并调整其高度，使其容积符合要求。其带一专门的刮尺可将筒口量砂刮平。

推平板：形状尺寸如图 6-11(b)所示，推平板应为木制或铝制，直径为 50 mm，底面粘一层厚 1.5 mm 的橡胶片，上面有一圆柱把手。

刮平尺：可用 30 cm 钢尺代替。

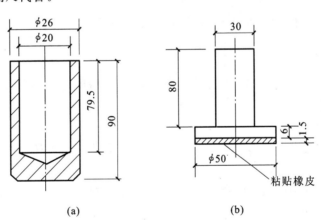

图 6-11　量砂筒和推平板示意图（单位：mm）

(a)量砂筒；(b)推平板

b. 量砂：足够数量的干燥洁净的匀质砂，粒径为 0.15～0.3 mm。

c. 量尺：钢板尺、钢卷尺，或采用已按式(6-22)将直径换算成构造深度作为刻度单位的专用的构造深度尺。

d. 其他：装砂容器(小铲)、扫帚或毛刷、挡风板等。

③ 方法与步骤。

a. 准备工作。

量砂准备：取洁净的细砂晾干、过筛，取 0.15～0.3 mm 的砂置于适当的容器中备用。量砂只能在路面上使用一次，不宜重复使用。回收砂必须经干燥、过筛处理后方可使用。

对测试路段按随机取样选点的方法,决定测点所在横断面位置。测点应选在行车道的轮迹带上,距路面边缘不应小于 1 m。

b. 试验步骤。

(a)用扫帚或毛刷将测点附近的路面清扫干净,面积不小于 30 cm×30 cm。

(b)用小铲向圆筒中注满砂,手提圆筒上方,在硬质路面上轻轻地叩打 3 次,使砂密实,补足砂面,用钢尺一次刮平。不可直接用量砂筒装砂,以免影响量砂的均匀性。

(c)将砂倒在路面上,用底面粘有橡胶片的推平板,从里向外重复做摊铺运动,稍稍用力将砂尽量向外摊开,使砂填入凹凸不平的路表面的空隙中,尽可能将砂摊成圆形,并不得在表面上留有浮动余砂。注意摊铺时不可用力过大或向外推挤。

(d)用钢板尺测量所构成圆的两个垂直方向的直径,取其平均值,精确至 5 mm。

(e)按以上方法,同一处平行测定不少于 3 次,3 个测点均位于轮迹带上,测点间距为 3~5 m。该处的测定位置以中间测点的位置表示。

④ 计算。

a. 路面表面构造深度测定结果按式(6-22)计算:

$$TD = \frac{1000V}{\pi D^2/4} = \frac{31831}{D^2} \tag{6-22}$$

式中 TD——路面表面构造深度,mm;

V——砂的体积,25 cm³;

D——推平砂的平均直径,mm。

b. 每一处均取 3 次路面构造深度测定结果的平均值作为试验结果,精确至 0.1 mm。

c. 计算每一个评定区间路面构造深度的平均值、标准差、变异系数。

⑤ 报告。

a. 列表逐点报告路面构造深度的测定值及 3 次测定的平均值,当平均值小于 0.2 mm 时,试验结果以小于 0.2 mm 表示。

b. 每一个评定区间路面构造深度的平均值、标准差、变异系数。

(2)电动铺砂法。

① 试验目的和适用范围。

本方法适用于测定沥青路面及水泥混凝土路面表面构造深度,用以评定路面表面的宏观粗糙度及路面表面的排水性能和抗滑性能。

② 仪具与材料。

a. 电动铺砂仪:利用可充电的直流电源将量砂通过沙漏,铺设成宽度为 5 cm、厚度均匀一致的器具,如图 6-12 所示。

b. 量砂:足够数量的干燥洁净的匀质砂,粒径为 0.15~0.3 mm。

c. 标准量筒:容积为 50 mL。

d. 玻璃板:面积大于铺砂器,厚为 5 mm。

e. 其他:直尺、扫帚、毛刷等。

③ 方法和步骤。

a. 准备工作。

(a)量砂准备:取洁净的细砂,晾干,过筛,取 0.15~0.3 mm 的砂置于适当的容器中备用。已在路面上使用过的砂,如回收重复使用时应重新过筛并晾干。

(b)对测试路段按随机取样选点的方法,决定测点所在横断面的位置。测点应选在行车道的轮迹上,距路面边缘不应小于 1 m。

b. 电动铺砂仪标定。

(a)将铺砂仪放在玻璃板上,将沙漏移至铺砂器端部。

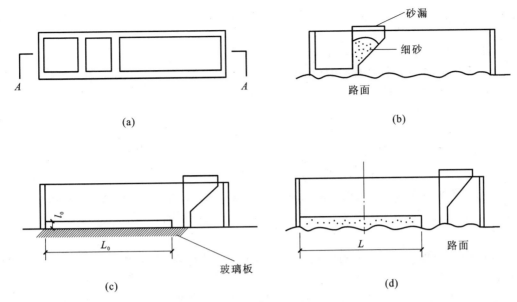

图 6-12 量砂筒和推平板示意图

(a)平板仪；(b)A—A 断面；(c)标定；(d)测定

(b)使灌砂漏斗口和量筒口大致齐平。通过漏斗向量筒中缓缓注入准备好的量砂至高出量筒呈尖顶状，用直尺沿筒口一次刮平，其容积为 50 mL。

(c)使漏斗口与铺砂器沙漏上口大致齐平。将砂通过漏斗均匀地倒入沙漏，前后移动漏斗，使砂的表面大致齐平，但不得用任何其他工具刮动砂。

(d)开动电动马达，使沙漏向另一端缓缓运动，量砂沿沙漏底部铺成如图 6-13 所示的宽为 5 cm 的带状，待砂全部漏完后停止。

(e)按图 6-13，依式(6-23)由 L_1 及 L_2 的平均值计算量砂的摊铺长度 L_0，精确至 1 mm。

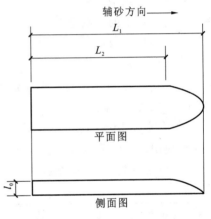

图 6-13 决定 L_0 的方法

$$L_0 = \frac{L_1 + L_2}{2} \tag{6-23}$$

式中　L_0——量砂的摊铺长度，mm；

　　　L_1，L_2——见图 6-13，mm。

(f)重复标定 3 次，取平均值来计算 L_0，精确至 1 mm。

标定应在每次测试前进行，用同一种量砂，由同一个试验员承担测试。

c. 测试步骤。

(a)将测试地点用毛刷刷净，面积大于铺砂仪。

(b)将铺砂仪沿道路纵向平稳放在路面上，将沙漏移至端部。

(c)按与上述电动铺砂法(b)~(e)相同的步骤，在测试地点摊铺 50 mL 量砂，再按图 6-13 的方法量取摊铺长度 L_1 及 L_2，由式(6-24)计算 L，精确至 1 mm。

$$L = \frac{L_1 + L_2}{2} \tag{6-24}$$

(d)按以上方法，同一处平行测定不少于 3 次，3 个测点均位于轮迹带上，测点间距为 3~5 m，该处的测定位置以中间测点的位置表示。

④ 计算。

a. 按式(6-25)计算铺砂仪在玻璃板上摊铺的量砂厚度 t_0。

$$t_0 = \frac{V}{B \times L_0} \times 1000 = \frac{1000}{L_0} \tag{6-25}$$

式中　t_0——量砂在玻璃板上摊铺的标定厚度,mm;

　　　　V——量砂体积,$V=50$ mL;

　　　　B——铺砂仪铺砂宽度,$B=50$ mL;

　　　　L_0——玻璃板上 50 mL 量砂摊铺的长度,mm。

　　b. 按式(6-26)计算路面构造深度 TD。

$$\text{TD}=\frac{L_0-L}{L}\times t_0=\frac{L_0-L}{L\times L_0}\times 1000 \tag{6-26}$$

式中　TD——路面表面构造深度,mm;

　　　　L_0——路面上 50 mL 量砂摊铺的长度,mm。

　　c. 每一处均取 3 次路面构造深度的测定结果的平均值作为试验结果,精确至 0.1 mm。

　　d. 计算每一个评定区间路面构造深度的平均值、标准差、变异系数。

　⑤ 报告。

　　a. 列表逐点报告路面构造深度的测定值及 3 次测定的平均值,当平均值小于 0.2 mm 时,试验结果以小于 0.2 mm 表示。

　　b. 每一个评定区间路面构造深度的平均值、标准差、变异系数。

6.5.3　摆式仪测定路面抗滑值试验方法

(1)试验目的和适用范围。

本方法适用于以摆式摩擦系数测定仪(摆式仪)测定沥青路面及水泥混凝土路面的抗滑值,用以评定路面在潮湿状态下的抗滑能力。

(2)仪具与材料。

① 摆式仪:形状及结构如图 6-14 所示,摆及摆的连接部分总质量为(1500±30) g,摆动中心至摆的重心距离为(410±5) mm,测定时摆在路面上滑动长度为(126±1) mm,摆上橡胶片端部距摆动中心的距离为 508 mm,橡胶片对路面的正向静压力为(22.2±0.5) N。

② 橡胶片:用于测定路面抗滑值时的尺寸为 6.35 mm×25.4 mm×76.2 mm,橡胶质量应符合表 6-10 的要求。当使用橡胶片后,端部在长度方向上磨损超过 1.6 mm 或边缘在宽度方向上磨耗超过 3.2 mm,或有油污染时,即应更换新橡胶片。新橡胶片应先在干燥路面上测 10 次后再用于测试。橡胶片的有效使用期为 1 年。

表 6-10　　　　　　　　　　　　　　橡胶物理性质技术要求

温度/℃ 性能指标	0	10	20	30	40
弹性/%	43～49	58～66	66～73	71～77	74～79
硬度/IR	—	—	55±5	—	—

　③ 标准量尺:长 126 mm。

　④ 洒水壶。

　⑤ 橡胶刮板。

　⑥ 路面温度计:分度不大于 1 ℃。

　⑦ 其他:皮尺式钢卷尺、扫帚、粉笔等。

(3)方法与步骤。

① 准备工作。

　a. 检查摆式仪的调零灵敏情况,并定期进行仪器的标定。当用于路面工程检查验收时,仪器必须重新标定。

　b. 对测试路段按随机取样的方法,决定测点所在横断面位置。测点应选在行车车道的轮迹带上,距路面边缘不应小于 1 m,并用粉笔做出标记。测点位置宜紧靠铺砂法测定构造深度的测点位置,并与其一一对应。

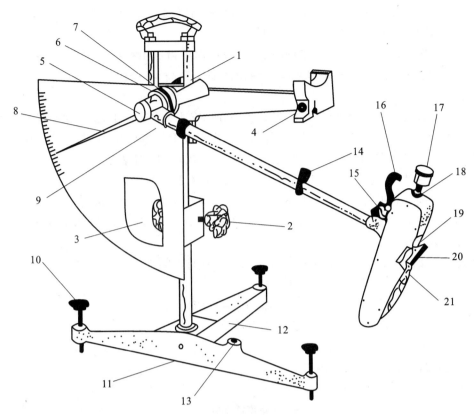

图 6-14 摆式仪结构图

1,2—紧固把手；3—升降把手；4—释放开关；5—转向节螺盖；6—调节螺母；7—针簧片或毡垫；8—指针；
9—连接螺母；10—调平螺栓；11—底座；12—垫块；13—水准泡；14—卡环；15—定位螺丝；16—举升柄；
17—平衡锤；18—并紧螺母；19—滑溜块；20—橡胶片；21—止滑螺丝

② 试验步骤。

a. 仪器调平。

(a)将仪器置于路面测点上，并使摆的摆动方向与行车方向一致。

(b)转动底座上的调平螺栓，使水准泡居中。

b. 调零。

(a)放松上、下两个紧固把手，转动升降把手，使摆升高并能自由摆动，然后旋紧紧固把手。

(b)将摆向右运动，按下安装于悬臂上的释放开关，使摆上的卡环进入开关槽，放开释放开关，摆即处于水平位置，并把指针抬至与摆杆平行处。

(c)按下释放开关，使摆向左带动指针摆动，当摆达到最高位置后下落时，用左手将摆杆接住，此时指针应指向零。若不指零时，可稍旋紧或放松摆的调节螺母，重复本项操作，直至指针指零。调零允许误差为±1 BPN。

c. 校核滑动长度。

(a)用扫帚扫净路面表面，并用橡胶刮板清除摆动范围内路面上的松散粒料。

(b)让摆自由悬挂，提起摆头上的举升柄，将底座上垫块置于定位螺丝下面，使摆头上的滑溜块升高。放松紧固把手，转动立柱，上升降把手，使摆缓缓下降。当滑块上的橡胶片刚刚接触路面时，立即将紧固把手旋紧，使摆头固定。

(c)提起举升柄，取下垫块，使摆向右运动。然后，手提举升柄使摆慢慢向左运动，直至橡胶片的边缘刚刚接触路面。在橡胶片的外边摆动方向设置标准尺，尺的一端正对准该点，再用手提起举升柄，使滑溜块向上抬起，并使摆继续运动至左边，使橡胶片返回落下再一次接触地面，橡胶片两次同路面接触点的距离应为126 mm(即滑动长度)左右。若滑动长度不符合标准，则通过升高或降低仪器底正面的调平螺丝来校正，但需调平水准泡，重复此项校核直至滑动长度符合要求。然后，将摆和指针置于水平释放位置。校核滑动长度时应以橡胶片长边刚刚接触路面为准,不可借摆的力量向前滑动,以免标定的滑动长度过长。

d. 用喷壶的水浇洒试测路面,并用橡胶刮板除表面泥浆。

e. 再次洒水,并按下释放开关,使摆在路面滑过,指针即可指示出路面的摆值,但第一次测定,不做记录。当摆杆回落时,用左手接住摆,右手提起举长柄使滑溜块升高,将摆向右运动,并使摆杆和指针重新置于水平释放位置。

f. 重复 e 的操作测定 5 次,并读记每次测定的摆值,即 BPN,5 次数值中,最大值与最小值的差值不得大于 3 BPN。若差数大于 3 BPN,应检查产生的原因,并再次重复上述各项操作,直至符合规定为止。取 5 次测定的平均值作为每个测点路面的抗滑值(即摆值 F_B),取整数,以 BPN 表示。

g. 在测点位置上用路表温度计测记潮湿路面的温度,精确至 1 ℃。

h. 按以上方法,同一处平行测定不少于 3 次,3 个测点均位于轮迹带上,测点间距为 3~5 m。该处的测定位置以中间测点的位置表示。每一处均取 3 次测定结果的平均值作为试验结果,精确至 1 BPN。

(4)抗滑值的温度修正。

当路面温度为 T 时,测得的值为 F_{BT},必须按下式换算成标准温度 20 ℃时的摆值 F_{B20}:

$$F_{B20} = F_{BT} + \Delta F \tag{6-27}$$

式中　F_{B20}——换算成标准温度 20 ℃时的摆值,BPN;

　　　F_{BT}——路面温度时测得的摆值,BPN;

　　　T——测定的路表潮湿状态下的温度,℃;

　　　ΔF——温度修正值,按表 6-11 选用。

表 6-11　　　　　　　　　　　　　　　　温度修正值

温度 T / ℃	0	5	10	15	20	25	30	35	40
温度修正值 ΔF	−6	−4	−3	−1	0	2	−3	−5	7

(5)报告。

① 记录测试日期、测点位置、天气情况、洒水后潮湿路面的温度,并描述路面类型、外观、结构类型等。

② 列表逐点报告路面抗滑值的测定值 F_{BT}、经温度修正后的 F_{B20} 及 3 次测定的平均值。

③ 每一个评定路段路面抗滑值的平均值、标准差、变异系数。

6.5.4　摩擦系数测定车测定路面横向力系数试验方法

(1)试验目的和适用范围。

本方法适用于以标准的摩擦系数测定车测定沥青路面或水泥混凝土路面的横向力系数,测试结果可作为竣工验收或使用期评定路面抗滑能力的依据。

(2)仪具与材料。

本试验需要下列仪器设备。

① 摩擦系数测定车:SCRIM 型,主要组成如图 6-15 所示,由车辆底盘、测量机构、供水系统、荷载传感器、仪表及操作记录系统、标定装置等组成。测定车应符合下列要求。

a. 测量机构:可以在单侧或双侧各安装一套,测试轮与车辆行驶方向呈 20°角,作用于测试轮上的静态标准载荷为 2 kN。测试轮胎应为 3.00-20 的光面轮胎,其标准气压为(0.35±0.01) MPa。当轮胎直径减少达 6 mm 时(每个测试轮测 350~400 km 需更换),需要换新轮胎。

b. 测定车辆轮胎气压应符合所使用汽车规定的标准气压范围。

c. 能控制洒水量,使路面水膜厚度不得小于 1 mm。通常测量速度为 50 km/h 时,水阀开启量宜为 50%;测量速度为 70 km/h 时,水阀开启量宜为 70%,依此类推。

② 备用轮胎等备件。

(3)方法与步骤。

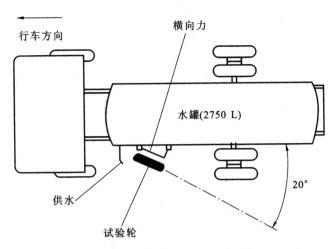

图 6-15　横向摩擦系数测定车机构示意图（单位:mm）

① 准备工作。

a. 按照仪器设备技术手册或使用说明书对测定系统进行标定。仪器设备进行标定、检查时,必须在关闭发动机的情况下进行。标定按 SFC 值分别为 $10,20,30,\cdots,100$ 的不同档次进行,满量程为 100 时的示数误差不得超过 ± 2。

b. 检查横向摩擦系数测定车系统的各项参数是否符合要求,检查外部警告标示是否正常。

c. 贮存罐灌水。

d. 将测试轮安装坚固且保持在升起的位置上。

e. 使记录装置处于正常使用状态,安装足够的打印纸。打开记录系统预热不少于 10 min。

f. 根据需要确定采用连续测定或断续测定,以及每千米测定的长度。选择并设定"计算区间",即输出一个测定数据的长度。标准的计算区间为 20 m,根据要求也可选择为 5 m 或 10 m。

g. 根据要求设定为单轮测试或双轮测试。

h. 输入所需的说明性预设数据,如测试日期、路段编号、里程桩号等。

i. 发动车辆驶向测试地段。

② 测定步骤。

a. 在测试路段起点前约 500 m 处停住,开机预热不少于 10 min。

b. 降下测试轮,打开水阀检查水流情况是否正常及水流是否符合需要,检查仪表各项指数是否正常,然后升起测试轮。

c. 将车辆驶向测试路段,提前 100～200 m 降下测试轮。测定车的车速可根据公路等级的需要选择。除在特殊情况下,标准车速为 50 km/h,测试过程中必须保持匀速。

d. 进入测试段后,按"开始"键,开始测试。在显示器上监视测试运行变化情况,检查速度、距离有无反常波动,当需要标明特征(如桥位、路面变化等)时,将操作功能键插入到数据流中,整千米里程桩上也应做相应的记录。

(4)测试数据处理。

测定的摩擦系数数据存储在磁盘或磁带中,摩擦系数测定车 SCRIM 系统配有专门的数据处理程序软件,可计算和打印出每一个计算区间的摩擦系数值、行程距离、行驶速度、统计个数、平均值及标准差,同时还可打印出摩擦系数的变化图。评定路段内的路面横向力系数按 SFC 的设计或验收标准值进行。

横向力系数 SFC 代表值为 SFC 算术平均值的下置信界限值,即:

$$\mathrm{SFC_r} = \overline{\mathrm{SFC}} - \frac{t_a s}{\sqrt{n}} \tag{6-28}$$

式中　SFC_r——SFC 代表值；

　　　$\overline{SFC}$——SFC 平均值；

　　　s——标准差；

　　　n——采集数据样本数量；

　　　t_a——t 分布表中随测点数和保证率（或置信率 α）而变得的系数，采用的保证率高速公路、一级公路为 95%，其他公路为 90%。

当 SFC 代表值小于设计或验收标准时，以所有单个 SFC 值统计合格率；当 SFC 代表值小于设计或标准值时，该路段为零分。

（5）报告。

① 记录测试路段名称及桩号、公路等级、测试日期、天气情况、路面在潮湿状态下的路表温度，描述路面结构类型及外观等。

② 测试过程中交叉口、转弯等特殊路段及里程桩号。

③ 处理数据打印结果，包括各测点路面摩擦系数值、行程距离、行驶速度，每一个评定路段路面摩擦系数值统计个数、平均值、标准差、变异系数。

④ 公路沿线摩擦系数的变化图，不同摩擦系数区间的路段长度占总测试里程百分比的统计表。

6.5.5　抗滑性能检测中应注意的问题

（1）在使用摆仪前必须按照说明书或者按照《公路工程集料试验规程》（JTG E42—2005）中的方法对摆式仪进行标定，否则所测数据缺乏可靠性。

（2）用摆式仪法测定时"标定滑动长度"是一个非常重要的环节，标定时应取滑溜块与路面正好轻轻接触的点进行量取，切不可给摆锤一个力，让它有滑动后再量取。这样标定，则滑动长度偏长，所测摆值偏大。

（3）在用手工铺砂法测路面构造深度时，不同的人进行测试，所测结果往往差别较大。其原因较多，例如装砂的方法不标准，摊砂用的推平板不标准，最主要的是砂摊开到多大程度为止，各人尺度不一。为了使测试结果准确可靠，在前面介绍时对容易产生误差的地方都有明确的规定，且摊开时用"尽可能向外摊平使砂填入凹凸不平的路表面空隙中，在地表面上形成一薄层"的方法。测试时应严格掌握操作方法中的细节问题。

6.6　沥青路面渗水性能检测方法　>>>

6.6.1　概述

沥青路面铺筑的一个基本点是沥青层基本上能够封闭雨水的下渗，即路面必须具有良好的渗水性。如果路面渗水严重，则沥青混合料和路面的耐久性将大幅降低。因此，沥青路面渗水性能成为反映沥青混合料级配组成的一个间接指标。如果整个沥青面层均透水，则表面水势必透入基层或路基，大幅降低路面承载能力，且易导致水损害快速出现。而沥青面层中至少有一层不透水，且表面层能透水，则表面水能及时下渗，不致形成水膜，以提高抗滑性能，减少噪音，如 OGFC 等透水型路面。

沥青路面渗水性能通常用渗水系数表征。渗水系数是指在规定的水头压力下，水在单位时间内通过一定面积的路面渗入下层的数量，单位为 mL/min。

研究与实践表明,路面渗水系数与空隙率有很大关系。通常剩余空隙率越大,路面渗水系数越大,路面渗水越严重,但同样的空隙率,路面的渗水情况却不同,因为空隙率包括了开空隙和闭空隙,而只有开空隙才能够透水。由此可见,渗水系数与空隙率是性质不同的两项指标,控制好空隙率和压实度,并不能完全保证渗水性能。同时,渗水系数非常直观,所以很多国家越来越重视直接检查渗水系数。

路面在使用过程中,灰尘极易堵塞空隙,使渗水试验无法做好。因此,渗水系数测试应在路面施工结束后进行测试。同时,对于公称最大粒径大于 26.5 mm 的下面层或基层混合料,由于渗水系数的测定方法及指标问题,不适用于渗水系数的测定。

6.6.2　沥青路面渗水试验方法

(1)试验目的和适用范围。

本方法适用于路面渗水仪测定沥青路面的渗水系数。

(2)仪具与材料。

本试验需要下列仪具与材料。

① 路面渗水仪:形状及尺寸如图 6-16 所示,上部盛水量筒由透明有机玻璃制成,容积为 600 mL,上有刻度,在100 mL 及 500 mL 处有粗标线,下方通过 ϕ10 mm 的细管与底座相接,中间有一开关。量筒通过支架联结,底座下方开口内径为 150 mm,外径为 165 mm,仪器附压重铁圈两个,每个质量约为 5 kg,内径为 160 mm。

② 水筒及大漏斗。

③ 秒表。

④ 密封材料:玻璃腻子、油灰或橡皮泥。

⑤ 其他:水、红墨水、粉笔、扫帚等。

(3)方法与步骤。

① 准备工作。

a. 在测试路段的行车道面上,按随机取样方法选择测试位置,每一个检测路段应测定 5 个测点,用扫帚清扫表面,并用粉笔画上测试标记。

b. 在洁净的水桶内滴入几滴红墨水,使水成淡红色。

c. 装好路面渗水仪。

② 试验步骤。

a. 将清扫后的路面用粉笔按测试仪器底座大小画好圆圈记号。

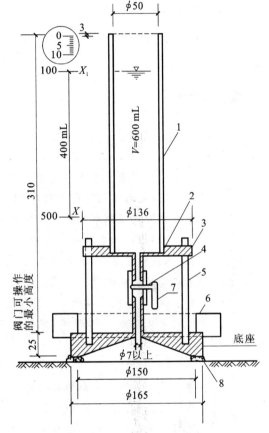

图 6-16　路面渗水仪结构图(单位:mm)
1—透明有机玻璃筒;2—螺纹连接;3—顶板;4—阀;
5—立柱支架;6—压重铁圈;7—把手;8—密封材料

b. 在路面上沿底座圆圈抹一薄层密封材料,边涂边用手压紧,使密封材料嵌满缝隙且牢固地黏结在路面上,密封料圈的内径与底座内径相同,约为 150 mm,将组合好的渗水试验仪底座用力压在路面密封材料圈上,再用压重铁圈压住仪器底座,以防止水从底座与路面间流出。

c. 关闭细管下方的开关,向仪器的上方量筒中注入淡红色的水至满,总量为 600 mL。

d. 迅速将开关全部打开,水开始从细管下部流出,待水面下降至 100 mL 时,立即开动秒表,每间隔60 s,读记仪器管的刻度一次,至水面下降至 500 mL 时为止。在测试过程中,若水从底座与密封材料间渗出,说明底座与路面密封不好,应移至附近干燥路面处重新操作;若水面下降速度很慢,从水面下降至 100 mL 开始,测得 3 min 的渗水量即可停止。若试验时水面下降至一定程度后基本保持不动,说明路面基本不透水或根本不透水,则应在报告中注明。

e. 按以上步骤在同一个检测路段选择 5 个测点测定渗水系数,取其平均值作为检测结果。

(4)计算。

沥青路面的渗水系数按式(6-29)计算。计算时以水面从 100 mL 下降至 500 mL 所需的时间为标准。若渗水时间过长,亦可采用 3 min 通过的水量计算。

$$C_w = \frac{V_2 - V_1}{t_2 - t_1} \times 60 \tag{6-29}$$

式中　C_w——路面渗水系数,mL/min;

　　　V_1——第 1 次读数时的水量,mL,通常为 100 mL;

　　　V_2——第 2 次读数时的水量,mL,通常为 500 mL;

　　　t_1——第 1 次读数时的时间,s;

　　　t_2——第 2 次读数时的时间,s。

(5)报告。

列表逐点报告每个检测路段各个测点的渗水系数及 5 个测点的平均值、标准差、变异系数。若路面不透水,则在报告中注明为 0。

知识归纳

　　(1)原有路面技术状况的综合调查,主要包括交通调查、路况调查、原路强度评定和料场调查 4 个方面内容。

　　(2)路面结构厚度检测,对于基层或砂石路面的厚度可用挖坑法测定,沥青面层与水泥混凝土路面板的厚度应用钻孔法测定。

　　(3)国内外普遍采用回弹弯沉值来表征路基路面的承载能力,回弹弯沉值越大,承载能力越小,反之则越大。通常所说的回弹弯沉值是指标准后轴双轮组轮隙中心处的最大回弹弯沉值。目前主要的方法为贝克曼梁法。

　　(4)平整度是路面施工质量与服务水平的重要指标之一。它影响行车的速度和安全及驾驶的平稳和乘客的舒适。同时,振动作用还会对路面施加冲击力,从而加剧路面和汽车机件损坏和轮胎的磨损,并增大油耗。

　　(5)路面抗滑性能是指车辆轮胎受到制动时沿表面滑移所产生的力。通常,抗滑性能被看作是路面的表面特性,并用轮胎与路面间的摩阻系数来表示。表面特性包括路表面细构造和粗构造,影响抗滑性能的因素有路面表面特性、路面潮湿程度和行车速度。抗滑性能测试方法有制动距离法、偏转轮拖车法(横向力系数测试)、摆式仪法、构造深度测试法(手工铺砂法、电动铺砂法、激光构造深度仪法)。

　　(6)沥青路面渗水性能通常用渗水系数表征,渗水系数是指在规定的水头压力下,水在单位时间内通过一定面积的路面渗入下层的数量,单位为 mL/min。

独立思考

6-1　简述路面调查的主要目的及内容。

6-2　简述路面调查的主要方法。

6-3　某一级公路水泥稳定砂砾层压实厚度检测值为 21 cm、22 cm、20 cm、19 cm、18 cm、20 cm、21 cm、21 cm、22 cm、19 cm,试计算其厚度代表值(保证率为 99%)。

6-4　某路段路基施工质量检查中,用标准轴载测得 10 点的弯沉值(单位 0.01mm)分别为 100、101、102、110、95、98、93、96、103、104,试计算该路段的代表性弯沉值(保证率系数 $Z_a = 2.0$)。

6-5　某新建高速公路竣工后,在不利季节测得某路段路面弯沉值如下(0.01 mm):30、29、32、28、27、

28、34、32、30。设计弯沉值为 40(0.01 mm)，试判断该路段路面弯沉是否符合要求？取得保证率系数 $Z_a =$ 1.645，计算结果取小数点后 1 位。

6-6 简述连续式平整度仪测定路面平整度的操作方法。

6-7 简述测定路面平整度的方法。

6-8 测路面摩擦系数的方法有哪些？

6-9 简述如何进行路面构造深度测试。

6-10 渗水试验使用何种沥青路面？

6-11 如何计算路面渗水系数？

参考文献

[1] 中华人民共和国交通部. JTG E60—2008 公路路基路面现场测试规程. 北京:人民交通出版社,2008.

[2] 中华人民共和国交通部. JTG D50—2006 公路沥青路面设计规范. 北京:人民交通出版社,2006.

7

路基路面检测新方法

课前导读

▽ 内容提要

本章主要内容为自动弯沉仪及落锤式弯沉仪的使用、平整度和抗滑性能检测新技术、路面雷达测试系统及CBR检测新技术。本章的重点为落锤式弯沉仪和CBR检测新技术，难点为路面雷达测试系统。

▽ 能力要求

通过本章的学习，学生应了解当前应用较广泛的路基路面检测新方法，以及新方法与传统实验之间的异同点；能够利用专业知识对新方法得到的实验结果进行评价与分析。

7.1 自动弯沉仪 >>>

利用贝克曼梁测定路面回弹弯沉值操作简便,应用广泛,但是,这种试验方法的整个测试过程全是人工操作,测试结果受人为因素的影响较大,且测速慢。自动弯沉仪是测定路面弯沉值的高效自动化设备,可对路面进行高密集点的强度测量,适用于路面施工质量控制、验收及路面养护管理。

7.1.1 主要设备

自动弯沉仪测定车为洛克鲁瓦型,由测试汽车、测量机构、数据采集处理系统 3 部分组成。测量机构安装在测试车底盘下面。

自动弯沉仪测定车的主要技术参数如下。

测试车轴距:	6.57 m
测臂长度:	1.75～2.40 m
后轴荷载:	100 kN
测定轮对路面的压强:	0.7 MPa
最小测试步距:	4～10 m
测试精度:	0.01 mm
测试速度:	1.5～4.0 km/h

7.1.2 工作原理

自动弯沉仪的基本工作原理与贝克曼梁的原理是相同的,都是采用简单的杠杆原理。

自动弯沉仪测定车在检测路段以一定的速度行驶,将安装在测试车前后轴之间底盘下面的弯沉测定梁放到车辆底盘的前端并支于地面保持不动,当后轴双轮隙通过测头时,弯沉通过位移传感器等装置被自动记录下来。这时,测定梁以两倍的汽车速度被拖到下一测点,周而复始地向前连续测定。通过计算机可输出路段弯沉检测统计计算结果。

7.1.3 技术要点

(1)自动弯沉仪做长距离移动时,应根据路况把一些对通过能力影响大的组件、部件拆下来,待移动到测量工地时,再进行安装调试。

(2)操作计算机时,根据要求输入有关信息及命令。

(3)为了保证系统 A/D 转换板与位移传感器的测量精度,应进行自动弯沉仪的标定。

(4)自动弯沉仪所采集数据以文本方式存储于计算机中,其记录格式分为节点数据、弯沉值数据及弯沉盆数据 3 种。输入有关信息和参数后,可显示出左右双侧的弯沉峰值柱状图及峰值、距离和温度等;计算出平均值、标准差和代表弯沉值;显示弯沉盆图形并计算出曲率半径。

应当注意,自动弯沉仪测定的是总弯沉,因而与贝克曼梁测定的回弹弯沉有所不同,可通过自动弯沉仪总弯沉与贝克曼梁回弹弯沉对比试验,得到两者相关关系式,换算为回弹弯沉,用于路基、路面强度评定。

关于自动弯沉仪测定路面弯沉试验方法可详见《公路路基路面现场测试规程》(JTG E60—2008)。

7.2 落锤式弯沉仪 >>>

利用贝克曼梁法测出的回弹弯沉是静态弯沉。自动弯沉仪检测弯沉时,因为汽车行进速度很慢,所测得的弯沉也接近静态弯沉。为了模拟汽车快速行驶的实际情况,不少国家开发了动态弯沉的测试设备。落锤式弯沉仪(Falling Weight Deflectometer,FWD)模拟行车作用的冲击荷载下的弯沉量测,计算机自动采集数据,速度快、精度高。近年来,采用落锤式弯沉仪测定路面的动态弯沉,并用来反算路面的回弹模量,已成为世界各国道路界的热门课题。这种设备特别适用于高等级公路路面和机场的弯沉量测和承载能力评定。落锤式弯沉仪是目前国际上最先进的路面强度无损检测设备之一。

7.2.1 主要设备

落锤式弯沉仪分为拖车式和内置式。拖车式便于维修与存放,内置式则较小巧、灵便。

(1)荷载发生装置:落锤和直径 300 mm 的四分式扇形承载板。

(2)弯沉检测装置:由 5～7 个高精度传感器组成。

(3)运算及控制装置。

(4)牵引装置:牵引 FWD 并安装运算及控制装置等的车辆。

7.2.2 工作原理

将测定车开到测定地点,通过计算机控制下的液压系统,启动落锤装置,使一定质量的落锤从一定高度自由落下,冲击力作用于承载板上并传递到路面,导致路面产生弯沉,分布于距测点不同距离的传感器检测结构层表面的变形,记录系统将信号输入计算机,得到路面测点弯沉及弯沉盆。

7.2.3 技术要点

(1)通过调节锤重和落高可调整冲击荷载大小。例如,我国路面设计标准轴载为 BZZ-100,落锤质量应选为 5 t,因为承载板直径为 30 cm,对路面的压强恰为 0.7 MPa。

(2)检测时,拖车式落锤弯沉仪牵引速度最大可达 80 km/h。根据我国的实际情况,牵引速度以 50 km/h 左右为宜。内置式落锤弯沉仪的最高时速大于 100 km/h,每小时可测 65 点。

(3)传感器分布位置:1 个位于承载板中心,其余布置在传感器支架上。路面结构不同,弯沉影响半径亦不同。路基或柔性基层沥青路面传感器分布在距荷载中心 2.5 m 的范围内即可。目前,我国高等级公路大多采用半刚性基层沥青路面结构,弯沉影响半径已达 3～5 m,传感器分布范围应布置在距荷载中心 3～4 m 内,以量测路面弯沉盆形状。

(4)每一测点重复测定不少于 3 次,舍去第 1 个测定值,取以后几次测定值的平均值作为计算依据,因为第 1 次测定的结果往往不稳定。

弯沉检测装置操作方式为计算机控制下的自动量测,所有测试数据均可显示在屏幕上或打印出来或存储在软盘上;可输出作用荷载、弯沉(盆)、路表温度及测点间距等;可打印弯沉平均值、标准差、变异系数及代表弯沉值等数据。

应当注意,落锤式弯沉仪所测弯沉为动态总弯沉,与贝克曼梁所测的静态回弹弯沉不同。

通过对比试验,可得到两者之间的相关关系,并据此将落锤式弯沉仪所测弯沉值换算为贝克曼梁的静态回弹弯沉值。

此外,可利用计算机按弹性层状体系理论的计算模式和程序,根据落锤式弯沉仪所测弯沉盆数据反算路面各层材料的弹性模量。

关于落锤式弯沉仪测定路面弯沉试验方法详见《公路路基路面现场测试规程》(JTG E60—2008)。

7.3　平整度检测新技术　>>>

用 3 m 直尺检测路面平整度,虽然设备简单、直观,但测试速度太慢,劳动强度大。连续式平整度仪的测速最高只有 15 km/h,工作效率也较低。

平整度的测试设备可分为两大类,一类是测试路表不平整程度(反应类设备),另一类是测定路表凹凸情况(断面测试仪)。目前,颠簸累积仪是应用最广泛的反应类设备,激光平整度仪则是最先进的断面类设备。它们提高了路面平整度的测速与精度。

7.3.1　车载式颠簸累积仪

车载式颠簸累积仪测定路面平整度速度快,价格低廉,操作简便。其检测结果可用于评定路面的施工质量和使用期的舒适性。

(1)主要设备。

① 颠簸累积仪:由机械传感器、数据处理器及微型打印机组成。

② 测试车:旅行车、越野车或小轿车。

(2)工作原理。

测试车以一定的速度在路面上行驶,路面上的凹凸不平引起汽车的激振,通过机械传感器可测量后轴同车厢之间的单向位移累积值 VBI,以 cm/km 计。VBI 值越大,说明路面平整度越差,人体乘坐汽车时越不舒适。

(3)技术要点。

① 仪器安装应准确、牢固,便于操作。

② 因为颠簸累积值的大小与测试车的底盘悬挂性能有关,所以仪器安装后,在投入正式使用前必须进行标定。

用车载式颠簸累积仪测出的颠簸累积值 VBI 与用连续式平整度仪测出的标准偏差 σ 概念不同,可通过标定试验建立两者的相关关系,将 VBI 值换算为 σ,用于路面平整度评定。

国际平整度指数 IRI 是国际上公认的衡量路面行驶舒适性或路面行驶质量的指数。我们也可通过标定试验建立 VBI 与 IRI 的相关关系,将颠簸累积仪测出的颠簸累积值 VBI 换算为国际平整度指数 IRI。

③ 测试时,向计算机输入有关信息及命令,就可自动采集数据。

④ 检测结果与测试车机械系统的振动特性和车辆行驶速度有关。减振性能好,则 VBI 测值小;车速越高,VBI 测值越大。因此,必须通过对机械系统的良好保养和检测时严格控制车速来保持测定结果的稳定性。测试速度一般为 30～80 km/h(视被测对象及标定条件确定)。

⑤ 可存储、显示、打印颠簸累积值 VBI,标准偏差,国际平整度指数 IRI,测试速度及距离。

关于车载式颠簸累积仪测定平整度试验方法可详见《公路路基路面现场测试规程》(JTG E60—2008)。

7.3.2 激光路面平整度测定仪

激光路面平整度测定仪是一种与路面无接触的测量仪器,测试速度快,精度高。这种仪器还可同时进行路面纵断面、横坡、车辙等测量。因此,它也被称为激光路面断面测试仪。

(1)主要仪器。

激光路面平整度仪是一台装有激光传感器、加速度计和陀螺仪的测试车,它同时具备先进的数据采集和处理系统。

(2)工作原理。

测试车以一定的速度在路面上行驶,固定在汽车底盘上的一排激光传感器通过测试激光束反射回读数器的角度来测试路面,这个距离信号同测试车上装的加速度计信号进行互差,消除测试车自身的颠簸,输出路面真实断面信号。信号处理系统将来自激光传感器的模拟信号转换成数值信号并记录下来。随着汽车的行进,每隔一定间距,采集一次数据。通过数据分析系统,可显示并打印国际平整度指数 IRI 等平整度检测结果。

(3)技术要点。

① 数据采集完全在计算机控制下进行,根据具体情况输入有关信息和命令。

② 为了保证测量精度,应进行系统检查。如做静态振动试验、直尺试验,轮胎气压检查、传感器标定检查。

③ 测试速度一般为 20～120 km/h。

④ 测试宽度大于 2.5 m。如在测试梁上安装两个扩展臂,测试宽度可增加至 3.5 m 或更大。

⑤ 采样间隔一般为 0.1 m,最小为 5 mm。

⑥ 可显示测试状态及有关数据,输出分析结果,如国际平整度指数 IRI、车辙、横坡等。

应当注意,不能直视激光孔或观察通过抛光物面或镜面反射回来的激光束,防止损伤眼睛。只有通过一张红外线显示卡或光谱变换眼镜才可以观察光束的存在与否。

目前,激光路面平整度仪或激光路面断面测试仪尚未纳入我国公路检测规范,其试验方法可参照仪器使用说明书。

7.4 抗滑性能检测新技术 >>>

《公路沥青路面设计规范》(JTG D50—2006)对高速公路、一级公路沥青路面竣工后第一个夏季的抗滑性能要求如下:横向力系数 SFC≥54,摆值 F_B(BPN)≥45,构造深度 TD≥0.55 mm。横向力系数 SFC 为新增加抗滑指标,用摩擦系数测定车进行测定。

由于摆式仪测定摆值受人为因素影响大,检测速度慢,故只适用于一般公路不具备摩擦系数测定车时的抗滑性能检测。

路面宏观构造深度可用铺砂法或激光构造深度仪测定。铺砂法测定误差较大、效率低。

激光构造深度仪测定的构造深度与铺砂法有良好的相关关系,且检测速度快、精度高。

激光构造深度仪是小型手推式路面构造深度测试仪,也称激光纹理测试仪,具有运输方便、操作快捷、费用低廉、可靠性好等优点。

（1）主要结构。

激光构造深度仪主要由装在两轮手推车上的光电测试设备、打印机、仪器操作装置及可拆卸手柄组成。

（2）工作原理。

高速脉冲半导体激光器产生红外线投射到道路表面，从投影面上散射光线由接收透镜聚焦到以线性布置的光敏二极管上，接收光线最多的二极管位置给出了这一瞬间到道路表面的距离，通过一系列计算可得出构造深度。

（3）技术要点。

① 检查仪器，安装手柄。

② 根据被测路面状况选择测量程序。

③ 适宜的检测速度为 $3\sim5$ km/h，即人步行的正常速度。

④ 仪器按每一个计算区间打印出该段构造深度的平均值。标准的计算区间长度为 100 m，根据需要也可为 10 m 或 50 m。

应当注意，我国公路路面构造深度以铺砂法为标准测试方法。利用激光构造深度仪测出的构造深度与铺砂法测试结果不同，但两者具有良好的相关关系。因此，激光构造深度仪所测出的构造深度不能直接用以评定路面的抗滑性能，必须换算为铺砂法的构造深度后才能判断路面抗滑性能是否满足要求。

激光构造深度仪测定沥青路面构造深度试验方法详见《公路路基路面现场测试规程》(JTG E60—2008)。

7.5　路面雷达测试系统　>>>

7.5.1　概述

路面雷达测试系统能在高速公路时速下，实时收集公路的雷达信息，然后将信息输入电脑程序内。在很短的时间里，电脑程序便会自动分析出公路或桥面内各层厚度、湿度、空隙位置、破损位置及程度。

目前，我国公路路面厚度测试常采用钻孔测量芯样厚度的方法，给路面造成损坏或留下后患。而路面雷达测试系统是一种非接触、非破损的路面厚度测试技术，检测速度高，精度也较高，且检测费用低廉。因此，它不仅适用于沥青路面或水泥混凝土路面各层厚度及总厚度测试、路面下空洞探测、路面下相对高湿度区域检测、路面下的破损状况检测，还可以用于检测桥面混凝土剥落状况、桥内混凝土与钢筋脱离状况、桥面沥青覆盖层的厚度。

7.5.2　主要设备

（1）路面探测雷达：包括 $1\sim4$ 套雷达。

（2）数据采集与处理系统：计算机、显示器、打印机、数据采集系统和距离量测仪。

（3）Windows 电脑操作软件：具有数据的采集、处理、回放及备份等功能。

（4）交流电源转换器。

（5）雷达检测车。

7.5.3 工作原理

雷达检测车以一定速度在路面上行驶,路面探测雷达发射电磁脉冲,并在短时间内穿过路面,脉冲反射波被无线接收机接收,数据采集系统记录返回时间和路面结构中的不连续电介质常数的突变情况。路面各结构层材料的电介质常数明显不同,因此电介质常数突变处,也就是两结构层的界面。根据测知的各种路面材料的电介质常数及波速,可计算路面各结构层的厚度或给出含水量、损坏位置等资料。

7.5.4 技术要点

(1)检测速度可达 80 km/h 以上。

(2)检测距离:以 80 km/h 的速度对路面及桥面进行连续检测不少于 4 h(320 km)。

(3)最大探测深度大于 60 cm。

(4)厚度数据精度一般为深度的 2%～5%。

(5)检测在计算机控制下进行,可实时地进行数据采集、存储及雷达波形显示。

(6)数据经处理后,可显示路面彩色剖面图、三维路面厚度剖面图、雷达波形图、原始雷达波形瀑布图、桥面剥落或破损状况图,并打印路面各层厚度表。

路面雷达测试系统检测路面厚度的试验方法尚未列入我国路面检测规程,其测试方法可参照路面雷达测试系统使用说明书。

7.6 CBR值试验技术 >>>

CBR 又称加州承载比,是 California Bearing Ration 的缩写,由美国加利福尼亚州公路局首先提出来,是用于评定路基土和路面材料的强度指标。在国外多采用 CBR 值作为路面材料和路基土的设计参数。

我国现行《公路沥青路面设计规范》(JTG D50—2006)和《公路水泥混凝土路面设计规范》(JTG D40—2011),对路面、路基的设计参数采用回弹模量指标,而在境外修建的公路工程多采用 CBR 指标。为了进一步积累经验用于实际,以促进国际学术交流,参考了国内外的情况,将 CBR 指标列入了《公路路基设计规范》(JTG D30—2004)和《公路路基施工技术规范》(JTG F10—2006),作为路基填料选择的依据。

7.6.1 CBR 值室内试验技术

(1)主要仪器设备。

① 圆孔筛:孔径为 38 mm、25 mm、20 mm 及 5 mm 的筛各 1 个。

② 重型标准击实仪器设备:试筒、夯锤等。

③ 贯入杆:端面直径为 50 mm、长为 100 mm 的金属柱。

④ 路面材料强度或其他载荷装置:能量不小于 50 kN。

⑤ 百分表、测力环、荷载板等。

(2)试验原理。

试验时,按路基施工时的最佳含水量及压实度要求在试筒内制备试件。为了模拟材料在使用过程中的最不利状态,加载前饱水 4 昼夜;在浸水过程中及贯入试验时,于试件顶面施加荷载板以模拟路面结构对土基的附加应力;贯入试验中,材料的承载能力越高,对其压入一定贯入深度所需施加的荷载越大。所谓 CBR

值,就是试料贯入量达到 2.5 mm 或 5 mm 时的单位压力与标准碎石压入相同贯入量时标准荷载强度(7 MPa或 10.5 MPa)的比值,用百分数表示。

（3）技术要求。

① 试验采用风干试料,按四分法备料。

② 做击实试验,求试料的最大干密度和最佳含水量。

③ 按最佳含水量制备试件。

④ 试件泡水 4 昼夜。

⑤ 做贯入试验:加荷使贯入杆以 1~1.25 mm/min 的速度压入试件,记录不同贯入量及相应荷载。总贯入量应超过 7 mm。

⑥ 绘制单位压力 p 与贯入量 L 关系曲线,必要时进行原点修正。

⑦ 从 p-L 关系曲线上读取贯入量分别为 2.5 mm 和 5.0 mm 所对应的单位压力 $p_{2.5}$（MPa）和 p_5（MPa）。

一般采用 $CBR_{2.5}$,若 $CBR_5 > CBR_{2.5}$,则试验要重做;如果结果仍然如此,则采用 CBR_5。

关于 CBR 值室内试验的详细步骤及具体要求可参见《公路土工试验规程》（JTG E40—2007）中的"T 0134—1993承载比（CBR）试验"。

7.6.2　土基现场 CBR 值测试方法

（1）主要仪器。

① 荷载装置:设有加劲横梁的载重汽车,后轴重不小于 60 kN。

② 现场测试装置:由千斤顶、测力计、球座、贯入杆、荷载板及百分表等组成。

（2）测试原理。

在公路路基施工现场,用载重汽车作为反力架,通过千斤顶连续加载,使贯入杆匀速压入土基。为了模拟路面结构对土基的附加应力,在贯入杆位置安放荷载板。路基强度越高,贯入量为 2.5 mm 或 5.0 mm 时的荷载越大,即 CBR 值越大。

（3）技术要点。

① 将测点约以直径 30 cm 范围的表面找平。

② 安装现场测试装置,使贯入杆与土基表面紧密接触。

③ 启动千斤顶,使贯入杆以 1 mm/min 的速度压入土基,记录不同贯入量及相应荷载。贯入量达 7.5 mm 或 12.5 mm 时结束试验。

④ 卸载后在测点取样,测定材料含水量。

⑤ 在测点旁用灌砂法或环刀法等测定土基的密度。

⑥ 绘制荷载压强-贯入量曲线,必要时进行原点修正。

应当注意,在公路现场条件下测定的 CBR 值,因土基的含水量和压实度与室内试验条件不同,也未经泡水,故与室内试验 CBR 值不一样。应通过试验,寻找两者之间的关系,换算为室内试验 CBR 值后,再用于路基施工强度检验或评定。

土基现场 CBR 值测试方法详见《公路路基路面现场测试规程》（JTG E60—2008）。

7.6.3　落球仪快速测定土基现场 CBR 值试验方法

本方法适用于细粒土路基施工现场 CBR 值的测定,试验精度较高,方法可靠,快速简便,能满足路基施工现场检验的要求。

（1）主要仪器。

① 落球仪:底座、落球支架、导杆及落球、导杆卡口开关、刻度标尺、仪器平整水泡、100 mm 内径的底座套板。

② 卡尺或钢板尺、刮刀、水平尺等。

（2）试验原理。

一定质量的球从一定高度自由下落到土基表面,陷入深度越小,表明路基强度越高。根据落球在一定高度自由下落陷入上面所做的功与室内标准试验贯入深度所做的功相等的原理,推导得出由落球陷痕直径 D 值计算现场 CBR 值的公式。

（3）技术要点。

① 将测点土基表面刮平。

② 将落球仪置于测点,使球体自由落下,用卡尺量落球陷痕直径 D 值。

③ 计算现场 CBR 值。

应当指出,落球仪测定的现场 CBR 值,因土基的含水量和压实度与室内 CBR 试验标准条件不同,也未经泡水,所测结果与上述"土基现场 CBR 值测试方法"所得现场 CBR 值相近。同样,应通过对比试验,建立落球仪 CBR 值与室内 CBR 值相关关系,换算为室内 CBR 值后,再用于评定路基强度。落球仪快速测定土基现场 CBR 值试验方法详见《公路路基路面现场测试规程》(JTG E60—2008)。

知识归纳

（1）自动弯沉仪是测定路面弯沉值的高效自动化设备,可对路面进行高密集点的强度测量,适用于路面施工质量控制、验收及路面养护管理。

（2）通过计算机控制下的液压系统,启动落锤装置,使一定质量的落锤从一定高度自由落下,冲击力作用于承载板上并传递到路面,导致路面产生弯沉,分布于距测点不同距离的传感器检测结构层表面的变形,记录系统将信号输入计算机,得到路面测点弯沉及弯沉盆。

（3）颠簸累积仪是应用最广泛的反应类设备,激光平整度仪则是最先进的断面类设备。它们提高了路面平整度的测速与精度。

（4）路面雷达测试系统能在高速公路时速下,实时收集公路的雷达信息,然后将信息输入电脑程序内。在很短的时间里,电脑程序便会自动分析出公路或桥面内备层厚度、湿度、空隙位置、破损位置及程度。

（5）一定质量的球从一定高度自由下落到土基表面,陷入深度越小,表明路基强度越高。根据落球在一定高度自由下落陷入上面所做的功与室内标准试验贯入深度所做的功相等的原理,推导得出由落球陷痕直径 D 值计算现场 CBR 值的公式。

独立思考

7-1　落锤式弯沉仪与贝克曼梁弯沉仪各有什么优缺点？

7-2　简述 CBR 实验技术要点。

参考文献

[1] 中华人民共和国交通部.JTG E60—2008　公路路基路面现场测试规程.北京:人民交通出版社,2008.

[2] 中华人民共和国交通部.JTG D50—2006　公路沥青路面设计规范.北京:人民交通出版社,2006.